普通高等教育新工科电子信息类课改系列教材

电工电子实训教程

主　编

刘春梅　王　彬　王顺利

副主编

曹　鑫　贾鹏飞　曹　文

西安电子科技大学出版社
http://www.xduph.com

内 容 简 介

本书的编写注重弱电知识与强电知识的互补共存,追求知识体系的完整。在编写内容上突出了元器件、工具、仪器仪表的通识介绍,便于基础相对较为薄弱的读者学习。

本书主要包括电工安全技术、常用电工工具、电子元器件、低压电器、电工常用仪器仪表、变压器、电动机、导线的连接与绝缘恢复、焊接工艺、室内电气线路的安装与检修等内容。

本书可以作为高等院校、高等职业技术学院、技师学院、各类职业培训机构开设的电工电子实训课程的教材或参考书。

图书在版编目(CIP)数据

电工电子实训教程 / 刘春梅,王彬,王顺利主编. —西安:西安电子科技大学出版社,
2019.8(2021.8 重印)
ISBN 978 - 7 - 5606 - 5383 - 9

Ⅰ. ①电… Ⅱ. ①刘… ②王… ③王… Ⅲ. ①电工技术—教材 ②电子技术—教材
Ⅳ. ①TM ②TN01

中国版本图书馆 CIP 数据核字(2019)第 151995 号

责任编辑 郑一锋 万晶晶 明政珠
出版发行 西安电子科技大学出版社(西安市太白南路 2 号)
电 话 (029)88202421 88201467 邮 编 710071
网 址 www.xduph.com 电子邮箱 xdupfxb001@163.com
经 销 新华书店
印刷单位 陕西天意印务有限责任公司
版 次 2019 年 8 月第 1 版 2021 年 8 月第 4 次印刷
开 本 787 毫米×1092 毫米 1/16 印张 14.5
字 数 341 千字
印 数 6101~9100 册
定 价 38.00 元
ISBN 978 - 7 - 5606 - 5383 - 9/TM
XDUP 5685001 - 4
* * * * * 如有印装问题可调换 * * * * *

前　言

　　电工电子实训课程强调工程实践与理论基础的紧密融合，是电类、近电类专业学生进行工程技能培训的重要实践性环节。通过实训可以让学生熟悉常见的电子元器件、常用的工具及仪器的特性及使用方法，掌握电路焊接、电工操作、故障排查及检修等基本技能及方法。

　　本书的章节安排与传统的高校电工电子实习实训教材相比，注重了弱电知识与强电知识的互补共存，追求知识体系的完整；突出元器件、工具、仪器等内容的通识介绍，这主要是考虑到了参加电工电子实训的学生的理论基础知识与实操动手能力均相对较为薄弱的情况，同时也是为了培养学生观察、分析、解决实际工程问题的能力，以便与当前如火如荼的新工科建设保持一致。

　　本书共 10 章。第 1、3 章由西南科技大学信息工程学院刘春梅编写，第 2、5 章由西南科技大学信息工程学院王顺利编写，第 4 章由西南科技大学信息工程学院曹鑫编写，第 6 章由西南大学人工智能学院贾鹏飞编写，西南科技大学信息工程学院曹文编写了第 7 章，并参与了第 10 章的编写工作，第 8、9、10 章由西南科技大学城市学院王彬编写。教材在编写过程中得到浙江求是科教设备有限公司陈西玉董事长、绵阳市弘一职业培训学校校长赖宏高级工程师、绵阳市兴业职业培训学校校长肖代全副教授的悉心指导，他们对教材的编写框架及具体章节内容提出了许多宝贵意见，在此表示衷心感谢。

　　由于编者自身的水平和经验有限，书中难免存在不足之处，恳请广大读者朋友踊跃地批评指正。对本书的任何意见和建议，敬请发送邮件至 liuchunmei@swust.edu.cn，我们将在后续的印刷或再版环节进行及时纠正、改进，谢谢！

编者

2019 年 1 月

目　录

第1章 电工安全技术

　　作为清洁能源，电在人类的生活中已经不可或缺，但如果不能进行安全合理的使用，电本身蕴含的能量将引发电气事故，对人体造成巨大伤害。此外，电气事故发生时还常常伴有火灾、机械外伤等现象，抢救受伤者的难度较大。

1.1 触 电 事 故

　　不慎触及带电体时，由于人体为导电体，电流会从高电位端流向低电位端；电流在人体内流动的过程中，电能将转变成热能、化学能并释放到人体内；当这些能量超出人体承受能力时，就会对人体造成伤害。这种因过高的电压而导致人体局部受伤或死亡的现象被称为触电事故。在各种电气事故中，触电事故占据了极大的比重。

1.1.1 触电事故对人体造成伤害的分类

　　电气设备、家用电器以电作为能源，在工作过程中可能会出现各种或大或小的触电事故。根据人体所受伤害方式的不同以及伤害程度的轻重，触电事故可分为电击、电伤两类。

　　1. 电击

　　电击是指电流流经人体内部，造成心脏、肺、中枢神经系统机能紊乱，出现针刺感、压迫感、重击感、肌肉抽搐、神经麻痹等的现象。较为严重的电击将引起昏迷、窒息、休克、心跳及呼吸停止，最终可能导致死亡。

　　电击往往发生在 220 V 的低压场合，但却是最危险、后果最严重的触电事故，绝大多数的触电死亡事故都由电击引起。电击伤害的严重程度主要取决于人体电阻的高低，流经人体的电流大小、时间长短及流经人体的路径，电压的高低，电流的频率，人体自身的健康状况等因素。

　　电击致命的原因分为以下三种：

- 流过心脏的电流大、持续时间长，引起心室纤维性颤动而导致死亡(主要原因)。
- 因电流导致窒息而死亡。
- 电流作用使心脏停止跳动而死亡。

　　在触电事故发生前，人体往往不易察觉，而在触电后，大脑往往会快速失去意识，从而无法自主摆脱电源，因而很难自救。

　　2. 电伤

　　因电流的热效应、化学反应、机械效应引发人体外部组织(皮肤、眼)的伤害称为电伤，也称"电灼伤"，一般分为接触灼伤、电弧灼伤两大类。常见的伤害形式包括：大电流发热引起皮肤灼伤；熔断后飞溅的熔丝、高压电弧使皮肤红肿、起泡、烧焦、金属化；强电弧光引发青光眼、暂时失明等。严重的电伤可能危及生命。

☞**提示**　电伤常见于 1kV 以上的高压场合，此时，电击和电伤往往会同时发生。

3．二次伤害

由于人体在触电后往往会迅速失去意识或知觉，因此可能会引发坠落、碰撞等二次伤害。此外，如果救援人员在没有切断供电的情况下盲目施救，也会造成二次伤害，引起一系列严重的连锁事故。

1.1.2　触电事故的常见形式

在电气操作中，根据用电场所、用电条件、人体接触带电体的形式不同，产生触电事故的原因可以归纳为以下几种类型。

1．单相触电事故

站在大地地面或其他接地体上，身体某一部位碰触到三相电源线中的任意一根火线时，如果人体与大地之间互不绝缘，将会引起单相触电事故，电流将从火线经过人体流入大地，从而造成严重的人身伤害事故，如图 1-1-1 所示。

图 1-1-1　单相触电

⚠**警告**　单相触电在各类触电事故中最为常见，发生的比例很高。

单相触电的危险程度与电压高低、电网中性点是否接地、每根相线对地的电容量有关。中性点接地的供电系统比中性点不接地的供电系统危险性更大。

1）电网中性点接地系统的单相触电

电网中性点接地的供电系统中发生的单相触电如图 1-1-2 所示，此时由于人体接触到 220 V 的相电压，因此危险性很大。

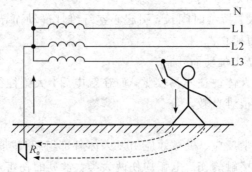

图 1-1-2　电网中性点接地系统的单相触电

如果人体与地面之间的绝缘程度较高，危险性可能会有所降低。

2）电网中性点不接地系统的单相触电

电网中性点不接地的供电系统的单相触电情况如图 1-1-3 所示，由于每根相线和大地之间存在绝缘电阻 R 和分布电容 C，当人体站在大地地面上触及三相电源任一根相线时，电流经过相线、人体、大地、R/C、三相电源的另外两根相线构成回路。

- 如果每根相线对地绝缘良好、绝缘电阻较大，则触电对人体的危害性较小。
- 如果因输电线路较长而造成相线对地分布电容 C 较大、容抗较低，或每根相线对地绝缘电阻 R 较小，这种触电会造成严重的人身伤亡事故。

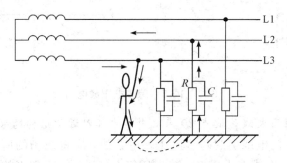

图 1-1-3　电网中性点不接地系统的单相触电

电线与地面之间如果存在绝缘不良（对地绝缘电阻 R 的值相对较小），或某一相发生了接地情况，此时，将会有较大的电流流经人体而造成人身伤害。对于交流电网，导线与地面之间的等效电容 C 也可产生电流通路。

2. 两相触电事故

两相触电是指人体两个不同部位同时触及同一电源任意两根不同的相线所引发的触电事故。即使人体与大地绝缘良好，但由于人体处于 380 V 的线电压下，将在人体内形成较大的回路电流，如图 1-1-4 所示。两相触电的危险性及伤害程度远高于单相触电。

图 1-1-4　两相触电

3. 跨步电压触电事故

当电气设备的绝缘损坏或高压输电线的某根火线掉落到地面时，落地点的电位就是火线的电位，火线的电流会以落地点（或绝缘损坏处）为中心流入大地并向周围土壤散流，形成高低不等的电位差：靠近火线落地点的位置电流密度大、电位高；距落地点越远，电流密度越小、电位相对越低；距离落地点 20 米以外时，电位才趋近于零。

当人在高电压火线散流现场附近行走时，前后两脚的电位不等，形成的电位差被称为跨步电压。当跨步电压很高时，电流将从一脚流经人体再从另一脚流出，造成跨步电压触电事故，如图 1-1-5 所示。

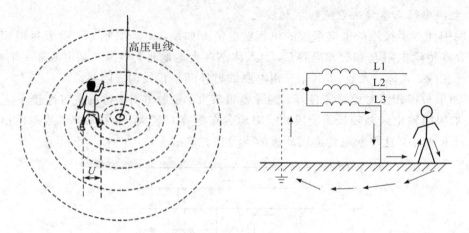

图 1-1-5　跨步电压触电

☞**提示**　只有在距离火线落地点 20 米之外，才可以近似认为跨步电压趋近于 0。

为防止断落在地面的电线引起跨步电压触电事故，应将现场的所有人员撤离至电线落地点 15～20 米之外，并安排专人看守，禁止任何人员进入，直到事故处理完毕。

如果触电者发现自己受到了跨步电压威胁，应尽快并拢双脚或抬起一条腿，以蛙跳方式蹦跳离开危险区域，不要大步奔跑，尽量避免摔倒。在散流区域行走或停留的时间越长，越容易发生严重的触电事故。

雷雨季节不要随意靠近高压电线杆、供电铁塔、避雷针的接地导线，应至少保持 10 米以上的距离。万一遇到高压线路断落或途径避雷器下方时遇到雷电，应立即单脚或双脚并拢、快速跳离危险区域。

4. 高压电弧触电事故

高压电弧触电事故是指当人体靠近高压电线或者其他高压带电体时，高电压使周围空气电离，引起弧光放电从而引发的人体触电事故，如图 1-1-6 所示。

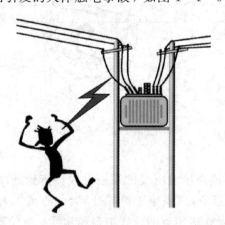

图 1-1-6　高压电弧触电

1.1.3　触电事故对人体的伤害机理

触电对人体的伤害机理比较复杂，主要与触电后流经人体的电流大小、触电时的电压高低、触电时间的长短、触电时的人体电阻大小及其他状态特征联系紧密。

1. 触电电流

电流流过人体心脏时会导致严重的心室颤动、心跳停止、血液循环中断，危险系数极高；电流流过头部时会致人昏迷；电流流过脊柱会损伤脊髓，导致肢体瘫痪；电流流经中枢神经时，会引起中枢神经系统失调，甚至致残。因此，触电电流的大小是决定人体触电后受伤害程度的直接决定因素，触电电流越大，危险程度就越严重。

☞**提示**　电流流经人体的途径中，左手至前胸是最危险的电流通路；右手至前胸、单侧手至脚、单手至双脚、双手至双脚的电流通路同样比较危险；相对而言，从脚到脚的危险性略小，但此时触电人员容易因抽筋、痉挛而跌倒，使触电电流通过全身，引发更加严重的二次伤害事故。

2. 触电电压

触电时人体接触的电压越高，通过人体的电流相应也就越大，对人体的伤害也就越严重。

不同的电压种类，对人体的伤害程度不同：50 Hz 的 250～300 V 交流电的危险性超过相同电压直流电的 3～4 倍。

3. 触电时间

触电时间越长，人体内积累的电能（外能量）越多，人体电阻因电流对人体组织的电解作用而下降，进一步导致通过人体的电流增加。20 mA 以下的工频电流及 50 mA 以下的直流电流对人体相对安全，但如果电流持续时间过长，即使电流值未达上限，也可能发生危险。因此在触电事故发生后须尽快地使触电者摆脱电源。

4. 人体特征及基本状况

相同触电条件下，不同性别、年龄、健康状况、体表电阻的触电者所受到的影响不相同。通常女性比男性对电流的刺激更加敏感；体弱者或儿童在触电后所受到的伤害比健康的成年人更为严重；皮肤表面有汗、工作环境潮湿、空气中弥漫有大量的金属微尘时，造成人体皮肤电阻值下降，更加容易导致触电伤害事故的发生。

1.2　防范触电事故的安全措施与手段

缺乏安全使用电气设备的常识或知识、违反电气操作规程、电气设备存在安全或质量隐患、各种自然灾害是引发触电事故的主要因素。

为了有效避免、防范各类触电事故的发生，操作人员在进行电气设备的安装和维修时，必须严格遵守和执行各项安全操作规程及规章制度，时刻保持高度的警惕性、责任感及团队协作精神，默契配合、互相支持。缺少基本技能和知识的人员不得从事电气操作。

常用的防范触电事故的安全措施与手段有：

• 经常检测电气设备绝缘电阻是否达标、漏电保护装置的动作是否正常，确保接触和使用的配电箱、配电板、闸刀开关、按钮开关、插座、插销以及导线等电气设备长期稳定地处于安全完好状态，不得有破损或将带电部分裸露出来。

• 严禁随意私接乱搭电线，不要随便地用手触摸电气设备外壳，不得随意搬动或私自修理电气设备。在移动电风扇、照明灯、电焊机等电气设备时，必须先切断电源，并保护好导线，以免磨损或拉断。

• 进行电气接线或设备检修时，原则上不进行带电操作，更不能用湿手进行电气操作。作业人员需穿着长袖工作服和工作长裤，扣紧袖口，佩戴绝缘手套，脚穿绝缘鞋等劳动防护用品，站立于绝缘垫等材料上进行电工操作。

• 在检修电路、电气设备等电气操作前，应仔细检查并使用正规、安全的合格工具，注意检查工具的绝缘手柄或护套的绝缘情况是否良好、是否沾染有导电粉末、是否被弄湿。

• 在工作现场进行强电线路敷设时，应绕开弱电线路，防止窜电现象的发生。工作现场的带电体和接地金属体应使用绝缘挡板进行有效分隔。

• 不得随意加大熔断器熔丝规格，不得用铜丝或铁丝代替原配保险丝，并保持闸刀开关的盖面完整，以防短路时发生电弧或保险丝熔断飞溅伤人。

• 经常检查电气设备内部绝缘是否损坏，保护接地、接零装置是否正常工作。

• 操作手电钻、砂轮机等电动工具时，应戴好绝缘手套并站在绝缘板上；电源须配备漏电保护器，防止电源线拉断或切断。经常检查电钻、洗衣机、台灯、电烙铁电源线塑料绝缘外皮有无割伤、破裂、烫伤，避免意外触电。

• 维修电气设备时一定要事先切断电源，并严格遵守停电、送电的安全操作规定，对电源分断处的配电柜上锁或带走电源开关内的熔断器；此外，还需要悬挂醒目的"禁止合闸，有人工作"的安全警示牌，切实做好突然来电的防护措施。

• 电气维修或安装工作结束后，应取下警示牌、装上配电柜内的熔断器。接通电源时，应首先合上隔离开关、再闭合负荷开关。接下来认真清点现场的工具器材，严防工具、器材遗留在设备内部或工作现场。

• 严禁使用容易老化的劣质绝缘材料，随时检查电线的绝缘外皮有无破损、是否露出带电导体。

• 高压大容量电容器脱离电源后须及时放电，两只接线端要尽量避免人体触及。

• 救援他人触电时，首先对自己采取足够的安全保护措施。

• 不在高压线附近钓鱼、放风筝；用电场所保持干燥；清洁时用干毛巾擦拭电气设备或家用电器；不得用水冲洗电气设备或线路；禁止用湿手操作电器开关或插拔电源插头；及时处理大风刮断的低压线路和刮倒的电杆；凡有可能遭受雷击的电气设备，均需安装防雷设施。

1.2.1　直接触电事故的防护措施

直接触电是指人体直接接触正常工作时的带电体而发生的触电事故，这类触电事故只能依靠增大安全间距、加强绝缘措施、屏蔽防护与隔离、使用安全电压等措施进行安全防护。

1. 增大安全间距

安全间距是指带电体与地面或其他电气设备之间、带电体与带电体之间能够确保操作和维修人员工作时用电安全的最小距离，可分为线路间距、设备间距、检修间距三种类型。

【例 1-1】 10 kV 架空线路在经过居民区时，与地面及水面的安全间距通常不低于 6.5 米；电气开关的安装高度应尽量不低于 1.5 米；低压操作时，人体及携带工具与带电体之间的安全间距应至少保持 0.1 米以上。

2. 加强绝缘措施

绝缘是指用高阻值绝缘材料将电气设备或线路的带电部分封闭起来，使之与人体隔离，常用的绝缘材料有：酚醛树脂、玻璃、陶瓷、塑料、橡胶、云母、干燥木材、矿物油等。

☞**提示**　当承受的电压超过极限电压参数时，绝缘体将被击穿而引发放电事故。绝缘材料长期使用后，材料老化、机械磨损、潮湿、热、腐蚀等因素将会降低甚至破坏原有绝缘性能。

当现场工作人员与带电体的安全距离很近或不得不接触带电体时，隔离与绝缘是保障安全操作、不发生触电事故最基本、最有效的措施，用于实施绝缘的安全用具分为绝缘防护用具、绝缘操作用具两类。

- 绝缘防护用具包括：绝缘手套、绝缘服、绝缘靴（鞋）、绝缘台、绝缘垫等。
- 绝缘操作用具包括：绝缘操作杆、带有绝缘护套的各类钳、螺丝刀等工具，用于供作业人员进行带电的操作与测量，以及需要直接接触电气设备的各种工作任务。

☞**提示**　绝缘电阻一般采用兆欧表（摇表）进行测量，相关内容可参见本书第 5 章。

【例 1-2】　电工操作时，可通过绝缘鞋（靴）、绝缘手套、工具绝缘手柄将人体同带电体、设备金属外壳有效分隔，此外还可以站在绝缘垫（台）上进行操作，使人与地面隔离开。

3. 屏蔽防护与隔离

屏蔽防护与隔离是指采用围栏、护栏、护罩、护盖、箱匣、隔离板等装置把带电体同外界隔开，以防止人体触及或接近带电体所采取的一种强制性安全技术措施。

【例 1-3】　开关电器的动作部分不能用绝缘材料包裹，一般采用罩盖等方式进行屏蔽防护。

高压设备不论是否有绝缘，均须添加屏蔽防护与隔离措施，以防止人体靠近。屏蔽防护装置除防止触电、为检修工作提供便利之外，还具有防止电弧伤人、防止弧光短路等重要功能。

4. 安全电压

高电压对人体的伤害非常大，假如把可能加到人体的电压限制为某一个较低的电压，使得流经人体的电流被控制在允许范围内。这个较低的电压值被定义为安全电压。

机床照明灯、手提式电动工具等经常接触到的电气设备，如果采用电压很低的安全电压供电，即使操作人员不慎碰到带电体，流过人体的电流往往也微乎其微，不易导致人员直接致死或致残。安全电压是小型电气设备或小容量电气线路中有效降低触电事故的重要手段。

中华人民共和国国家标准《安全电压》（GB/T 3805—2008）规定的安全电压额定值包括 42 V、36 V、24 V、12 V 等多个等级，需要根据作业场所、操作员条件、使用方式、供电方式、线路状况等因素进行正确选择。

【例 1-4】　手提照明灯或危险环境的手持式电动工具可采用 36 V 安全电压，铸造车间（空气中弥漫有导电尘埃）、隧道、金属容器（如锅炉）以及行动不便的狭窄空间内，可选 24 V 安全电压；在电镀或化工车间、矿井等非常潮湿、含有腐蚀性气体的环境内，推荐使用 12 V 的安全电压；如果为水下作业，安全电压甚至需要降低到 6 V。

☞**提示**　部分续航里程较长或者"爬坡王"电动车的电池电压往往高达 96 V、120 V，家庭用电的电压为 220 V，这些电压对人体都具有较大的危险性，必须严格遵守安全操作规范。

1.2.2　间接触电事故的防护措施

　　某些电气设备的金属部位正常情况下并不带电，人体触及也不会引起触电事故，但在设备故障时可能会引发间接触电事故。间接触电可以采取技术措施进行积极预防。

1. 保护接地

　　保护接地是在中性点不接地的三相三线制电源系统中，用深埋在地下、内阻不高于 $4\ \Omega$ 的粗导体（接地体）将变压器、电动机等电气设备的金属外壳与大地进行可靠接地，以防止本不带电的外露金属部分意外带电而引发触电事故的防护措施，如图 1-2-1 所示。

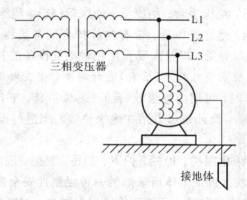

图 1-2-1　保护接地

　　如果电气设备的金属外壳没有保护接地，当设备因绝缘破坏、漏电、碰壳（电源相线的绝缘损坏后与外壳相碰）等因素造成外壳所带电压接近相电压，或站在地面的人体触及电气设备金属外壳时，由于电源相线与地之间存在绝缘电阻、分布电容，电流将经过人体、大地、绝缘电阻/分布电容与相线形成回路，引发如图 1-2-2 所示的单相触电事故。经故障点流入大地的电流 I 大小取决于人体电阻 R_b 和线路绝缘电阻 R。

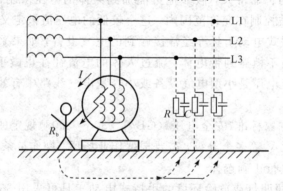

图 1-2-2　无保护接地时因电动机漏电导致触电

　　进行保护接地之后，即使出现绝缘破坏、漏电、碰壳，但由于接地导线的电阻值很小，金属外壳与大地为等势体，较大的人体电阻 R_b 与很小的接地电阻 R_e 为并联关系，如图 1-2-3 所示，也不会产生触电事故。这是因为当人体无意间碰到金属外壳时，外壳带的电会优先经过接地线汇入大地，流经人体的电流相对而言要降低很多，一般不足以引起触电事故。

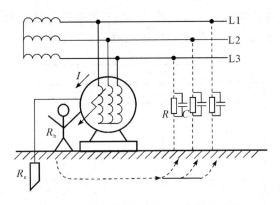

图 1-2-3 保护接地以减小触电风险

☞**提示** 保护接地是中性点不直接接地的三相三线制供电系统的主要安全保护措施。接地线的安装不能图方便将其接到暖气管、煤气管、水管上，以免引起其他事故。

2. 保护接零

在中性点接地的 380 V/220 V 三相四线制或三相五线制供电系统中，不能采用保护接地的方式进行安全防护，而应采用如图 1-2-4 所示的保护接零措施，将正常情况下不带电的金属部分紧密连接到三相四线制电网的零线(中性线)或"专用接零线"。

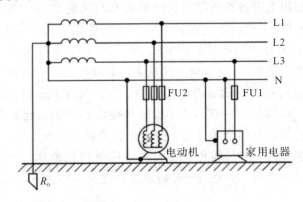

图 1-2-4 保护接零

☞**提示** 保护接零与保护接地的区别是：电气设备的金属外壳并没有直接接地，而是与三相四线制供电系统的零线(中性线)相接。

保护接零是三相四线/五线制低压供电系统中最主要的安全防护措施。当电气设备某相的绝缘损坏而发生碰壳或漏电故障时，使金属外壳带电，由于保护接零的导线电阻很小，对相线相当于短路，很大的短路电流将通过电气设备金属外壳与接零线形成回路，触发该相电源的保险、漏电开关等短路，过流保护装置动作，烧断保险熔断器或使自动开关跳闸，及时切断该相供电电源，使流经人体的电流为零、设备金属外壳也不再带电，既降低了人体触电风险，又确保了设备安全。

△**警告** 采用保护接零时，电源零线不允许断开，如果断开则保护失效。因此在电源零线、保护接零线上严禁安装熔断器、保险、开关等可能断开回路的器件。

同一套供电系统中，不允许对一部分电气设备采用保护接地，而对另一部分电气设备采用保护接零的接线操作，如图1-2-5所示。此时如果某一接地设备的外壳带电后，会造成所有接零设备的外壳全部带电，人体一旦碰触就会引发触电事故。

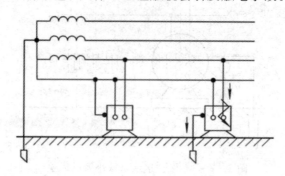

图1-2-5　部分保护接地、部分保护接零的错误接法

3. 家用电器等单相用电设备的保护接地

目前新建的住宅小区一般采用 TN-S 系统供电，单相供电的进户线通常为三根：

- 火线 L，绝缘表皮的颜色为红色或绿色或黄色。
- 零线 N，绝缘表皮的颜色一般为蓝色。
- 保护接地线 PE，绝缘表皮的颜色为黄绿相间，内芯一般采用多股线。

与之相适应，单相用电设备都应使用三脚插头和与之配套的三孔插座。三孔插座上有专用的保护接地插孔 PE，正确的电气连接是将三孔插座的右侧接相线 L，左侧接零线（中性线）N，单独位于上方且较粗的孔接保护零线 PE，如图1-2-6所示。

☞**提示**　PE（保护接地线）可以确保电气设备、家用电器的外壳对地电压为零。

某些作业人员在进行单相三孔插座的安装时，为了图方便而将 PE 接地插孔与零线插孔用电线短接在一起，如图1-2-7(a)所示。这种接法将会失去保护功能，万一零线意外断开，而人体又不慎碰到带电的金属外壳，仍然会引发触电事故。

正确的接法是将插座中的 PE 插孔连接至专用的保护接地线，如图1-2-7(b)所示。正常工作时，家用电器的金属外壳将与 PE 接地插孔连为一体。

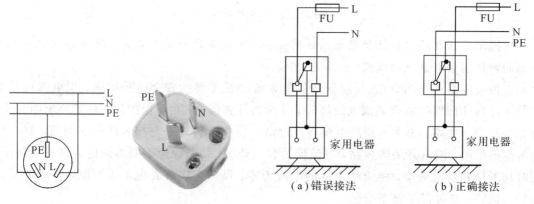

图1-2-6　单相三孔插座　　　　　图1-2-7　单相三孔插座的正误连接对比

4. 保护切断——漏电保护器

保护切断属于一种被动保护措施。它设置了一组触电保护开关，当人体接触到的电压

超过安全电压值或者流过人体的电流大小与时间超过额定值时，触电保护开关迅速切断电源，以保护人身安全。除了最常用的漏电保护装置，供电回路还可添加过载保护、短路保护、欠压保护等装置。

漏电保护器的全称为"剩余/漏电流动作保护器"，通过检测电气设备在漏电时的泄漏电流或通过人体的零序触电电流作为是否动作的依据。当人体不慎碰到相线引起人体对地的漏电流、室内线路或设备产生对地漏电流时，漏电保护器立刻动作，自动切断供电电源，确保故障情况下的人身和设备安全，在室内配电系统中应用广泛。

1）漏电保护器的结构和工作原理

单一功能型漏电保护器的外形如图 1-2-8(a)所示。当前在不少场合，电器厂家把空气断路器和漏电保护器组合为一体，构成带漏电保护的断路器，复合功能型如图 1-2-8(b)所示，其综合电气性能及安保性能更加优越。

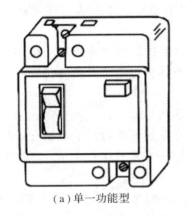
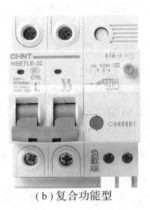

（a）单一功能型　　　　　　　（b）复合功能型

图 1-2-8　漏电保护器

电气设备或家用电器的绝缘损坏或因其他原因造成金属外壳带电时，如果外壳接地，则所带的电将由金属外壳流向大地而形成电流，该电流被称为漏电流或接地电流。

单相漏电保护器的动作原理如图 1-2-9 所示。

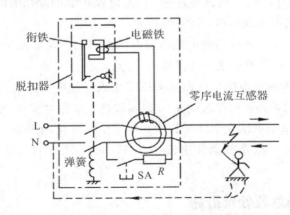

图 1-2-9　单相漏电保护器的动作原理

正常情况下，相线和零线流过的电流大小相等、方向相反，合成电流矢量为零，零序电流互感器铁芯内的磁通为零，其二次线圈的感应输出电压为零，漏电保护器的开关处于闭合状态,线路正常供电。

当被保护电路或设备出现漏电故障或有人触电时,有小部分的相线电流经人体或电气设备外壳直接流入大地形成漏电流(剩余电流),不再经过零线返回,零序电流互感器磁环内的电流之和不再为零,其二次线圈产生流过脱扣器线圈的电流,脱扣器动作,释放衔铁,漏电保护器内部的开关在弹簧作用下断开,切断电源,起到触电保护或防止漏电的作用。

△警告 漏电保护器必须接到工作零线,而不能接到保护零线。

2) 漏电保护器的分类

漏电保护器根据产生动作的原理不同,可分为电压动作型和电流动作型两大类。

(1) 电压动作型漏电保护器。电压动作型漏电保护器的主要参数是动作时间和动作电压,以家用电器外壳对地的电压作为是否动作的依据。电压动作型漏电保护器的性能较好,但具有设备结构复杂、价格较高、动作特性不稳定、易误动作等缺点,目前已趋于淘汰。

(2) 电流动作型漏电保护器。电流动作型漏电保护器在普通家庭中应用非常广泛,世界上不少国家和地区的用电法规上甚至明确规定家用供电系统中必须安装。

3) 电流动作型漏电保护器的选型

选择电流动作型漏电保护器时需要重点关注的内容如下:

(1) 所保护线路或设备的电压等级、工作电流及其正常的泄漏电流。漏电保护器的额定电压和额定电流值分别大于或等于线路的额定电压和负载工作电流。其脱扣器的额定电流必须大于线路正常的工作电流。

(2) 动作电流。从安全角度出发,动作电流越小越好,但如果动作电流选得过低,由于供电回路中的电气设备多少存在一定的泄漏电流,容易造成漏电保护器频繁地误动作,不仅影响整个供电系统的工作可靠性,还会对冰箱、空调这类对电压波动非常敏感的家用电器造成损坏。

只有环境干燥、电器绝缘性能良好时,才能选择较小动作电流的漏电保护器。

(3) 动作时间。动作时间当然越短越好,但漏电保护器的动作时间过短,其内部的控制电路就越复杂,生产成本也就越高,经济性很差。

一般认为,能够在 0.1 秒内切断电源的漏电保护器已经足够安全。

(4) 灵敏度与动作可靠性的统一,误触发率低。

【例 1-5】 对于家用电器配电线路这类以防止人身触电为首要目的的场合,应首选高灵敏度快速型的漏电保护器:动作时间在 0.01 s 以内,动作电流在 30 mA 以下。

【例 1-6】 对于供电电压在 220 V 以上、环境潮湿且接地困难,发生触电后容易导致二次伤害的特殊场合,可以选择动作电流小于 15 mA,动作时间在 0.1 s 以内的漏电保护器。

1.2.3 触电的现场急救处置措施

一旦发生触电事故,迅速准确的现场施救可以有效降低伤亡事故的发生。

1. 迅速脱离触电电源

发现触电事故后,最关键、最重要的措施是在最短时间内使触电者尽快脱离电源。脱离电源的方式主要有以下几种：

（1）拔掉电源插头、断开电源开关，使用带有绝缘柄的电工钳切断电源。

（2）从电源来电的方向，用带有绝缘柄的钳、斧、锄等工具剪断电线。

☞提示　触电者能否获救，很大程度上取决于断电是否及时。

（3）站在绝缘物体上，使用干燥的木棍、竹棒甚至桌柜等绝缘物体，或佩戴绝缘手套将触电者与裸露的带电体分隔开，使触电者尽快脱离触电电源，如图 1-2-10 所示。

图 1-2-10　使触电者迅速脱离电源的常用方法

⚠警告　救援人员既要救人，也要注意保护自己，在救援过程中切勿接触裸露金属物体、直接接触触电者、徒手拉拽尚未脱离电源的触电者，可站在绝缘垫或干燥的桌椅或木板上实施救护，最好用一只手进行救护，以免自身触电而影响触电急救工作的开展。若触电者处在较高位置，应注意触电者摆脱电源后可能发生的坠落并做好预防措施。

2．判断触电者的受伤程度，进行现场急救

触电者须仰卧在明亮通风的平地，解开其衣领口及裤带，清除口、鼻腔内杂物，观察其呼吸、脉搏、瞳孔、心跳、皮肤等具体症状，开展科学的施救，并在第一时间联系医护人员。常见的情况及对应的急救方式主要有以下几点：

（1）触电者头晕心悸、出冷汗、恶心呕吐，甚至一度昏迷，但未失去知觉，神志基本清醒，救援人员可以协助其平躺休息，暂时不要站立或走动，密切观察其后续症状。

（2）触电者暂时失去知觉、停止呼吸、心跳微弱且不规则，应马上进行口对口人工呼吸施救。

（3）触电者呼吸微弱、心脏停止跳动，应马上进行胸外按压心脏（人工循环）施救。

（4）触电者呼吸和心跳均停止时，需同时进行人工呼吸、胸外心脏按压两种方法施救。

1.3　电气设备的火灾事故

电气故障除了会导致触电事故外，也容易导致火灾事故的发生。电气火灾普遍具有隐蔽性强、持续时间长的特点，而且，带电的事故现场还容易引发触电等次生灾害。

1.3.1　电气火灾的主要原因

电气火灾泛指因电气原因引发的火灾事故，短路、过载、漏电、接触不良、雷击、静电、高压电弧、电火花等电气故障均可能引发火灾。

1. 电气设备或线路发生短路故障

短路是电源线之间由于绝缘老化或破损、操作失误、设备安装使用不当等原因误碰到一起后，短时间内电流突然增大、温度迅速升高，引发自身及周围的可燃物发生剧烈燃烧的现象。瞬间短路的电流远远大于正常电流，由于热量与电流的平方成正比，因而温升很快，因此这类火灾事故的后果往往比较严重。

引起电气短路故障的主要原因如下：

(1) 电气设备选用不当，安装使用不符合安全规定。

(2) 电器设备的绝缘外皮在高温、潮湿、盐碱酸等化学腐蚀情况下长期工作后遭受破坏，导致短路。

(3) 电气设备使用时间超过寿命，绝缘老化或受损剥落导致短路。

(4) 接线疏忽、电线绝缘层被老鼠咬断而引起相线之间短路。

(5) 电线长期磨擦致使绝缘层破裂接触导致短路。

(6) 高电压使绝缘层击穿导致短路。

2. 过载或不平衡引起电气设备过热

电路过载就是电气线路和设备超过额定负荷或额定电压、电流而引起热量明显增加的情况。电路过载轻则加速绝缘老化，重则会引发电气火灾。

造成电路过载的主要原因包括：

(1) 断路器(熔断器)的额定电流过大。

(2) 导线材料或截面选择不当，电流密度过大，导致发热量增加。

(3) 线路实际载流量超过设计载流量，特别是在线路中随意增加了许多设备和负荷，导致"小马拉大车"，实际负载超过了承载能力。

(4) 电气设备或线路因检修或维护不及时，长期处于过载运行状态。

3. 线路接触不良或折断后引起过热

接触不良是由于导线与导线、导线与设备的连接处接触面因处理质量不好、存在杂质污损、形成导电不良的氧化膜、因冷热变化或振动致使连接处松动等因素，增大了接触电阻，从而在接触点产生较多的热量。接触不良产生的较大热量有时会使接头处金属变色甚至熔化，严重时会引起电线的绝缘层或周围粉尘和可燃物着火。

4. 通风散热不良

大功率设备的散热通道被阻挡，通风散热设施损坏均容易造成过热。

5. 电热器具使用不当

取暖器、电炉、电烤箱、电熨斗、电烙铁等电热器使用过程不规范，导致热量较难释放，或者使用后未及时关闭电源。

6. 电火花和电弧

大容量开关或接触器触头的分、合操作都会产生明显的电弧或电火花。电火花温度可达数千度，遇可燃物便可点燃，遇可燃气体可能发生爆炸。

1.3.2　电气火灾的预防措施

1. 了解易燃易爆材料及环境

日常生活和生产中，经常遇到的石油液化气、煤气、天然气、汽油、柴油、酒精、棉、麻、化纤织物、木材、塑料等都是易燃品，其中某些物品还容易发生爆炸。易燃易爆物品遇到电气设备和线路故障后，很容易着火燃烧、爆炸。

2. 正确设计和安装电气设备与装置

正常运行条件下可能出现电热效应的电气设备必须采取隔热防燃等措施，在易燃易爆场所则必须使用防爆型电气产品。

（1）对存在局部热量集中或整体发热量较高的电气设备，必须与易燃物料保持足够的距离以防引燃。

（2）对正常工作中可能产生电弧或火花的电气设备，需使用灭弧或耐弧材料进行隔离，同时将设备与可能引起火灾的物料保持足够的距离。

（3）电气设备周围的防护屏障应首选不可燃或阻燃材料，可燃性材料表面需喷涂防火涂料，以承受电气设备故障情况下可能出现的高温。

3. 正确使用电气设备，预防电气火灾发生

为了避免由于电气设备使用不当造成的电气火灾，应按设备使用说明书的规定进行操作。一些典型电气设备的操作应符合下面的要求：

（1）电加热设备或者其他大功率设备使用之后应随手断电，并安装温度保护装置。

（2）当临时或意外停电后，应及时切断电气设备的电源开关，等待恢复供电后再重新接通电源开关。

（3）电气设备不得带故障或超载运行。

1.3.3　火灾现场逃生

从火灾现场进行逃生自救时，需要注意以下事项：

（1）沉着、冷静、不要惊慌，更不能大吵大叫、争先恐后、互相拥挤与踩踏，而应发扬互相友爱精神，听从指挥，有秩序地撤离火场。

（2）尽快正确判断火源、火势和蔓延方向，回忆消防通道及安全出口的方向及位置，选择合适的逃离路线，切不可乘坐电梯。

（3）因为火灾现场浓烟是有毒的，而且浓烟会在室内的上方集聚，越低的地方越安全。如果火势较大且伴有浓烟，撤离时必须就地弄湿衣服，捂住嘴鼻，防止烟气呛入或毒气中毒，采用低姿或爬行的方法逃离。视线不清时，可下蹲后摸着墙撤离。如果因楼道内烟雾过浓而无法撤离时，应尽快移动到窗户、阳台，利用安全绳、床单或管道逃生，切不可盲目跳楼。

1.3.4　电气火灾的现场扑救及其处置流程

发生电气火灾后，人体需要与火源保持距离，避免与着火的带电体发生直接接触，留意地上散落的电线，防止发生触电事故。首先需尽快切断电源，以防火势蔓延和灭火时人体触电事故发生，同时拨打119火警电话向消防部门报告火警。条件允许时可用四氯化碳、1211（二氟一氯一溴甲烷）、干黄沙、二氧化碳、干粉灭火器扑灭电气火灾，严禁使用水或泡沫灭火器。

部分灭火材料有毒，需站在上风处进行灭火；当发现有毒烟雾时，应佩戴防毒面罩；使用二氧化碳灭火器时，需密切注意环境内二氧化碳浓度有无明显升高而带来的呼吸困难。

习 题

1. 人体触电形式有几种？
2. 工作接地与保护接地的差异体现在哪些方面？
3. 低压交流电力保护接地系统包括哪几种形式？
4. （扩展）接地体、接地线采用什么尺寸材料？如何埋设？
5. （扩展）降低接地电阻阻值的措施有哪些？

第 2 章　常用电工工具

进行电工操作的工具种类繁多、用途广泛，按照使用范围可分为两大类：通用电工工具、专用电工工具。

2.1　螺　丝　刀

螺丝刀也被称为"改刀""起子"或"螺丝批"，主要用来拆卸和拧紧螺丝钉、使螺丝钉与螺母固定或脱离。

2.1.1　螺丝刀的结构

螺丝刀由绝缘手柄、金属刀杆、刀口三部分组成。螺丝刀的种类较多，在刀杆长度、手柄材料及形状、有无护套等内容上的差异较大，如图 2-1-1 所示。

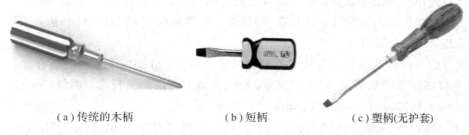

(a)传统的木柄　　　　　(b)短柄　　　　　(c)塑柄(无护套)

图 2-1-1　螺丝刀

随着工艺及用途的不断升级、改进，螺丝刀已经发展成为具有上千品种的工具大类，不同螺丝刀的区别主要体现在刀柄的材质及长度、刀杆的长度、刀口的形状及大小等方面。

1. 刀口

螺丝刀金属刀杆顶端(俗称：螺丝刀口)的形状样式较多，常用类型如图 2-1-2 所示。

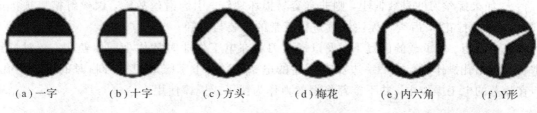

(a)一字　　　(b)十字　　　(c)方头　　　(d)梅花　　　(e)内六角　　　(f)Y形

图 2-1-2　常用螺丝刀口形状

螺丝刀口没有圆头类型，因为圆头无法产生有效的扭矩。电工操作中最常用的螺丝刀口形状为平口螺丝刀、十字螺丝刀两种，分别如图 2-1-3(a)、(b)所示。

　　(a)平口螺丝刀口　　　(b)十字螺丝刀口　　　(c)梅花螺丝刀口

图2-1-3　常用的三种螺丝刀口

　　虽然平口螺丝刀口已经可以产生扭矩，但十字螺丝刀口则能让扭矩分布得更加均匀，增加螺丝的拧转次数。不同的螺丝刀口应该配合不同槽型的螺钉使用：

　　• 平口螺丝刀口扁平，用来紧固或拆卸一字槽螺钉。

　　• 十字螺丝刀只能用来紧固或拆卸十字槽螺钉。

　　在图2-1-3(a)中的平口螺丝刀口出现了颜色分层，靠近刀口呈现黑色或亮灰色，表明该螺丝刀口经过磁化处理，能够吸附铁制的螺丝钉。

　　近年来，如图2-1-3(c)所示梅花螺丝刀的应用也日渐增多。

　　2. 刀柄及刀杆

　　早期的螺丝刀手柄多为木柄，如图2-1-1(a)所示。近年来生产的螺丝刀则更多地采用了塑胶材料制成的手柄，一些产品的塑胶手柄外部还另外套有一层绝缘胶套，以进一步增强螺丝刀操作时的绝缘效果，此外还具有防滑的功效，尤其适用于电工作业。

　　为了提高操作时的安全性，部分螺丝刀(如：电笔螺丝刀)的刀杆外部还套有一层绝缘管，只留出少许的金属刀口。

　　螺丝刀的刀杆长度及直径与螺丝刀的型号密不可分，分别用于不同的场合。

　　• 平口螺丝刀的规格用 A(刀口宽度)×B(金属刀杆的露出长度，单位：mm)表示，例如：3.2 mm×100 mm、5 mm×75 mm。

　　• 十字螺丝刀的规格用 A(刀杆直径)×B(金属刀杆的露出长度，单位：mm)进行表示。

　　3. 螺丝刀选型

　　选择螺丝刀时，一定要根据螺丝钉槽口的形状和实际尺寸来选择合适的螺丝刀口形状及尺寸规格，避免因刀口的规格与螺丝刀槽口参数不匹配而造成螺丝刀或螺丝钉损坏：

　　• 如果螺丝刀的号数偏大，则将无法插入螺丝钉的槽口。

　　• 如果螺丝刀的号数偏小，则非常容易损坏螺钉、引起滑丝故障，螺丝钉槽口被扩成圆形，俗称"拧花"，后续将无法继续进行正常的安装与拆卸。

　　在小力矩、轻负载的前提下，平口螺丝刀可在电工作业时替代小撬棒使用；在对灯具木台进行钻孔操作时，如果手边没有合适的电钻，可用十字螺丝刀进行临时的手动扩孔。但在规范的电工操作中，并不推荐将螺丝刀作为凿子或撬棒使用。

2.1.2　螺丝刀的操作及注意事项

　　常规的螺丝刀操作手法如图2-1-4(a)所示，手掌用力顶住螺丝刀手柄末端，用拇指、食指、中指捏紧手柄并用力旋动，对于刀杆较长的螺丝刀，可以按照图2-1-4中(b)图所示的方法进行操作：一只手压紧螺丝刀手柄并用力旋动，另一只手扶稳螺丝刀的刀杆，保持螺丝刀处于竖直或水平而不会发生倾斜。

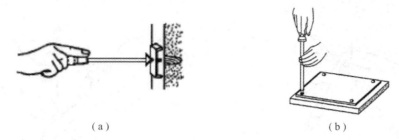

（a）　　　　　　　　　　　　　　（b）

图 2-1-4　螺丝刀的操作

⚠警告　按照图 2-1-4 中(b)进行操作时，严禁带电操作。

使用螺丝刀之前，应首先擦净螺丝刀柄和刀口的铁粉或油污，防止操作过程中因意外发生滑脱。用螺丝刀进行操作时，应当使螺丝刀口与螺丝钉的顶槽垂直吻合，拧松或旋紧时都是手腕用力。最好选择带有磁性的螺丝刀口，吸引螺丝钉不至于掉落；如果螺丝刀口没有磁性，被操作的螺丝刀为不锈钢材质或铜质材料，在螺丝钉即将拧出或刚刚放置到螺丝孔时，需要用手扶住螺丝钉，避免掉落。

螺丝刀如确需带电操作，必须将金属刀杆套上尺寸合适的绝缘套管，操作过程中须严格遵守各项安全规程。

2.2　电　工　刀

电工刀也是电工操作中的一种必备工具，由刀身和刀柄两部分组成，外形结构如图 2-2-1 所示。

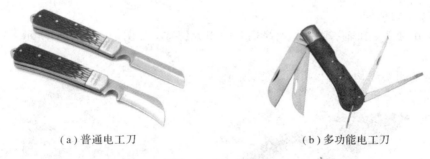

（a）普通电工刀　　　　　　　　　　　（b）多功能电工刀

图 2-2-1　电工刀

电工刀的刀刃并不会太锋利，主要用来剖削和切割棉纱、绳索以及 6 mm² 以上的电线绝缘外皮。此外，电工刀还常用于削制木楔及较软的金属、切割木质槽板或木台。一些多功能电工刀带有手锯和尖锥，用于电工材料的应急切割或钻孔。

电工刀柄上的少量绝缘材料主要起到增大摩擦、防止打滑的作用，并没有完全遮住刀柄中的金属部分，因此绝对不能用电工刀对导线或器材进行带电操作，以防触电。

根据刀柄的长度不同，电工刀可分为 1 号(115 mm)、2 号(105 mm)、3 号(95 mm)等规格。近年来的电工刀朝着多功能方向发展，集成了小锯条、螺丝刀、小锉刀等单元，如图 2-2-1(b)所示。

使用电工刀剥削导线时，应使刀口向外进行操作，如图 2-2-2 所示，以避免刀口打滑而使手指或身体某些部位意外受伤。

图 2-2-2　安全使用电工刀剥削导线

电工刀使用完毕后，应随手把刀身折入刀柄。电工刀的刀片材料一般不具备防水、防锈等功能，因此电工刀需要保存在干燥的工具柜(箱)内。

2.3　钳　　子

电工操作中涉及的钳子种类较多，各种钳子的外形及操作方式存在较大的差别。

2.3.1　钢丝钳

钢丝钳主要用于夹持、固定工件或者扭转、弯曲、剪断金属丝线，在电工作业中的应用非常广泛。

钢丝钳规格用全长进行表示，主要分为 6 寸(154 mm)、7 寸(177 mm)、8 寸(208 mm)三种。

1. 钢丝钳的结构

钢丝钳由钳头、钳轴、钳柄、绝缘柄套等单元组成，如图 2-3-1(a)所示。

1) 钳头

钢丝钳的钳头结构如图 2-3-1(b)所示。

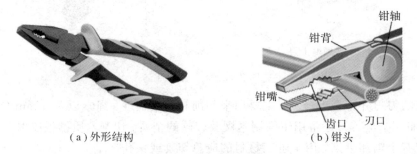

(a)外形结构　　　　　　　　　　(b)钳头

图 2-3-1　钢丝钳

钢丝钳的外形与尖嘴钳类似，从尺寸、质量、夹持力等方面均可认为钢丝钳是尖嘴钳的"强力版本"，更适用于大力矩的拉拔或夹持作业。

钢丝钳的主要特点如下：

• 钢丝钳的钳嘴长度与尖嘴钳相当，但钳嘴宽度明显大于尖嘴钳，适宜对金属薄板及金属片进行夹持或校正操作、对较粗或较硬的电线芯、细金属棒进行成型。

- 钢丝钳保留具有剪断功能的刃口，且能够剪断较粗的金属丝线。
- 钢丝钳增加了一对椭圆形的齿口，可用于六角螺母的拧紧或拧松。

2）钳柄及柄套

钢丝钳的钳柄与钳头为一体化的结构，外部套有耐压为 500 V 的聚氯乙烯绝缘塑胶柄套，护套上设计有加大摩擦力的粗花纹。

2. 钢丝钳的使用及质量检验

钢丝钳的功能除了最常用的对元器件、小件物品的夹持之外，钳口常用来弯折电线的线头，齿口用来旋紧或松动六角螺母，刀口用来剪断电线、钢丝、铝丝等较硬的金属丝，此外，刀口还可以用于电线表面的绝缘层剥削，如图 2-3-2 所示。

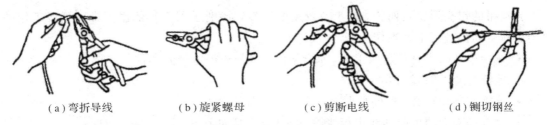

(a) 弯折导线　　　　(b) 旋紧螺母　　　　(c) 剪断电线　　　　(d) 铡切钢丝

图 2-3-2　钢丝钳的常用操作

3. 钢丝钳的选购

选购钢丝钳时，常常需要进行一系列的安规及质量检测：

- 捏紧钳柄，对光观察钳口是否紧密吻合。
- 钳柄绕钳轴进行大范围转动时，是否灵活。
- 钳柄不能沿着钳轴上下晃动。
- 绝缘柄套有无破损现象。

4. 使用钢丝钳时的注意事项

钢丝钳在进行带电作业之前，必须仔细检查绝缘柄套的外观是否完好，柄套破损的钢丝钳不能进行带电操作。平时应注意保持柄套表面清洁，不要沾染油污及金属粉尘或被太阳曝晒。

用钢丝钳夹断带电的导线时，不能将"火线/零线"或"火线/火线"置于同一个钳口内夹断，以免发生短路事故。

虽然钢丝钳比较重，但不能用钢丝钳的钳背替代锤子或榔头来敲击硬物，避免钳头断裂、钳轴损坏、钳嘴及刃口的啮合紧密程度变差。注意定期向钳轴添加机油，防止转轴锈蚀后，钳嘴的转动不够灵活。

2.3.2　尖嘴钳

尖嘴钳由带齿的尖头牙口、刃口、转轴、复位弹簧（可选）、手柄、耐压值为 500V 的防滑绝缘护套等单元组成，如图 2-3-3 所示。尖嘴钳的圆锥形钳头相对较为尖细，接近端部的钳口加工出了一小段可增加摩擦力的齿纹。

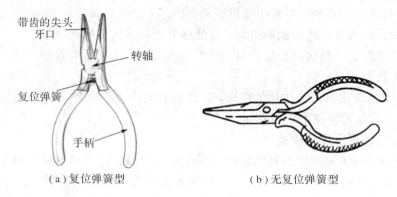

（a）复位弹簧型　　　　　　（b）无复位弹簧型

图 2-3-3　尖嘴钳

尖嘴钳的钳头形状尖而长，还带有较短的刃口，特别适用于其他钳子难以开展工作的紧凑工作空间内进行下列操作：

- 夹持小型的线材及金属工件，如：垫圈，装配小型电子元器件。
- 螺钉与螺母的紧固或拧松。
- 装接控制线路时，剪断单股金属导线、元器件引脚。
- 对直径不大的单股导线进行弯圈，加工出所需的接线环。

1. 尖嘴钳的常用规格及分类

尖嘴钳的常用规格包括 4 寸（115～120 mm）、5 寸（约 140 mm）、6 寸（约 160 mm）、8 寸（约 205 mm）等，分为长嘴（钳头为钳子全长的 40%）与短嘴（钳头为钳子全长的 20%）两种类型。此外，尖嘴钳有欧式、美式、日式、苏式等不同的样式，外观略有差异。

2. 使用尖嘴钳的注意事项

尖嘴钳的体积、强度及工作力度毕竟有限，因此不宜过力夹持硬物。尖嘴钳刃口也能剪断细小金属丝，但剪切力相对较弱，对较粗的单股铜线已经无能为力。此外，从操作规范的角度来讲，不允许用尖嘴钳装拆螺母，更不能将尖嘴钳当作小锤来敲击较硬的物品。

为确保使用者人身安全，严禁使用塑料柄套破损或开裂的尖嘴钳操作 220 V 或 380 V 的电气线路或设备。

2.3.3　斜口钳

斜口钳俗称"斜嘴钳"，在电工操作中主要用于剪断元件引脚及不太粗的硬质金属导线、金属丝等线材及薄金属片。绝缘护套完整的斜口钳甚至可以直接剪断低压带电导线。

由于剪切力度较大，斜口钳常常可以替代剪刀来剪切黄腊管等绝缘套管、尼龙扎线卡、印制线路板中元器件过长的引脚。此外，斜口钳还可用来剥削绝缘导线的绝缘皮，功能非常全面。

斜口钳由钳头、钳柄、耐压 500 V 或 1000 V 的绝缘柄套等部分组成，钳头的剪切口与钳柄具有一定夹角，如图 2-3-4 所示。

斜口钳的刃口结构如图 2-3-4(b)所示，刃口钢材经过淬火处理，硬度更高，能够切断相对比较柔软的元器件引脚、细铜线。不要试图使用斜口钳的刃口去剪断韧性、强度均比较高的钢丝。

（a）斜口钳的外形结构　　　　　　（b）斜口钳的刃口

图 2 - 3 - 4　斜口钳

斜口钳的质量检验与钢丝钳类似：将钳口闭紧，对光观察刃口吻合是否紧密、有无透光。

为了使斜口钳在剪断操作时能够连续作业、提高效率，在钳轴下方设置有复位弹簧，具有自动弹开的功能。

斜口钳的钳柄分为铁柄（多为外科手术工具类型）、管柄和绝缘柄三种，电工操作时只能选择绝缘柄斜口钳。

斜口钳常常还被用来剥掉金属导线外部的绝缘外皮：

- 将带有绝缘皮的电线置于斜口钳的两个刃口之间，刃口轻微闭合、略微压住绝缘外皮即可。

- 然后倾斜斜口钳 45°～60°，用力拖动斜口钳，即可剥去金属导线外层的绝缘皮。

常用斜嘴钳包括 4 寸、5 寸、6 寸、7 寸、8 寸等多种规格。规格的数值越大，斜口钳的钳身、刃口长度越长，剪断力相应也就越大。规格参数较小的斜嘴钳可以在工作场所比较狭窄的设备内部使用。

2.3.4　压线钳

压线钳常常也被称为"压接钳"，用来压制接线端子，实现导线与导线、导线线头与接线耳之间可靠的低电阻接合。

由于接线耳的规格种类较多，外形差异也比较大，往往需要配套使用不同的压线钳型号及规格。常用的压线钳包括铝绞线压线钳、网线压线钳、单芯杜邦端子压线钳、排线压线钳等。

图 2 - 3 - 5（a）为一种常用的压线钳，钳头包含多个尺寸的压卡槽，以适应不同的导线线径及接线耳规格。

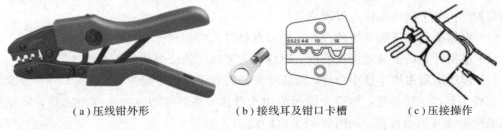

（a）压线钳外形　　　　　（b）接线耳及钳口卡槽　　　　（c）压接操作

图 2 - 3 - 5　压线钳

利用压线钳压接单芯接线端子的工作示意如图 2 - 3 - 5（c）所示，具体的操作流程如下：

- 将待压接导线的绝缘皮按照接线端子长度剥去一段。
- 将露出的芯线放入接线耳(俗称：线鼻子)的卡槽内，置入压接钳的钳头。
- 用力紧握压线钳的钳柄，使钳头闭紧并造成接线耳的金属卡槽变形，完成压接。

压线钳压出的线鼻及接头与尖嘴钳和钢丝钳相比，成型效果更好、接触电阻更小。

2.3.5　剥线钳

斜口钳、尖嘴钳、电工刀均可以用来剥除电线的绝缘外皮，但拉拔过程中必须适当用力，否则可能造成单芯电线的内芯表面受损、多芯电线的部分芯线折断。

相比上述剥线工具，使用剥线钳去除直径在 6 mm 及以下的电线表面的绝缘外皮，是一种高效、快捷、可靠且易于掌握的剥线方法。

1. 剥线钳的结构

常用的自动剥线钳由钳身、钳头、刃口、压线台、钳柄、柄套、钳轴、复位弹簧及钳身内部的联动机构组成，如图 2-3-6(a)所示。

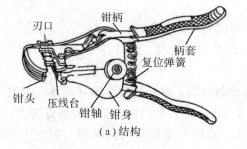

（a）结构　　　　　　　　　　　（b）剥线动作

图 2-3-6　剥线钳

剥线钳用来剥削横截面积在 6 mm^2 以下的绝缘电线头部的一段绝缘层，剥线钳的刃口并拢后，合并成 0.5、1.0、1.5、2.0、4.0、6.0(单位：mm^2)大小的剥线孔，将需剥皮的电线放到直径相当的刃口中。若电线没有被放置到合适的刃口中，则会发生下面两种情况：

- 刃口直径太大，无法剥掉绝缘皮、打滑。
- 刃口直径太小，剥削时容易剪断电线内部的部分芯线。

⚠警告　虽然剥线钳的钳柄包覆有绝缘的柄套，耐压为 500 V，但从安全角度考虑，一般不建议使用剥线钳去剥削带电导线。

2. 自动剥线钳的剥线操作

与斜口钳、尖嘴钳、电工刀的剥线原理不同，自动剥线钳通过内部设计巧妙的机械式联动机构，让整个剥线操作一气呵成：

（1）根据待剥削绝缘电线的线径，选用直径略大的刃口。

（2）根据计划剥去的绝缘皮长度，调整伸入刃口的绝缘电线的相对位置。

（3）慢速握紧钳柄至最小角度，压线台夹紧需要保留的绝缘皮，接着刃口下降、套紧并切断电线头部的绝缘表皮，然后剥线钳的钳头分离，将剥掉的绝缘皮推出芯线，被压线台压住的绝缘表皮则被保留，如图 2-3-6(b)所示。

（4）松开剥线钳的钳柄，在复位弹簧的作用下，钳头及刃口恢复原状，接下来即可取出剥削完成的绝缘电线。

2.4　镊　　子

镊子在电工操作中的应用相对较少，更多地被用于电子装配、焊接工艺流程中进行辅助操作。

1. 镊子的功能

在元器件的插装工艺环节中，镊子可用来夹持微小体积的元器件。金属材质的镊子是热的良导体，在焊接某些耐热性较差或容易热损伤的元器件时，可以充当临时散热片使用：焊接时夹持住元器件引脚或待焊的细导线，使烙铁头传导来的一部分热量通过金属镊子散发，从而降低热量的积聚，避免不耐热的元器件因过热而发生损坏。

在进行元器件的拆焊工艺流程中，镊子的作用更加明显：当焊点上的焊锡熔化后，在PCB的元器件面用镊子夹住元器件，按照元器件焊接的反方向稍微用力撬动元器件，使之顺利地脱离焊盘，从而完成拆卸。

2. 镊子的分类

镊子多由不锈钢材料制成，常见的镊子包括尖头镊、弯头镊、带齿圆头镊等，如图2-4-1所示。

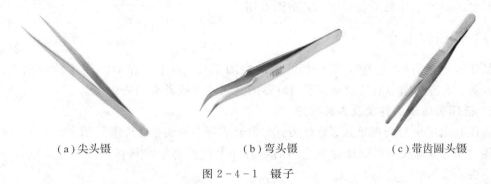

（a）尖头镊　　　　　　　（b）弯头镊　　　　　　　（c）带齿圆头镊

图 2-4-1　镊子

• 尖头镊如图2-4-1(a)所示，镊子尖部可以深入狭小的工作空间，使用灵活，特别适用于夹持微小的电子元器件及细电线，辅助焊接与装配。长度在130～150 mm之间的不锈钢尖头镊较为常用。

• 弯头镊的镊尖与镊身呈钝角，如图2-4-1(b)所示。镊子在操作时不易遮挡视线，广受熟练的电子装配、调试人员喜爱。

• 图2-4-1(c)所示的带齿圆头镊原本用于医学领域，具有夹持物体不易滑动等优点，特别适用于夹持螺丝钉、螺母、螺帽等元器件。此外，带齿圆头镊还可以用来弯曲元器件或单芯电线的线头，与尖嘴钳功能类似，成型直径可以做得更小一些。

2.5　扳　　手

扳手利用杠杆原理来紧固或拆卸螺栓、螺钉、螺母和其他螺纹紧固件。

常用的扳手种类包括呆扳手、梅花扳手、两用扳手及活扳手，电工操作时较多采用如图2-5-1所示的活扳手。活扳手的开口宽度可以在一定尺寸范围内进行调节，以适应不同规格的六角螺栓或螺母。

（a）外形　　　　　　　　　　　（b）活扳手的操作示意

图 2-5-1　活扳手

　　活扳手使用前首先拨动蜗轮、松开活动钳口，将扳口套住待操作的螺栓或螺母，用手指反向拨动蜗轮收紧活动钳口，使整个扳口卡紧螺栓或螺母，接下来旋转扳手的手柄，带动螺栓或螺母转动、使其被紧固或松开。

　　△警告　使用普通扳手时不得带电操作，更不能将扳手作撬棒或锤子使用。

2.6　验电工具

　　验电工具是用来检测线路是否带电的重点电工工具，分为低压验电笔与高压验电器，两种验电工具的工作范围差异较大，不能混用。

2.6.1　低压验电笔

　　低压验电笔俗称"电笔"，是一种基本的检测工具，在电工作业时用于检查电气线路、电源开关、电源插座等电气设备、家用电器的金属端子或外壳是否带电。

1. 低压验电笔的种类及内部构造

　　低压验电笔可分为钢笔式、螺丝刀式、数显式等多种类型，外形如图 2-6-1 所示。为避免触电事故，螺丝刀式低压验电笔的前端刀杆上包裹有绝缘材料，只露出很短的一字形金属笔尖。

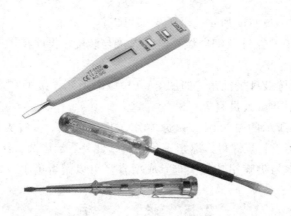

图 2-6-1　低压验电笔

　　低压验电笔由金属体笔尾、带有观察窗的笔管、弹簧、氖泡、高阻电阻、金属体笔尖组合而成，如图 2-6-2 所示。

图 2-6-2　验电笔的内部结构

金属笔尾　弹簧　　　　金属笔挂　观察窗　　氖泡　　　　高阻电阻　金属笔尖

☞**提示**　低压验电笔的金属探头虽然设计为平口螺丝刀的形状，但在将低压验电笔作为螺丝刀使用时，只能以很小的扭矩旋转，不能过于用力。

2. 低压验电笔的原理及测试操作

用低压验电笔测试物体是否带电时，待测的高电压将经过验电笔、人体后流入大地而形成电流回路。当带电体与大地之间存在 $50\sim60$ V 及更高的电压时，验电笔中的氖泡将会发出红色辉光，作为警示信号。

△**警告**　出于安全角度考虑，验电笔的最大测试电压一般不允许超过 500 V。

验电笔正确的测试操作手法如图 2-6-3(a)所示。测试人员握笔时不能佩戴绝缘手套，必须将手掌或手指接触笔尾金属体才能形成测量电流回路。如果测试时氖泡发光，说明导线带电。

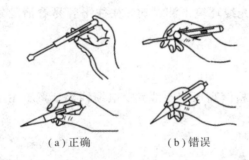

（a）正确　　　　　（b）错误

图 2-6-3　正确、错误的电笔螺丝刀操作手法对比

在图 2-6-3(b)所示的错误测试方法中，即使待测点处于高压带电状态，但由于没有形成测量电流回路，电笔内部的氖泡并不会指示发光，从而引起误判，极易酿成触电事故。

3. 低压验电笔的功能

低压验电笔除了基本的验电功能之外，还可以拓展出一些其他的特殊用途。

1）区别相线与零线

当验电器笔尖触及交流电路的导线时，氖管发光的即为相线。正常情况下验电笔触及零线时，氖管不会发光。

2）区别电压高低

测试时可根据氖管发光的强弱来判断电压的高低。

3）区别直流电与交流电

交流电通过验电笔时，氖管内部的两个电极同时发光；直流电通过验电笔时，氖管内只有一个电极会发光。这是因为交流电的正负极极性会周期性地交替变化，而直流电的正负极不变。

4）判断相线接地

在星型连接的三相三线制供电系统中，如果验电笔的氖管在检测其中两根相线时较亮，检测另一根相线时较暗，则氖管发光较暗的那一根相线存在接地故障。

5）检查设备外壳漏电

当电气设备的金属外壳漏电时，则验电笔的氖管会发光；如果外壳已经接地，氖管发光说明保护接地断开。

6）检查接触不良故障

在检测时，如果验电笔的氖管出现闪烁现象，表明回路内存在接触不良或松动现象。

7）故障时的零线检测

在 220 V/380 V 的三相四线制系统中，若发生相间短路、单相接地、相线断线，均会导致零线（中性线）上出现电压，会导致验电笔发光。

4．操作低压验电笔时的安全注意事项

（1）低压验电笔只能用于 380 V/220 V 系统。

（2）在验电过程中，要防止人体接触到验电笔笔尖的金属部位，以免引起触电事故。

（3）防止金属体笔尖在测试过程中引起的短路事故。

（4）测试带电体前，一定要在确认有电的设备上进行预测试，以检查验电笔中的氖管能否正常发光。

（5）在室外等明亮的光线环境下测试时，往往不容易看清楚氖管发出的辉光，需要适当遮光检测。

2.6.2　高压验电器

高压验电器主要用来检测高压架空线路、电缆线路、高压用电设备是否带电，其外形结构如图 2-6-4(a)所示。

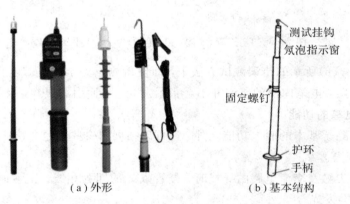

（a）外形　　　　　　　　　　（b）基本结构

图 2-6-4　高压验电器

高压验电器由较粗的金属测试挂钩（或测试探针）、氖泡、蜂鸣器、测试电路、电池、手柄、护环以及可拉长的测试杆构成，如图 2-6-4(b)所示。

高压验电器之所以比低压验电笔长得多，正是为了让高压带电设备（高压用电器）与测试人员之间留出足够的安全距离。

采用高压验电器进行高压测试时，作业人员必须佩戴专用绝缘手套，先将测试杆拉出至合适的长度，旋紧固定螺钉并打开电源开关；然后按照图 2-6-5(a)所示的方法握持验电器的手柄；接着将高压验电器的挂钩挂住或接触高压设备的待测点，仔细观察氖泡指示窗口有无正常发光、蜂鸣器有无急促的报警声，即可判断金属部位是否高压带电。

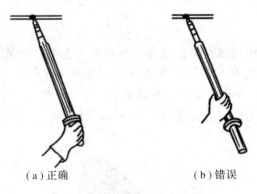

（a）正确　　　　　　　（b）错误

图 2-6-5　高压验电器的操作

图 2-6-5(b)所示的高压验电器操作存在两处严重错误：测试时未戴手套、手越过护环。

2.7　绝缘护具

绝缘护具用于电工作业过程中的绝缘防护。

2.7.1　绝缘手套

绝缘手套是一种用橡胶制成的五指手套，主要用于电工作业，是带电作业人员最重要的安全防护用具。在带电操作过程中，原则上均须佩戴好绝缘手套再进行作业。绝缘手套具有较高的电气绝缘强度、机械强度及良好的弹性，基本都带有袖筒，如图 2-7-1 所示。

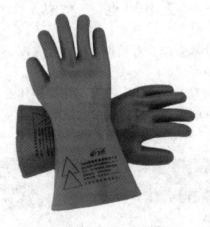

图 2-7-1　绝缘手套

皮革保护手套、内衬线手套可以与绝缘手套配套使用，优点如下：

• 皮革保护手套质地柔软，可用作绝缘手套的机械保护，防被割伤、撕裂、刺穿，不可单独使用。

• 内衬线手套用于冬季防寒、增加舒适度、夏季吸汗，不可单独使用。

绝缘手套在使用前必须进行充气检验，若发现有任何破损则不能使用；电工作业时，应将衣袖口套入手套的筒口，以防发生意外。

2.7.2　绝缘鞋

绝缘鞋(绝缘靴)是使用绝缘材料定制的一种特种安全鞋，电绝缘皮鞋和布面电绝缘鞋适用于 50～60 Hz 工频、1000 V 以下的作业环境；电绝缘胶鞋适用于工频 1000 V 以上作业环境。绝缘鞋主要用来防止跨步触电，在漏电、接触电源时也具有一定的保护作用。

绝缘鞋的帮面或鞋底上印制有标准号、"电绝缘"汉字或"EH"字母，如图 2-7-2 所示的绝缘鞋印制有闪电标记。

图 2-7-2　绝缘鞋

绝缘手套、绝缘鞋都应储存在室温为 −15℃～+30℃、相对湿度在 50%～80% 的干燥通风的环境中，应远离热源、酸、碱、油等腐蚀性物品，避免阳光与紫外线照射。此外，绝缘手套、绝缘鞋均需要经常检查，一旦发生破损，严禁继续使用。

2.8　电　　钻

在电工作业的过程中，常常会涉及对墙壁、配电柜底板、低压电器支架等部件进行钻孔操作，因此电钻的使用必不可少。

电钻依靠内部的电动机带动钻夹、钻头进行高速旋转作业。钻头由硬度较高的合金制成，钻头的头部被加工出特殊的刃口，旋转起来之后比较容易进入待钻物体；钻头整体呈螺旋状，便于排出钻屑，俗称"麻花钻"，如图 2-8-1 所示。

图 2-8-1　钻头

除了具有钻削功能之外，电钻还常常用于拆卸或固紧螺丝钉、多股线的绞合，是电气安装作业时使用最为频繁的电动工具。

△警告　钻孔加工具有一定的危险性，因此在操作各类电钻时，精神应高度集中，严禁在饮酒或服用嗜睡性药物之后操作电钻，严禁在佩戴手套、松开袖口的状态下进行操作。

2.8.1 台钻

台钻一般用于为可拆卸的电气部件进行打孔，定位精度相对较高，常见的台钻外形如图 2-8-2 所示，图 2-8-2(a)为微型台钻，可装夹的钻头直径相对较细、钻削的力量并不太大，主要用于电路板、塑料、木板的钻孔加工；图 2-8-2(b)为中型台钻，可以对铜柱、钢板等相对较硬的金属工件进行钻孔加工。

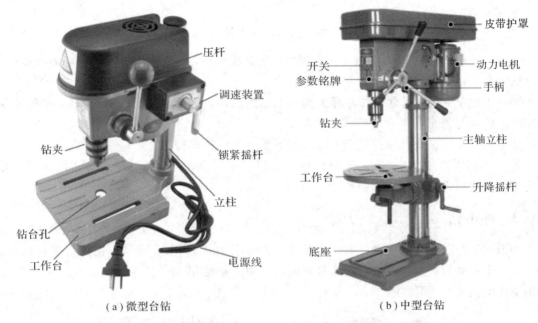

(a)微型台钻   (b)中型台钻

图 2-8-2 台钻

台钻采用交流电机提供能量，经过皮带减速后驱动钻夹旋转，当钻夹上下移动时，驱动钻头进入待钻的工件、形成钻孔。台钻的电机一般采用 220 V 交流供电，某些大型台钻也可能使用 380 V 三相交流电机。

微型台钻的主体用锁紧摇杆紧固在立柱上，可以根据待钻物体的尺寸及钻头长度进行上下调节。中大型台钻的主体采用固定式结构，不能上下移动，为了适应不同的待钻物体，需要调整工作台的上下位置。

台钻钻夹可以更换不同直径的钻头，具体的钻头直径与钻夹的型号规格有关。台钻内部的皮带、碳刷及钻头在钻孔操作中容易损坏，需经常更换。

⚠警告 不能佩戴手套进行钻孔操作，高速旋转的钻头具有一定的危险性，操作台钻进行钻孔时必须严格遵守相关的规章制度、确保安全。

2.8.2 手电钻

手电钻具有体积小、重量轻、使用方便等优点，是一种使用非常广泛的电动工具。手电钻的外形如图 2-8-3 所示。由于手电钻在外形上颇有些类似手枪，因此也常常被称为"手枪钻"或"枪钻"。

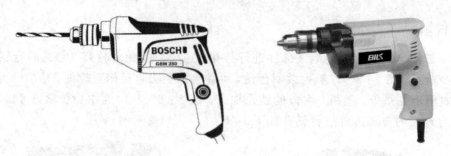

图 2-8-3　手电钻

手电钻一般采用 220 V 单相交流电供电，电源线较长，一般采用绝缘性较好的橡皮线；电源插头多采用单相两孔的样式结构。

操作手电钻时，通过食指扣动开关实现电钻的启动，松开食指后，电钻停转，实现了点动方式的启动与停止。

如果需要实现钻头持续的旋转，可以按下手电钻的锁定按钮。

某些手电钻包含调速旋钮与正反转开关，利用这两项功能，通过配合合适的旋具，可以用手电钻进行螺丝钉的拆卸或紧固。

2.8.3　冲击钻

冲击钻是一种强力的电动工具，主要针对混凝土地基、墙壁、砖墙、花岗石进行钻孔，以便在孔中安装膨胀螺栓、塑料胀管等紧固件。冲击钻使用 220 V 单相交流电或者 380 V 三相交流电供电，外形如图 2-8-4 所示。

 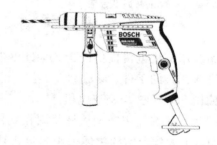

图 2-8-4　冲击钻

冲击钻的钻头除了具有高速旋转的特征之外，还具有向前冲击的动作方式，旋转与冲击的组合，确保实现较大的钻孔力度，在对砖、石、混凝土浇筑的墙体及地板钻孔时，工作效率很高，仅次于专用电锤。

1. 冲击钻的功能及结构特点

目前市场中较为常见的双用型冲击钻还集成有普通电钻的功能：

• 把开关调到"钻"的位置即可作为电钻使用，钻削木头、塑料、PVC 板等相对不是很坚硬的物品，此时一般装夹 2~5 mm 等直径的普通钻头。

• 把开关调到"锤"（ ⫿ ）的位置，作为冲击钻使用，以旋转冲击的运行方式，在水泥、花岗岩、砌块、墙砖等建筑物上开木榫孔或电线穿墙孔。此时需要装夹直径为 6、8、10、12、16 mm 等规格的冲击钻钻头。

冲击钻与一些体积相仿的大中型手电钻相比，主要差别体现在新增的辅助扶手、深度尺，如 2-8-5 所示。

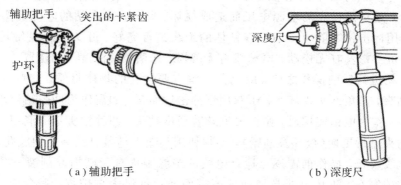

（a）辅助把手　　　　　　　　　　（b）深度尺

图 2-8-5　冲击钻的特殊机构

辅助把手除了便于作业人员双手联合向钻头施压外，还具有稳定冲击钻、避免打孔歪斜而造成的孔径被人为扩大的作用，冲击钻在墙壁上开出的孔常常用于安装膨胀螺栓，如果孔径过大，会引起安装好的膨胀螺栓出现松动。

深度尺主要是为了便于得到同样的钻孔深度，避免冲击钻将墙体钻穿。

2. 冲击钻钻头

冲击钻钻头与普通电钻钻头有所不同，其顶部通过焊接的方式镶嵌有硬质合金制成的刃头，如图 2-8-6 所示。

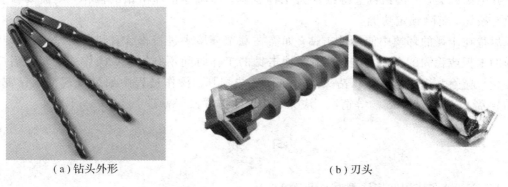

（a）钻头外形　　　　　　　　　　（b）刃头

图 2-8-6　冲击钻钻头

为了避免与普通电钻的钻头混淆，冲击钻钻头的钻柄一般没有采用标准的圆柱形结构，大多采用"坑槽式"、方柱、六角柱的特殊结构设计，如图 2-8-7 所示。

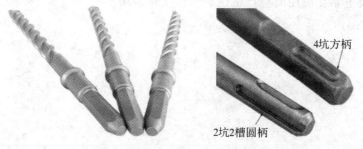

图 2-8-7　冲击钻钻头的钻柄

3. 冲击钻的操作

某些为国外生产的冲击钻供电电压为 100 V 或 110 V，在操作前应检查电源电压与电网电压是否吻合，避免因过高的电源电压而造成损坏。此外，冲击钻的电源插座建议配备漏电保护器，使用冲击钻之前应仔细检查钻体的绝缘是否完好、开关是否灵敏可靠、辅助把手是否紧固、机身螺丝有无松动、电源线有无破损，并调节好深度尺的位置。

在使用冲击钻进行钻削操作之前，应充分了解需要钻孔的物体材质，然后选择相对应材质及尺寸的钻头，避免钻头损坏。对于双用型冲击钻而言，如需作为冲击钻使用，需装夹专用冲击钻钻头；作为电钻使用时，则需要安装普通型钻头，两种钻头不能混用。使用钻夹钥匙对冲击钻钻头进行更换（松开及锁紧），不得使用其他工具敲打钻夹的钥匙孔。

冲击钻的电线较长，操作前需逐点检查电线的绝缘表皮有无破损或割裂，操作时应避免电线出现严重的绞卷，防止电线与地面的摩擦而导致绝缘表皮破损，避免电线被油性、酸性、碱性液体沾染或腐蚀。

操作者一般采用右手握住冲击钻把、左手握住辅助把手进行支撑的方式。按下电源开关后，冲击钻立即开始旋转工作。钻孔过程中，操作者应把持住冲击钻钻体、避免晃动；将钻头尖缓慢接触待钻工件后，再缓慢加力；接下来，向前推动冲击钻的力度要均匀，切忌用力过猛。钻头的中轴线应与墙面或地面垂直，如果高速旋转的钻头出现歪斜，容易折断钻头，甚至引起一些人身伤害。

某些冲击钻带有锁定按钮，当锁定按钮被按下时，冲击钻会自动地连续工作。此时即使松开电源开关，冲击钻也会继续保持工作状态。如需停止冲击钻的操作，则需要再次按动锁定按钮，解除锁定功能。

尽量在干燥的环境中使用冲击钻，如需在潮湿环境中进行操作，则需要站在绝缘垫或干燥的木板或稳固的桌凳上进行操作。冲击钻的工作时间不宜过长，操作一段时间后应及时停止，避免内部的电动机和钻头因过热而造成损坏。操作过程中如果发现冲击钻漏电、振动异常、发热严重、异响等情况，应立即停止工作并及时修理。

习 题

1. 验电笔在使用时应注意哪些事项？
2. 钢丝钳在电工操作中有哪些用途？
3. 钢丝钳在使用时应注意哪些问题？
4. 冲击钻及电钻在使用时应严格注意哪些安全事项？

第 3 章　电子元器件

电子元器件是构造电路的基本单元，熟悉和掌握常用电子元器件的性能特点，正确选用元器件，对电路的设计、调试、维护均极为重要。本章主要介绍常用电阻器、电容器、二极管、三极管、晶闸管的基础知识、主要参数、常用种类、选型原则及检测方法。

3.1　电　阻　器

电阻器的电气符号如图 3-1-1 所示，是使用最广泛的元器件之一。

（a）欧盟及中国标准　　　　　（b）美国及日本标准

图 3-1-1　电阻器的电气符号

电阻器能够阻碍电流流动，把电能转换为热能。电阻器的主要功能包括并联分流、串联分压、电流—电压转换等，用于限流、降压、负载、阻抗匹配、振荡、滤波、时间常数等电路单元中。

3.1.1　电阻器的主要参数

电阻器的主要技术参数包括标称阻值、误差范围（精度等级）、额定功率、温度系数等，熟悉参数有助于在电路设计过程中进行正确的电阻器选型。

1. 标称阻值及误差范围

标称阻值及误差范围是电阻器的核心参数。

为了让企业能够以较高的效率组织电阻器、电容器、电感器等无源元器件的规模化生产，国际电工委员会（IEC）于 1952 年颁布了统一的国际标准，规定以式（3-1）计算得到的 E 数列数值作为元器件参数的系列化规格。

$$a_n = (\sqrt[E]{10})^{n-1} \quad (n = 1, 2, 3, \cdots, E) \tag{3-1}$$

当 E 取 6、12、24 等整数数值时，a_n 可分别计算得到 6、12、24 个序列值。通过保留、圆整出一位小数位，即可得到表 3-1 所示的系列标称值及误差范围。

表 3-1　E24、E12、E6 系列的标称值及允许误差范围

系列	误差范围	标称值											
E24	±5%	1.1	1.3	1.6	2.0	2.4	3.0	3.6	4.3	5.1	6.2	7.5	9.1
		1.0	1.2	1.5	1.8	2.2	2.7	3.3	3.9	4.7	5.6	6.8	8.2
E12	±10%	1.0	1.2	1.5	1.8	2.2	2.7	3.3	3.9	4.7	5.6	6.8	8.2
E6	±20%	1.0		1.5		2.2		3.3		4.7		6.8	

从表 3-1 可以看出，E24 系列的 24 个标称值中包含了 E12、E6 系列的所有标称值，在电阻器的参数取值中应用最广泛。实际测量的电阻器阻值与标称阻值之间或多或少都存在一定的误差，E6、E12、E24 系列分别对应的允许误差范围为 ±20%、±10%、±5%，如果需要更高精度的电阻器可以选择更高的标准 E48、E96、E192 系列标称值。

将表 3-1 中的标称值乘以 10^n，就可以得到多种量级的电阻值。

【**例 3-1**】　标称值为 2.2 对应的电阻值包括 2.2 mΩ、22 mΩ、0.22 Ω、2.2 Ω、22 Ω、220 Ω、2.2 kΩ、22 kΩ、220 kΩ、2.2 MΩ、22 MΩ 等多种规格。

电阻器的标称阻值和误差范围等信息一般都标注在电阻器体表，常见的标注方法有直标法、色标法、数码法等。

1）直标法

直标法是将电阻器的阻值、误差范围等参数信息采用印刷、喷涂、激光雕刻等方式留在电阻器表面，能够传达的参数信息量比较多且直观，主要用于体积较大、表面积较大的电阻器。

采用直标法标注参数的电阻器如图 3-1-2 所示。电阻器表面标注的参数信息可以包含材料、类型、功率、标称阻值、生产日期、误差范围等内容。

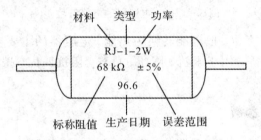

图 3-1-2　电阻器参数的直标法

【**例 3-2**】　图 3-1-3 所示的线绕电阻器表面标注的"RX21"表示电阻器为线绕功率型电阻器，"8 W"为电阻器的额定功率。"120 R"表明电阻器的标称阻值为 120 Ω，"J"表明电阻器的误差范围为 ±5%。

图 3-1-3　线绕电阻器

（1）参数阻值。

采用直标法进行元器件的参数标注时，参数阻值中的小数点容易因印刷质量或使用年限久远等原因而被使用者忽略误读，因此参数中往往采用字母"R"（Ω）、"k"（kΩ）、"M"（MΩ）表示电阻器的小数点。

【**例 3-3**】　标注"6R8"的电阻器标称阻值为 6.8 Ω；标注"R068"的电阻器阻值为 0.068 Ω；标注"2k2"的电阻器阻值为 2.2 kΩ；标注"1M2"的电阻器阻值为 1.2 MΩ。

（2）参数误差。

元器件参数采用直标法标注时，还常常采用英文字母的后缀来表示元器件误差范围，字母后缀与误差范围对应关系如表 3-2 所示。

表 3-2　字母后缀与误差范围对应关系　（单位：%）

字母后缀	A	B	C	D	F	G	J	K	M	Z
误差范围	±0.05	±0.1	±0.25	±0.5	±1	±2	±5	±10	±20	+80～-20

对于±5%、±10%、±20%这三种常用精度等级的电阻器，也经常采用罗马数字Ⅰ（±5%）、Ⅱ（±10%）、Ⅲ（±20%）进行等价标注。

2）色标法

色标法是用不同颜色的色环、色点、色带在电阻器表面印制出的标称值、误差范围、温度系数等参数信息，主要用于小功率电阻器的参数标注，色环电阻器如图 3-1-4 所示。

图 3-1-4　色环电阻器

电阻器色环标注一般以 4 环和 5 环居多，偶尔也会看到 6 环的电阻器。色环法标注的电阻器单位默认为"Ω"。

电阻器上不同颜色色环对应的参数含义如表 3-3 所示。

表 3-3　色标颜色对应的参数含义

色环颜色	数　值	倍　率	误差范围	温度系数
黑	0	10^0	—	—
棕	1	10^1	±1%	±100ppm/℃
红	2	10^2	±2%	±50ppm/℃
橙	3	10^3	—	±15ppm/℃
黄	4	10^4	—	±25ppm/℃
绿	5	10^5	±0.5%	±20ppm/℃
蓝	6	10^6	±0.25%	±10ppm/℃
紫	7	10^7	±0.1%	±5ppm/℃
灰	8		±0.05%	±1ppm/℃
白	9		-20%～+50%	
金	—	10^{-1}	±5%	
银	—	10^{-2}	±10%	
无色(本身)	—	—	±20%	

（1）4 环电阻器。

4 环电阻器的外形如图 3-1-5 所示，从左到右的前两环表示电阻值的有效数值，第 3 环表示倍率，第 4 环用来表示电阻值的误差范围。碳膜电阻较多地采用 4 环标注方式。

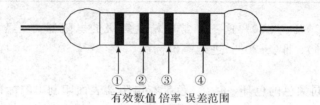

有效数值 倍率 误差范围

图 3-1-5　4 环电阻器

【例 3-4】　某色环电阻的色环从左到右依次为"棕→红→红→银"，对照表 3-3 所示的色环参数，其电阻值为 $12 \times 10^2 = 1200 \ \Omega$，误差范围为 $\pm 10\%$。

（2）5 环电阻器。

5 环电阻器的外形如图 3-1-6 所示，从左到右对应的前 3 环表示电阻值的有效数值，第 4 环表示倍率，第 5 环表示元器件的误差范围。一般情况下，5 环元器件的精度等级比 4 环元器件更高。金属膜电阻器较多采用 5 环标注方式。

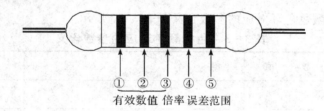

有效数值 倍率 误差范围

图 3-1-6　5 环电阻器

【例 3-5】　某 5 环电阻的色环排列从左到右依次为"红→红→黑→棕→棕"，对应阻值为 $220 \times 10^1 = 2200 \ \Omega$，误差范围为 $\pm 1\%$。

（3）6 环电阻器。

6 环电阻器相比 5 环电阻器多出了一条用于表示电阻温度系数 TCR 的色环，不同颜色对应的温度系数关系如表 3-3 所示。一般而言，6 环电阻器的精度普遍较高。

【例 3-6】　某 6 环电阻器的色环排列从左到右依次为"橙→蓝→绿→橙→棕→棕"，对应阻值为 $365 \times 10^3 = 365 \ \text{k}\Omega$，误差范围为 $\pm 1\%$，温度系数为 $\pm 100 \ \text{ppm}/℃$。

3）数码法

贴片式电阻器的体积较小，其电阻值参数多采用图 3-1-7 所示的数码法进行标注。

（a）3 位数码法　　　　　（b）4 位数码法　　　　　（c）其他方式

图 3-1-7　数码法标注的贴片式电阻器

数码标注法通常采用 3 位或者 4 位阿拉伯数字表示电阻器的标称阻值，其电阻值的默认单位为 Ω。

- 采用 3 位数字的数码法标注，前 2 位数字代表标称阻值的有效数值，第 3 位为倍率。
- 采用 4 位数字的数码法标注，前 3 位数字代表标称阻值的有效数值，第 4 位为倍率。

【例 3 - 7】　图 3 - 1 - 7(a)所示的贴片电阻器采用 3 位数码"103"进行标注，其电阻值为 $10 \times 10^3 = 10$ kΩ；图 3 - 1 - 7(b)所示的贴片电阻器采用 4 位数码"1502"进行标注，其电阻值为 $150 \times 10^2 = 15$ kΩ；图 3 - 1 - 7(c)所示的贴片电阻器表面标注的"R100"表示其阻值为 0.100 Ω，其中 R 具有小数点的含义。

2. 额定功率

在规定温度条件、温升范围内，电阻器能在电路中长期连续工作而不发生损坏、性能不出现显著改变所允许消耗的最大功率被定义为电阻器的额定功率。

中小功率电阻器的额定功率包括 1/16 W、1/8 W、1/4 W、1/2 W、1 W、2 W、3 W 等规格，某些电阻器的额定功率甚至可能高达几百瓦至几千瓦。

线绕电阻器允许的额定功率一般高于非线绕电阻器。对于相同材料的电阻器。额定功率越大，体积与重量也就越大，发热量自然也就越高。

3. 温度系数

温度系数是指电阻器在规定的环境温度范围内，温度每改变 1℃ 时，电阻值的平均相对变化值（单位：ppm/℃）。

温度系数越大，电阻器的阻值随温度变化的范围越大；温度系数越小，电阻值随温度变化的范围也就越小，性能越稳定。

3.1.2　常用电阻器的种类

电阻器的种类较多，不同的应用场合，不同类型的电阻器，其价格、体积、功能差异较大。电阻器的分类如下：

- 按制造材料的不同，可分为碳膜电阻器、金属膜电阻器、金属氧化膜电阻器、有机实芯电阻器、无机实芯电阻器、硼碳膜电阻器、硅碳膜电阻器、沉积膜电阻器、合成薄膜电阻器、复合膜电阻器、玻璃釉膜电阻器、线绕电阻器、水泥电阻器等。
- 按照电阻器的阻值特性不同，可分为固定电阻、可调电阻、特种电阻、敏感电阻等。
- 按照电阻器应用背景不同，可分为普通型电阻器、超高频电阻器、高阻型电阻器、高温型电阻器、精密型电阻器、高压型电阻器、功率电阻器等类型。

1. 碳膜电阻器

碳膜电阻器采用高温真空镀膜技术，将气态碳氢化合物在高温真空中进行分解，使碳均匀沉积在细陶瓷棒表面形成一层结晶碳膜后，再改变碳膜厚度和选择螺旋刻槽螺距得到不同的电阻值，最后在其表面喷漆封装而成。

碳膜电阻器一般采用 4 色环进行参数的标注，误差环主要采用金色（±5%）、银色（±10%）与本色（±20%）三种颜色。

常用碳膜电阻器的阻值范围为 1 Ω～10 MΩ；额定功率范围为 1/8～10 W。

碳膜电阻器成本低、性能稳定、阻值范围宽、高频特性良好、负温度系数和电压系数较低，现在多用于成本要求较为严格的批量型工业及消费类电子产品（如开关电源、电子玩具)中。但碳膜电阻器具有功率较小、电路噪声较大、体积较大、精度差等缺点。

2. 金属膜电阻器

金属膜电阻器采用高温真空镀膜技术将金属或合金材料在瓷棒表面形成薄膜，然后对薄膜加工出沟槽而制成，如图3-1-8所示。薄膜表面加工出的沟槽越密，电阻值越大；沟槽越稀疏，电阻值就越小。

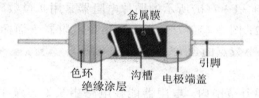

图 3-1-8　金属膜电阻器内部结构

金属膜电阻器多采用5色环标注参数，误差环多为棕色（±1%）。金属膜电阻器的阻值范围为 0.1 Ω～200 MΩ；额定功率范围为 0.125～5 W。

金属膜电阻器具有电阻值精度高、稳定性好、耐热性能好、噪声及温度系数小等优点，应用非常广泛。

3. 线绕电阻器

线绕电阻器由镍铬合金、康铜、锰铜等电阻丝在瓷管表面绕制而成，绕制的匝数越多，电阻值越大，如图3-1-9所示。

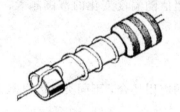

图 3-1-9　线绕电阻器的结构

线绕电阻器的功率相对较大，因此多采用直标法进行参数标注。线绕电阻器的阻值范围为 0.1 Ω～5 MΩ，额定功率范围为 1/8～500 W。

线绕电阻器的温度系数低、阻值精度高、稳定性好、耐热性好、耐腐蚀性强，能承受的功率负荷较重，可以兼顾精密与大功率两种不同场合，因此得到了非常广泛的应用。

但是，线绕电阻器的结构原理与电感类似，存在较大的电感量，不适用于高频电路。此外，线绕电阻器长期额定负载工作时可能会出现发烫现象，需要引起注意。

4. 贴片电阻器

将玻璃釉粉和金属粉混合后调成糊状，在陶瓷片表面经高温烧制出电阻膜后即可得到贴片电阻器，其外形如图3-1-7所示。

贴片电阻器的阻值范围为 0.001 Ω～100 MΩ，误差精度分为±1%、±2%、±5%、±10%等。贴片电阻器多采用数码法标注参数，其中3位数码标注的误差精度多为±5%，而4位数码标注的误差精度多为±1%。

贴片电阻器价格便宜、体积小、性能优良，在小型化电子产品中正在全面取代小功率直插式电阻器。

5. 敏感电阻器

常用的敏感电阻器包括光敏电阻器、热敏电阻器、压敏电阻器、气敏电阻器、力敏电阻器等，可在电路的配合下，将光、温度、压力等物理量转换为电信号。

3.1.3 电位器主要参数和分类

电位器也常常被称为"可变电阻"，是一种电阻值可以改变的特殊电阻器。电位器一般包含 3 只引脚，其电气符号及常用的工作电路如图 3-1-10 所示。

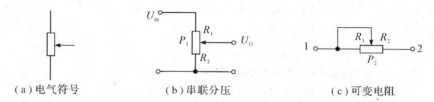

(a) 电气符号   (b) 串联分压   (c) 可变电阻

图 3-1-10 电位器的符号及其典型工作电路

常见的电位器外形如图 3-1-11 所示。

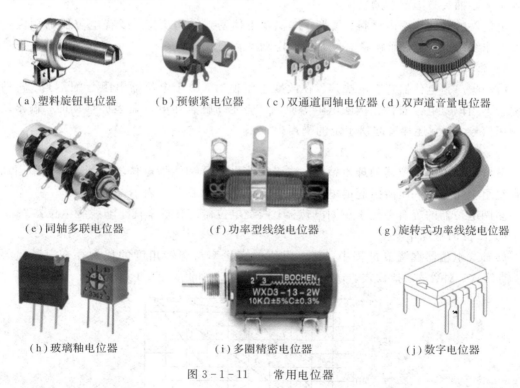

(a) 塑料旋钮电位器 (b) 预锁紧电位器 (c) 双通道同轴电位器 (d) 双声道音量电位器

(e) 同轴多联电位器 (f) 功率型线绕电位器 (g) 旋转式功率线绕电位器

(h) 玻璃釉电位器   (i) 多圈精密电位器   (j) 数字电位器

图 3-1-11 常用电位器

1. 电位器的主要参数

电位器的参数除了标称阻值、误差范围、额定功率之外，还包括滑动噪声、分辨率、阻值调整规律、机械寿命等。

1) 标称阻值

电位器的标称阻值就是两个固定端之间的电阻值，也是电位器能够达到的最大电阻值。常见的电位器标称阻值有下列几种序列值：

- 5 的倍数序列：1.0、2.0、2.5、5.0。
- E6 系列：1.0、1.5、2.2、3.3、4.7、6.8，误差范围为±20%。
- E12 系列：1.0、1.2、1.5、1.8、2.2、2.7、3.3、3.9、4.7、5.6、6.8、8.2，误差范围为±10%。

早期国产电位器与国外高端电位器通常采用 E6 或 E12 阻值序列，而玻璃釉多圈精密电位器、碳膜电位器、音量电位器大多采用 5 的倍数序列。

【例 3-8】 常用玻璃釉电位器的阻值种类包括：10 Ω、20 Ω、50 Ω、100 Ω、200 Ω、500 Ω、1 kΩ、2 kΩ、5 kΩ、10 kΩ、20 kΩ、25 kΩ、50 kΩ、100 kΩ、200 kΩ、250 kΩ、500 kΩ、1 MΩ、2 MΩ、5 MΩ。

2）误差范围

电位器的误差范围相对电阻器要大一些，误差等级包括±20%、±10%、±5%、±2%、±1%，精密电位器的精度可达 0.1%。

3）额定功率

电位器的额定功率指的是两个固定端上允许耗散的最大功率。使用中应注意额定功率不等于中心抽头与固定端的功率。

电位器的额定功率由材料、类型、体积及主体密封结构决定。线绕电位器的额定功率远大于非线绕电位器，而碳膜电位器的额定功率普遍较小。

4）滑动噪声

滑动噪声是电位器特有的噪声。在改变电阻值时，由于电位器电阻分配不当、转动系统配合不当以及电位器存在接触电阻等原因，会使动触点在电位器表面移动时，输出端除了有用信号之外，还伴有起伏不定的噪声。

5）分辨率

分辨率取决于电位器的理论精度。对于线绕电位器和线性电位器来说，分辨率用动触点在绕组上每移动一匝所引起的电阻变化量与总电阻的百分比表示。

多圈电位器的分辨率优于单圈电位器；线绕电位器的分辨率优于非线绕电位器。

6）阻值调整规律

转轴式电位器在调节过程中，其电阻值的变化率与旋转角度的比例存在三种重要关系：直线式、对数式、指数式，分别对应图 3-1-12 中的 A、F、L 三根线。

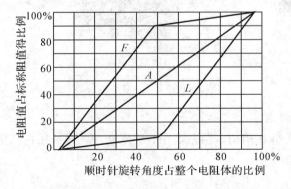

图 3-1-12　转轴式电位器旋转角度与实际电阻值变化的比例关系

7) 机械寿命

电位器的机械寿命也称磨损寿命，是指电位器在规定的试验条件下，动触点可靠运动的总次数，常用"周"表示。机械寿命与电位器的种类、结构、材料及制作工艺有关，具体参数的差异较大。

2. 电位器的分类

电位器的种类繁多，分类方法也不同。不同类型的电位器，其形状、外观、体积、重量、价格、应用背景都有明显的差异。

按照所用材料的不同，电位器可分为碳膜电位器、合成膜电位器、金属氧化膜电位器、陶瓷金属膜电位器、线绕电位器、有机实芯电位器、玻璃釉电位器等。

按照调节过程中电阻值变化规律的不同，电位器可分为线性电位器、指数式电位器、对数式电位器、正（余）弦式电位器等。电阻值与调节旋钮之间呈线性调节规律的电位器种类最多，应用最为广泛。

按照结构特点的不同，电位器可分为单圈电位器、多圈电位器、单联电位器、双联电位器、多联电位器、带开关电位器、预锁紧型电位器、贴片式小体积电位器等。

按照调节方式的不同，电位器可分为旋转式电位器、推拉式电位器、直滑式电位器等。

1) 线绕电位器

线绕电位器由电阻丝缠绕在涂有绝缘材料的板片上制成。电阻丝的材料根据电位器结构、容纳电阻丝的空间、电阻值、温度系数进行选择。电阻丝越细，在给定空间内越能获得较大的电阻值和分辨率。但如果电阻丝太细，在使用过程中容易断开，会影响电位器的使用寿命。

线绕电位器具有精度高、稳定性好、温度系数小、接触可靠、耐高温、功率负荷能力强等优点。缺点则在于阻值范围较窄、高频性能差、体积偏大、售价较高。此外，高阻值线绕电位器因电阻丝较细，容易出现内部断路的故障。

线绕电位器被广泛应用于电子仪器、仪表中。直线型功率线绕电位器和旋转型功率线绕电位器其外形分别如图 3-1-11(f)、(g)所示。

2) 合成碳膜电位器

合成碳膜电位器是将石墨、碳黑、石英粉及有机黏合剂配制成一种悬浮液，涂覆在玻璃纤维板或胶纸板等绝缘板上制作而成的。

根据使用的要求，合成碳膜电位器有各种结构形式，如各式各样的普通电位器、带开关的电位器、精密电位器、直滑式电位器、多联电位器、预调电位器、微调电位器等。

合成碳膜电位器具有阻值范围宽、分辨率较高、工艺简单、价格低廉等优点。缺点是滑动噪声大、耐潮性差、耐高温差、功率较小。这种电位器在消费类电子产品中得到了大量应用。

3) 玻璃釉电位器

玻璃釉电位器是一种以玻璃釉作为电阻材料的可调电子元件。它由一个玻璃釉电阻体和一个转动或滑动系统组成。

玻璃釉电位器属于精密电位器，包括 3296、3362、3006、3386、3323、3329、3266 等多种型号。其中，3296、3362 型电位器在模拟电路中使用非常广泛，具有体积小、阻值调节精度高等优点，外形结构如图 3-1-11(h)所示。

4）数字电位器

数字电位器亦称为数控可编程电阻器，是一种代替传统机械电位器（模拟电位器）的新型 CMOS 数字、模拟混合信号处理的集成电路。数字电位器将由 MOS 管构成的模拟开关与电阻串联网络并联，在数字信号控制下，模拟开关切换至不同位置，使电阻串联网络按一定规律输出不同的阻值。

数字电位器采用数控方式调节电阻阻值，具有使用灵活、调节精度高、无触点、低噪声、寿命长、抗振动、抗干扰、体积小等显著优点，具有逐步取代传统小功率电位器的趋势。主要缺点在于额定功率较小、步进调整时的电阻值不连续。

数字电位器的外形与集成芯片一致，分为贴片型与直插型两种，如图 3-1-11(j)所示。

3.1.4　电阻器及电位器的选用与检测

电阻器及电位器的种类非常多，性能、价格及体积的差异较大，因而在选型时，需关注多项关键指标。

1. 电阻器的选用

电阻器的选用并没有统一的参考标准，在具体选择时，应根据电路设计的指标要求，结合一定积累的经验，尽量做出指标相对较优的选择。

1）主要参数选择

电阻器的阻值应选取最接近理论计算结果的标称值（E24、E12、E6 序列），不要片面追求高精度、非标电阻产品，否则会大幅提高电路的成本。

如果对电阻器阻值精度要求较高，可以向电阻器生产厂家定制非标电阻，或者采用对电位器进行调节后得到。

电阻器的功率选择一般要留出 25% 或更高的裕量，避免由于电压或电流波动而烧毁。

2）电阻种类的选择

• 对于参数指标要求低、生产数量大的电子产品，优先选择碳膜电阻器。

• 在性价比要求严格的小功率电子电路中，首选碳膜电阻器和贴片电阻器。

• 低频大功率电阻器一般都选择线绕电阻器。

• 高增益小信号放大电路应选用低噪声类型的电阻器，如金属膜电阻器、碳膜电阻器和线绕电阻器等，而不宜使用噪声较大的合成碳膜电阻器和有机实心电阻器。

• 对于要求小型化、微型化的电子产品应首选贴片电阻器。

• 高频电路尽量避免使用线绕电阻器，而应优先选择金属膜电阻器、金属氧化膜电阻器。

3）其他因素

应全面考虑大功率电阻器因发热而导致的绝对温升对周围电路的影响，条件允许时，可以为电阻器配备热沉（散热片）、风扇等辅助性散热设施。

2. 电阻器的检测

当电路不能正常工作，又疑似电阻器出现故障时，可通过以下方法对电阻器进行检测：

1）电阻外观检查

观察电阻器表面的漆层颜色是否出现明显的变化，有无烧焦、伤痕、裂痕、腐蚀、电阻体与引脚脱离等现象。

2）万用表检测

电阻器的电阻值可以通过万用表电阻挡进行较为精确的测量。无论是数字万用表还是指针式模拟万用表，测量电阻时均应选择合适的挡位，以确保测量结果的准确。

不能使用万用表直接针对焊接在电路板中的电阻器进行电阻值测试。

3. 电位器的选用

不同的电位器在外形尺寸、参数指标、综合性能、使用寿命、销售价格等方面存在的差异较大，在进行电位器选型时，需要全面考虑电位器类型、标称阻值及功率参数、阻值调整规律、参数调节方式、体积及其他综合影响因素。

1）电位器的基本参数

电位器的标称阻值应尽量接近理论计算得到的电阻值大小，如果没有合适的阻值规格，超出的范围也不宜过大，以免电位器可调节的幅度过小。

【例 3-9】　如果计算出的阻值参数为 47 kΩ，则可以选择 50 kΩ 的电位器；如果计算出的标称阻值为 51 kΩ，则可以选择一只 50 kΩ 的电位器与一只 1 kΩ 左右的电阻串联替代，不推荐选择标称阻值为 100 kΩ 的电位器。

流经电位器的电流过大时，容易造成电位器损坏，因此必须使电位器工作于额定功率范围内，而且还需要适当留出裕量、保持工作空间良好的通风散热。

2）电位器的产品类型及阻值调整规律

低频大功率电路中可优先选择线绕电位器；高频较大功率电路中优先选择有机薄膜电位器；此外，小功率电路中尽量不选择线绕电位器。

在要求电压均匀变化的模拟放大电路中，首选直线式线性电位器；音量控制电路中首选指数电位器；音调控制电路中首选对数电位器。

3）电位器的调节方式

在测试性电路中，优先选择多圈型玻璃釉电位器，便于确定实际的电阻值及抽头位置。

对于音量、音调、电源电压等调节频繁的电位器，优先选择合成膜电位器。

对于参数设定完成后无须反复调节参数的电位器，可选择预锁紧电位器，或者将电位器的调节端用油漆、胶水固定。

4）综合考虑因素

考虑到电位器容易发生机械磨损，因此使用碳膜电位器是一种性价比较高的选择。对于参数调节不是很频繁的普通电路，低成本的有机实芯电位器、合成膜电位器也是一种较好的选择。

在高精度电路中，电位器的选择顺序依次为：导电塑料电位器→精密合成膜电位器→单圈线绕电位器→多圈电位器。在高分辨率电路中，尽量选择多圈电位器而不是单圈产品。

在高频、高稳定电路中，应优先选择薄膜电位器。在干扰较小、功率不大的电路中，可以尝试使用先进的数字电位器。

4. 电位器的检测

电位器在使用前需要仔细检查性能是否完好，操控是否平滑、顺畅。具体检测事项如下：

（1）电位器的阻值是否符合要求。选择合适的万用表电阻挡测量电位器两只固定端的电阻值，与电位器外壳标注的参数进行对比，检查二者是否一致。如果实测值偏离标称值过多，表明电位器发生了变质或已损坏。

此外，旋动电位器的滑动端触头时，万用表的读数值应保持不变。

（2）电位器中间抽头与电阻体的接触是否良好、转动是否平滑。选择万用表欧姆挡测量电位器某只固定端与滑动端之间的电阻值。测量过程中，缓慢改变滑动端位置，注意观察万用表的读数变化情况。正常情况下，万用表的指针转动或读数变化将平稳地朝着同一方向改变。如果出现参数大幅跳动、跌落等现象，说明活动端与电阻体之间存在较为严重的接触不良故障。

（3）零位残留阻值是否超标。当滑动端滑到两边固定端重合时，理想状态下测量出的电阻值应该近似为 0，但在实际测量中，会存在一定的电阻值残留，相应的残留阻值大小与标称值有关，一般不能超过 3%。

对于带有开关的电位器，损坏率相对要高得多，这是因为带有开关的电位器每次到达合适的电阻参数位置时，必须经过较长的一段电阻体，磨损自然较为严重。因此对于开关型电位器，除了需要重点检查开关部分的动作是否准确、可靠、灵活之外，还应观察电阻体是否磨损严重、电气噪声有无明显增加。

3.2 电 容 器

电容器由绝缘介质或电解质材料隔开的两块导电极板构成，这是一种能够存储电荷的元器件。常用电容器的电气符号如图 3-2-1 所示。第一种是一般电容符号；第二种是具有极性的电容符号，标＋的引脚必须接直流高电位，否则电容有爆炸的危险；第三种是容量大小可以改变的电容符号。

图 3-2-1　电容器的电气符号

电容器容抗的计算公式如下：

$$X_C = \frac{1}{2\pi f C} \tag{3-2}$$

从式（3-2）可知，电容器的容抗与工作频率 f、电容量 C 成反比。

电容器有耦合、旁路、谐振、调谐、微分、积分、储能、滤波、隔直、采样保持等主要功能。

3.2.1　电容器的主要参数

电容器的主要参数包括标称容量、误差范围、额定工作电压、漏电流、绝缘电阻、串联等效电阻（ESR）、频率特性、温度系数等。

1. 标称容量

标称容量是指标注在电容器上的电容量，这是用来衡量电容存储电荷（能量）能力高低的关键参数。电容量的国际标准单位是法拉(F),但法拉的单位非常大,目前只有工作电压很低的超级电容容量能够达到法拉的数量级。

常用的电容器参数单位为 μF(微法)、nF(纳法)和 pF(皮法),换算关系如下:

$$1\ F=10^6\ \mu F=10^9\ nF=10^{12}\ pF \tag{3-3}$$

电容器的标称容量一般采用跟电阻器标注方式相似的直标法或数码法。数码法标注时电容器的默认单位为 pF。

【例 3-10】 图 3-2-2(a)所示的独石电容容量为 $10\times10^5=1\ \mu F$;图 3-2-2(b)中所示的 MKT 电容容量为 $6.0\ \mu F$。

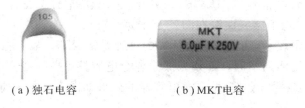

(a)独石电容   (b)MKT电容

图 3-2-2 电容器参数标注示例

2. 误差范围

电容器的误差范围跟电容器介质材料及容量大小密切相关。电容器的精度比电阻器低。除聚苯乙烯电容之外,其余电容器的误差范围一般都在 $\pm5\%$ 以上,某些铝电解电容的误差范围甚至高达 $+100\%$。

在电路系统中,铝电解电容较多采用 E6 序列的标称值;钽电解电容、固态电解电容、瓷介电容多采用 E12 系列值;薄膜电容则使用 E24 系列值较多。

3. 额定工作电压

额定工作电压习惯上也被称为“耐压值”,是指在规定的温度范围内长期可靠工作而不被击穿时,电容器所承受的电压值,通常为电容器实际击穿电压的 50% 左右。

电容器常用的额定工作电压标准值如表 3-4 所示。

表 3-4 电容器的额定工作电压标准值(单位:V)

1.6	4	6.3	10	16	25	(32)	40	(50)	63	100	(125)
160	250	(300)	400	(450)	500	630	1000	1600	2000	2500	…

注:括号内的额定电压值主要针对电解电容器制定。

4. 漏电流

电容器的介质材料不是绝对的绝缘体,在一定的工作温度及电压条件下,也会有电流通过,此电流即为漏电流。

电解电容器、纸介电容的漏电流略大,而其他类型电容器的漏电流相对要小得多。

5. 绝缘电阻

电容器的绝缘电阻也称为“漏电阻”,是指电容器两只引脚(电极板)之间的电阻值,它与电容器的漏电流成反比。绝缘电阻小,说明漏电流大;绝缘电阻越大,表明电容器的漏电流越小,质量也就越好。

　　根据结构可知，电容器绝缘电阻的理论值为∞。但实际的绝缘电阻由电容极板间介质材料的绝缘性能决定：电解电容器的绝缘电阻略低，瓷介、云母电容的绝缘电阻较高。

3.2.2　常用电容器的种类

　　电容器的种类很多，分类方法也各不同。按制造材料的不同可以分为瓷介电容器、涤纶电容器、铝电解电容器、钽电解电容器、聚丙烯电容器等；按照结构的不同可分为固定电容器、可变电容器和微调电容器等。

1. 瓷介电容器

　　瓷介电容器用高介电常数的"钛酸钡—氧化钛"陶瓷挤压成圆管、圆片或圆盘作为介质，再利用烧渗工艺，将银层表面镀在陶瓷上作为电极。

　　瓷介电容器的容量较小，超过 μF 数量级的品种非常少见，容量精度为±5%～±20%。

　　瓷介电容器按照性能的不同，可分为低频瓷介电容器、高频瓷介电容器、高压陶瓷电容器、独石电容器等多种类型。常见瓷介电容器的外形如图 3-2-3 所示。

（a）高频瓷介电容器　　　（b）低频瓷介电容器　　　（c）高压陶瓷电容器

图 3-2-3　常用的瓷介电容器

　　图 3-2-3(a)所示为高频瓷介电容器，具有温度系数小、稳定性高、损耗低、耐压高等优点，但高频瓷介电容的电容量一般不超过 1000 pF，主要用于高频、特高频、甚高频电路中做调谐或温度补偿。

　　图 3-2-3(b)所示为低频瓷介电容器，具有介电系数高，容量较大（≤4.7 μF）、价格低廉等优点，但耐压值比高频瓷介电容低，介质损耗、绝缘电阻等性能也劣于高频瓷介电容。被广泛用于中低频电路的隔直、耦合、旁路和滤波电路单元。

　　图 3-2-3(c)所示为高压陶瓷电容，其耐压值可达 30 kV，主要用于高压旁路和耦合电路。

2. 涤纶电容器

　　涤纶电容器是指用两片金属箔做电极，夹在极薄绝缘介质中，卷成圆柱形或者扁柱形芯子，电容器极板之间的介质是涤纶。

　　常见涤纶电容器的外形如图 3-2-4 所示。

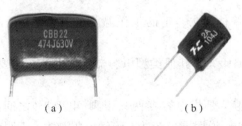

（a）　　　　　　　　（b）　　　　　　　　（c）

图 3-2-4　常见的涤纶电容器

【**例 3 - 11**】 图 3 - 2 - 4(a)所示涤纶电容器的容量大小为 $47 \times 10^4 = 0.47\ \mu F$;图 3 - 2 - 4(b)所示涤纶电容器的容量大小为 $10 \times 10^4 = 0.1\ \mu F$;图 3 - 2 - 4(c)所示涤纶电容器的容量大小为 $15 \times 10^4 = 0.15\ \mu F$。

涤纶电容器的容量范围宽(1000 pF~4.7 μF)、耐高温、耐高压(63~1000 V)、耐潮湿、价格低廉。主要缺点在于单位容量的体积偏大、具有较大的正温度系数。

涤纶电容器主要用于家电产品、仪器仪表的中低频电路。

3. 铝电解电容器

铝电解电容器是将阳极铝箔、电解纸(浸有电解液)、阴极铝箔、电解纸(浸有电解液)共 4 层纤维带重叠后卷绕成圆柱形,装入铝制罩壳内,再利用机械压力使铝壳封口处产生塑性变形,紧紧箍住密封用的橡胶帽,形成圆柱形密闭空间。

铝电解电容器有正极、负极之分,接入电路时,铝电解电容器的正极必须接直流电源的高电位点,否则电解电容器不但不能正常工作,还会导致电解电容内部迅速发热、使电解液气化,从而在电容铝壳内产生较大气压,当压力积聚到一定程度时,可能引起电容铝壳脱离橡胶帽飞出、具有腐蚀性的电解液溢出甚至发生爆浆等严重后果。

铝电解电容器作为生产、使用最广泛的通用电解电容器,有效缓解了容量与价格之间的矛盾,因而被广泛应用在储能、滤波、耦合、旁路等对电容容量要求较高的场合。常见铝电解电容器的外形如图 3 - 2 - 5 所示。

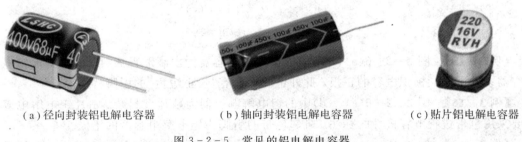

(a)径向封装铝电解电容器　　　(b)轴向封装铝电解电容器　　　(c)贴片铝电解电容器

图 3 - 2 - 5　常见的铝电解电容器

【**例 3 - 12**】 图 3 - 2 - 5(a)所示的铝电解电容器为径向封装,在电子市场中最为常见。其标称容量为 68 μF,耐压值为 400 V。铝电解电容器的耐压等级包括:4、6.3、10、16、25、35、40、50、63、100、160、200、250、400、450、630(单位:V),铝电解电容器实际承受的电压峰值不得超过其耐压值。未经剪脚的径向封装电解电容器,较长的引脚为电解电容器的正极。此外,在图 3 - 2 - 5(a)中,与电容器外壳绝缘套皮的"一"号条形色带相邻的下方引脚为电解电容器的负极。

【**例 3 - 13**】 图 3 - 2 - 5(b)所示铝电解电容器为轴向封装(轴向封装的铝电解电容器比较小众),其标称容量为 100μF,耐压值为 450 V。与轴向封装铝电解电容器密封圈相邻的引脚为电容器的正极。此外,在图 3 - 2 - 5(b)中,电容器外壳绝缘套皮的条形色带上的箭头所指的右方引脚为电解电容器的负极。

近年来随着表面贴装(SMT)工艺的普及,贴片电解电容器的应用日益广泛。

【**例 3 - 14**】 图 3 - 2 - 5(c)所示为贴片铝电解电容器,其标称容量为 220 μF,耐压值为 16 V。贴片铝电解电容器的产品系列一般以"R"开头,相应的电解电容器的性能特点如

表 3-5 所示。贴片铝电解电容器外壳顶部标注黑色的一端为电解电容器的负极。

表 3-5 贴片铝电解电容的产品系列及性能特点

产品系列	RVT	RVS	RVN	RVH	RVE	RVW	RVK
性能特点	标准品	85℃	无极性	宽温度	低阻抗	长寿命	低漏电

4. 钽电解电容器

钽电解电容器采用了金属钽作为电解质的阳极材料。按阳极结构的不同，可将钽电解电容器分为箔式、粉末烧结式两大类，其中烧结式钽电解电容器又分为固态电解质钽电容器和液态电解质钽电容器。固态钽电解电容器的各项性能指标均优于液态钽电解电容器，市场用量很大。

早期的钽电解电容器以圆柱形、水滴形直插封装为主，如图 3-2-6(a)、(b)所示；而近年来则普遍采用了贴片型封装，如图 3-2-6(c)、(d)所示。

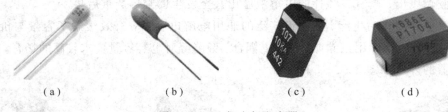

(a)　　　　　　　(b)　　　　　　　(c)　　　　　　　(d)

图 3-2-6 钽电解电容器

【例 3-15】 图 3-2-6(a)、(b)中的钽电解电容器为水滴形直插封装。水滴形钽电解电容器多采用"＋"标识电容的正极，此外也同样具有"长正短负"的引脚特征。

【例 3-16】 图 3-2-6(c)、(d)中的钽电解电容器为贴片型封装。贴片钽电解电容器主要采用色带进行电容极性的标注：毗邻色带的引脚为钽电解电容器的正极。

【例 3-17】 图 3-2-6(c)所示的钽电解电容器的容量为 $10 \times 10^7 = 100~\mu F$，耐压值为 10 V。

【例 3-18】 图 3-2-6(d)所示的钽电解电容器的容量为 $68 \times 10^6 = 68~\mu F$，耐压值对应的字母为 E，字母与耐压值对应的关系如表 3-6 所示，E 对应的耐压值为 25 V。

表 3-6 贴片钽电解电容器表面字母标注与耐压值之间的对应关系

字母标注	F	G	L、J	A	C	D	E	V	T
耐压值/V	2.5	4	6.3	10	16	20	25	35	50

固态钽电解电容器与普通铝电解电容器的性能相比较，具有以下优势：

(1) 固态钽电解电容器采用颗粒很细的钽粉烧结而成，钽氧化膜的介电常数 ε 比铝氧化膜高，故相同容量的固态钽电解电容器体积小于铝电解电容器，较好地兼顾了体积与容量之间的矛盾，在空间体积受限的高密度组装(如手机、PDA、平板电脑)等电子产品中得到了广泛的应用。

(2) 固态钽电解电容器内部没有电解液，不会出现高温气化、干涸等现象，耐高温特性良好，工作年限远超铝电解电容器，电极接反也不会像铝电解电容器那样漏液、爆浆。

（3）固态钽电解电容器的等效串联电阻小，高频性能及阻抗特性均优于铝电解电容器。

（4）钽电解电容器长期存储后，仍然能保持较好的稳定性、可靠性，而铝电解电容器的存储时间一般不超过 3 年。

钽电解电容器的耐压范围往往没有铝电解电容器宽，后者的最大耐压值甚至可以达到近千伏，而钽电解电容器的耐压值最大一般不超过 120V。此外，受钽原料稀缺性的影响，钽电解电容器的生产成本及售价明显高于铝电解电容器。

5. 可变电容器

通过改变极片间相对的有效面积或极片间的距离，可变电容器的电容量在一定范围内实现了可调。但是，与电位器的结构简单、调节范围较宽等优点相比，可变电容器的结构复杂、电容量小并且参数调节范围较窄，因此在实际应用中不如电位器广泛。

可变电容器的常见外形如图 3-2-7 所示，主要用于需要经常对电容量进行手动调节、电容量调节范围较大的电路，如收音机频率调谐单元(换台旋钮)。

图 3-2-7　可变电容器的外形

【例 3-19】　某空气单联可变电容器标注的容量参数"290/250"是指该电容器的最小电容量为 250 pF、最大电容量为 290 pF。

【例 3-20】　微调电容器实际上是一种可变电容器，其容量调节范围较窄，通常只有几皮法到几十皮法，一般多用于高频电路中，微调电容器常见外形如图 3-2-8 所示。某微调电容器的参数标注为"4-15"，表明其最小电容量为 4 pF，最大电容量仅有 15 pF。

图 3-2-8　微调电容器

3.2.3　电容器的选用

电容器的种类、参数较多，外形、价格迥异，选择合适的电容器，对于提高产品性能、降低产品成本具有至关重要的作用。

1. 电容器标称容量及误差范围的选择

在电源滤波、信号耦合或旁路等电路中，一般对电容器的精度没有很严格的要求，电容容量基本只需停留在数量级的范围，其标称值与电路要求的理想参数大致接近即可。即便选择±20％精度等级的电容，对电路实际的工作性能也不会产生太大的影响。

但是，在诸如滤波电路、多谐振荡器、延时回路、音调控制电路中，对电容器的容量及精度有一定的要求，应尽可能选用精度较高且接近计算值的电容器来满足电路的要求。

2. 电容器额定工作电压的选择

为保证电容器正常工作，电容器的额定工作电压应高于实际工作电压，并留有足够余量，以防因电压波动而导致电容器损坏。一般而言，应使工作电压低于电容器的额定工作电压的 10％～20％，在某些电压波动幅度较大的电路中，可留出更大的余量。

由于耐压值较高的电容器存在体积较大、价格较高等不利因素，因此实际选用的电容器耐压值并非越高越好。高耐压铝电解电容器长期工作在低于其额定电压值一半以上的低电压条件下，容易导致容量减小、损耗增大、整体性能降低等不良后果。

电容器工作时只允许出现较低温升，否则属于不正常现象。因此，在设备安装时，应尽量远离发热元件(如大功率管、变压器等)。如果工作环境温度较高，则应降低工作电压使用。

有极性的电容器原则上不能用于交流电路。

3.2.4 电容器的检测

对于疑似存在故障的电容器而言，一般可以从外观及电容量两个方面着手进行检测。

1. 外观检查

对于疑似发生故障的电容器，可以通过观察其外表形状而识别出某些故障类型：

(1)电解电容器的故障率及失效率非常高，此时电解电容器顶盖的防爆阀往往可以观察到较为明显的凸起、破裂、漏液的痕迹。此外，电容器外壳包裹的热缩蒙皮及其在 PCB 中的安装位置也需要仔细检查有无水痕。对于出现上述任意一种故障现象的电解电容器，均需要立即选择相同参数的产品进行等价更换。

(2)瓷介电容器容易发生过压击穿，击穿后的瓷介电容器表面往往会出现黑色雾状的电击痕迹。在发生了较为严重的击穿故障时，电容器陶瓷盘体表面可能会出现肉眼能够观察到的细小裂纹甚至整体开裂。

(3)薄膜电容器过压击穿后，表面的漆层可能会出现细小裂纹，甚至有灰色泥状物质从电容器内部溢出。

2. 容量及漏电流检测

将电容器从工作位置上拆卸下来，首先用镊子或螺丝刀将两只引脚短接，然后置于数字万用表的电容挡插孔中，即可测量出相应的电容量。通过实测电容量与标称容量值的对比，即可判断该电容器有无质量问题。

将数字万用表切换至电阻挡的高阻挡，测量电容器的电阻值，可以辅助判断出电容器的漏电流是否满足实际工作的基本要求。

对于没有电容挡的指针式模拟万用表，可以选择×10 kΩ 挡位，通过观察指针的偏转幅度及复位后的停止位，粗略地判断出电容器的容量及漏电阻是否达标。

进一步地，还可以借助数字电桥对电容器进行更高精度的电容容量检测。

3. 可变电容器的检测

(1) 用手轻轻旋动可变电容器的转轴,手感应十分平滑,不应有时松时紧甚至卡滞的感觉。向前、后、左、右等各个方向推动转轴时,不应出现松动的感觉。

(2) 将万用表置于电阻挡,两只表笔分别连接至可变电容器的动片和定片引出端,按照正、反方向旋转电容器转轴时,万用表的读数基本保持为∞的状态;如果读数出现了变动,说明动片和定片之间存在杂质构成的局部短路点或漏电点。

(3) 用数字电桥的开尔文测试夹分别夹住可变电容器的动片和定片,缓慢转动电容转轴,观察数字电桥的读数是否平滑跳动,即可判断出可变电容器质量是否正常。

3.3 二 极 管

二极管是将 PN 结封装起来并引出阳极、阴极两只引脚后所得到的一种最简单的半导体器件。单向导电性是二极管的共有特征。

3.3.1 常见二极管及电路符号

二极管的型号、种类、规格繁多,常见的封装外形如图 3-3-1 所示。

(a) 塑封　　(b) 玻封　　(c) 金封　　(d) 贴片　　　　(e) 功率

图 3-3-1 常见的二极管封装外形

3.3.2 二极管的分类

根据二极管的内部结构及生产工艺不同,可将其分为点接触、面接触两种基本类型。点接触型二极管的 PN 结接触面积小,高频特性好,但正向工作电流和反向耐压值均比较低;面接触型二极管的 PN 结接触面积大,能够承受较大的正向工作电流,但高频特性普遍较差。

根据制作材料的不同,二极管可分为以下三类:

• 锗二极管,正向导通压降仅为 0.2 V 左右,但反向漏电流较大、温度稳定性差,加之锗元素在地壳中的稀缺性,锗二极管在当前的电路应用中相对较少。

• 硅二极管,正向饱和压降较高,一般为 0.6～0.8 V,反向漏电流较小,加之生产成本很低,使得硅二极管在当前的电子产品中应用广泛。

• 砷化镓、碳化硅、磷砷化镓等其他半导体材料二极管,被广泛用于高反压、大电流、发光二极管的生产制造中。

根据二极管用途的不同,可将其分为检波二极管、整流二极管、开关二极管、稳压二极管、变容二极管、发光二极管、肖特基二极管、隔离二极管、快恢复二极管等较多类型。

常用二极管的电气符号如图 3-3-2 所示。

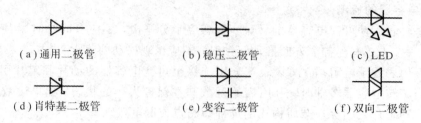

（a）通用二极管　　　　　　　（b）稳压二极管　　　　　　　（c）LED

（d）肖特基二极管　　　　　　（e）变容二极管　　　　　　　（f）双向二极管

图 3-3-2　二极管的电气符号分类

1. 检波二极管

检波二极管用于提取高频信号中的低频信号，结构为点接触型，结电容较小、工作频率较高。检波二极管一般采用锗材料制成，常用型号有 1N60、1SS86、1N34、BAT85、2AP9 等。

2. 整流二极管

整流二极管利用内部 PN 结的单向导电性，把交流电转变为脉动的直流电。整流二极管属于面接触型二极管，正向工作电流较大，但频率普遍不高，常用型号包括 1N4001～1N4007、1N5400～1N5408、B5G090L、6A10 等。

3. 开关二极管

开关二极管广泛用于各类高速开关电路、限幅电路。开关二极管属于点接触型二极管，具有结电容小、反相漏电流小、开关速度快、可靠性高等特点，常用型号有 1N4148、1N4149、1N4448、1N4151、1N4152、MA165、MA166、MA16 等。

4. 稳压二极管

稳压二极管（齐纳二极管）是一种特殊的二极管，它利用反向击穿时其二极管两端的电压基本维持不变的特性进行工作。稳压二极管在电路中必须反接才能获得额定的稳压值。

如果稳压二极管的反向击穿电流过大，将导致管子因热击穿而损坏，因此实际的稳压二极管电路如图 3-3-3 所示，需要串联 $10^2\ \Omega \sim 10^3\ \Omega$ 的限流电阻，限流电阻的大小一般与电源电压及稳压管的稳压值密切相关。

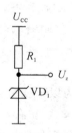

图 3-3-3　稳压二极管电路

常用稳压二极管的型号有 1N4727（3.3V）、1N4728（3.6V）、1N4729（3.9V）、1N4730（4.7V）、IN4732（5.1V）、1N4733（5.6V）等。

5. 变容二极管

变容二极管也是一种特殊二极管，其 PN 结电容的容量与加载至二极管两端的反向偏压的大小相关：

• 反向偏压越高，PN 结的结电容 C_d 越小。

- 反向偏压越低，PN 结的结电容 C_d 越大。

变容二极管当前在调谐、振荡、锁相环电路中被广泛用于取代传统的机械式可变电容，如：电视机高频头的频道转换和调谐电路。

常见变容二极管的型号包括 MV201、BB910、2CC1、1SV166 等。

6. 发光二极管

发光二极管(LED)是一种将电能转换为光能的特殊二极管，同样具有单向导电性。当 LED 通过一定的正向电流时，将会激发出不同颜色的光线，其发光颜色(波长)由 LED 的制造材料所决定。常见 LED 的发光颜色有红色、绿色、黄色、蓝色、白色、紫色，具体的发光颜色与 PN 结材料有关，不同颜色 LED 的正向工作电压也不尽相同，如表 3-7 所示。

表 3-7　不同颜色 LED 对应的正向电压

颜色	红色	橙色	黄色	黄绿色	绿色	蓝色	白色	红外
正向电压	1.6~2.3V	1.7~2.4V	1.7~2.4V	1.8~2.4V	1.8~2.4V	2.8~3.5V	2.8~3.5V	1.4~1.6V

【例 3-21】　LED 工作时阳极接高电位、阴极接低电位，塑封 LED 引脚极性的判断方法如下：① 对于未剪脚的 LED，长脚为阳极、短脚为阴极；② 圆形 LED 的塑料体靠近阴极附近被截掉一个缺口，如图 3-3-4 所示。

图 3-3-4　塑封 LED

【例 3-22】　LED 在工作电路中需串联限流电阻使用，以防止正向工作电流过大而导致损坏，如图 3-3-5 所示，限流电阻的阻值一般取 $10^2\ \Omega \sim 10^3\ \Omega$。

图 3-3-5　LED 工作电路

3.3.3　二极管的选型

首先应根据电路的实际功能要求，选用不同类型的二极管，如：整流电路中选用整流二极管，稳压电路中选择稳压二极管。

二极管类型确定后，根据计算出的电压、电流、频率等参数，选择合适的二极管型号。选择二极管型号既要考虑管子的正向工作电流及压降，也要考虑管子的反向饱和电流、最大反向电压等参数，并适当留出裕量，使二极管能够降额使用。

此外，要根据电路设计中的指标要求、电子设备的结构尺寸、二极管的安装工艺要求，选择合适的二极管外形及封装尺寸。

3.3.4　二极管使用时的注意事项

二极管的抗过载能力较强，但如果在长时间的错误操作下仍然会使二极管损坏。操作时的注意事项如下：

（1）二极管的实际正向工作电流、反向工作电压不能超过管子的额定值。

（2）点接触型二极管在焊接时应尽量减少焊接时间，避免二极管因高温被烫坏。

（3）稳压二极管、发光二极管需要串联限流电阻，避免因工作电流过大而损坏。

（4）温度对二极管参数的影响很大，使用时应注意散热，必要时可增加散热器。

（5）实际电路中的硅管和锗管原则上不能相互替换，只有相同类型的二极管才能进行等效替换，例如：工作频率高于原管的检波管、反向耐压和正向电流高于原管的整流管。

（6）二极管在直流电路中进行连接时，要注意极性不能接反：

- 发光二极管、整流二极管正常工作需要阳极接高电位、阴极接低电位。
- 稳压二极管、光敏二极管工作时需要反接，阴极接高电位、阳极接低电位。

3.4　三　极　管

双极型晶体管（BJT）俗称"三极管"，是一种以小电流控制大电流的放大器件，在电路中主要用来进行信号放大、信号开关等工作。

图 3-4-1 所示为常见的三极管外形及封装。

图 3-4-1　常用三极管

3.4.1　三极管的分类

三极管的类型非常多，一般可以根据极性、材料、内部结构、功能等对其进行划分。

（1）按材料可分为硅三极管和锗三极管。

锗（Ge）三极管是上世纪六七十年代的主流三极管，但因其温度特性差、反向漏电流大、价格高等因素制约，目前已较少使用。

硅（Si）三极管是目前的应用主流，NPN 型硅三极管的性价比略优于 PNP 型硅管。处于放大状态时，NPN 型硅三极管的基极电压比发射极电压高：$U_{BE} = 0.6 \sim 0.7$ V；处在放大状态的 PNP 型硅三极管的基极电压比发射极电压低：$U_{BE} = -0.6 \sim -0.7$ V。

（2）按内部的 PN 结连接方式可分为 PNP 型三极管和 NPN 型三极管两大类。

（3）按功率可分为大功率三极管、中功率三极管、小功率三极管。

（4）按工作频率可分为射频管、超高频管、高频管和低频管。

（5）根据功能可分为普通三极管、达林顿三极管、带阻三极管、光电三极管、阻尼三极管等类型，相应的电气符号及内部结构如图 3-4-2 所示。

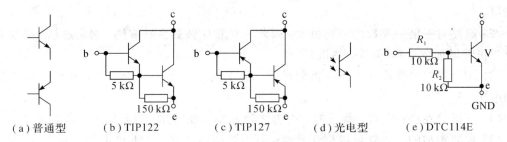

（a）普通型　　　（b）TIP122　　　（c）TIP127　　　（d）光电型　　　（e）DTC114E

图 3-4-2　三极管的常见种类

图 3-4-2(a)为普通三极管，上方为 NPN 型，下方为 PNP 型。

图 3-4-2(b)、(c)为复合管(俗称：达林顿三极管)的典型内部结构。

图 3-4-2(d)为无基极的光电(光敏)三极管，但个别光电三极管保留了外置的电基极。

图 3-4-2(e)为带阻三极管，是一种在模拟电路、数字电路中应用广泛的小功率三极管。

3.4.2　三极管的选用原则

三极管的种类很多，用途各异，恰当、合理地选用三极管是保证电路正常工作的关键。

1. 根据电路的实际功能要求进行选用

高频放大电路应选低噪声高频或超高频小功率管，如 3DG80、3DG91、9018 等。

中低频放大电路可选常见的 9013、9014 或 8050(NPN 型)，9015 或 8550(PNP 型)。

电源调整管可选用 3DA581、2SC2060 等低频大功率三极管。

功率放大电路一般需要选择大功率对管，β 值应尽可能相等或接近。

2. 根据设计电路的参数进行选用

三极管的参数较多，但不用全面关注，主要参数能够满足指标要求即可：

（1）最大集电极电流。

（2）集电极最大耗散功率。

（3）最高反向电压。

（4）封装尺寸。

（5）电流放大倍数。

（6）特征频率。

3. 根据整机尺寸及成本要求进行选择

三极管的外形和封装种类较多，不同外形封装的三极管在体积、重量、PCB 占据空间、价格上都存在明显差异。一般而言，应优先选用贴片型、塑封型三极管，这类三极管的生产成本及价格相对较低，而且有利于减小整机尺寸。

3.4.3　三极管使用中的注意事项

三极管在电路中工作时的参数超过极限值后，可能发生永久性损坏，因此需要尽量避免出现超限使用的情况。

（1）三极管的电压、电流、功率等参数不能超过手册中规定的极限值，并应适当留出裕量。

（2）温度对三极管参数的影响很大，因此三极管应做到良好散热、避免过热，必要时可以对三极管增加散热器（俗称：热沉）。

（3）大功率三极管往往工作在极限状态，为了防止二次击穿，应尽量降低三极管的功率和电压。

（4）三极管在进行装配、焊接时，引脚之间不要出现短路，引脚顺序不能接错。

（5）相同类型的三极管可以相互替换，但需要满足功率、集电极电流、电流放大倍数、频率、耐压值、封装尺寸、管脚排列等具体参数。

3.4.4　三极管的引脚识别及质量检测

三极管的型号种类较多，其引脚排列规律往往并不统一，可以通过数字万用表对三极管进行快速的极性（NPN/PNP）判断、引脚（e/b/c）识别、电流放大倍数（h_{FE}、β）估测。

1. 测试原理

三极管的基极 b 与发射极 e、基极 b 与集电极 c 之间均可等效为一只 PN 结，如图 3-4-3所示，两只 PN 结处于反向串联状态。

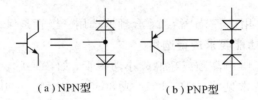

（a）NPN型　　　　　　　　（b）PNP型

图 3-4-3　BJT 的内部等效结构

对此，可以采用与二极管类似的测试方法来对三极管进行检测。

- NPN 型三极管 b→e、b→c 的 PN 结正向导通，而 c、e 之间的正反向电阻均为∞。
- PNP 型三极管 e→b、c→b 的 PN 结正向导通，而 c、e 之间的正反向电阻均为∞。

2. 利用数字万用表测量三极管的极性、引脚排列、电流放大系数

利用数字万用表的"二极管/通断"挡配合"h_{FE}"挡，可以很方便地检测识别出待测三极管的极性（NPN/PNP）、引脚排列顺序、电流放大倍数 β 等关键特征，具体操作步骤如下：

（1）将数字万用表置于"二极管/通断"挡配合。

（2）将红表笔连接至三极管的任意一只假定的基极引脚，将黑表笔分别与其余两只引脚可靠接触，得到两组测试数据。

（3）如果万用表两次的测试结果均形成了有效读数：液晶屏幕能够显示三位的有效数值（代表几百 mV 的 PN 结正向导通压降），则说明刚才假定的基极是正确的，红表笔所连接的引脚即为 NPN 型三极管的基极。

- 如果两次测试的结果无法同时满足三位数值的情况，说明基极的假设有误，需要重新选择另外一只引脚作为假定的三极管基极，并再次重复上述第（2）步的测量操作。

- 如果三只引脚均被设为假定的基极并连接至红表笔进行三轮次的测试后，依然无法

得到显示两次三位数值的情况，说明该三极管可能不是 NPN 型，而应该是 PNP 型。接下来就应该固定黑表笔至假设的基极，并用红表笔分别连接剩余两只引脚进行重新测试。

（4）固定基极并测出的两次三位数值大小存在一定的差异，在其中数据略大的连接测试过程中，活动表笔所接引脚为三极管的发射极，剩下的第三只引脚则为三极管的集电极。

技巧　　即使没有对比两次测试所得到的三位有效读数大小，其实还可以通过"h_{FE}"挡位的测试，判断出集电极与发射极的排列位置：

①　切换至数字万用表的"h_{FE}"挡。

②　根据第（3）步判断出的三极管极性（NPN/PNP）及基极引脚，将基极插入图 3-4-4 所示的"h_{FE}"测试插孔 B，剩余的两只三极管引脚按照两种可能分别插入插孔 E 与插孔 C，再次在液晶屏上得到两次读数，且数值差异较大。

图 3-4-4　数字万用表的"h_{FE}"挡位插孔

③　在较大的一次读数中，三极管引脚与"h_{FE}"测试插孔的连接是匹配的，因此连接插孔 E 的引脚即为三极管发射极，连接插孔 C 的引脚即为三极管集电极。

④　最大的"h_{FE}"读数也正是该三极管近似的电流放大倍数 β。

3. 利用指针式模拟万用表测量三极管

指针式模拟万用表没有设置专用的二极管挡，只能通过 R×100 或 R×1k 的电阻挡测试三极管电极之间的正反向电阻，进行 PN 结的正确判断。

1）基极与极性判断

（1）切换至模拟万用表 R×100 或 R×1k 的电阻挡。

（2）假设三极管的某只引脚为基极。

（3）将黑表笔（内接电池的正极）接在假设的基极，再将红表笔先后接到三极管的其余两只引脚，并注意观察指针的偏转情况：

•　如果两次测得的电阻值均很大或均很小，交换红、黑表笔后测得两个电阻值均很小或均很大，说明第（2）步假设的基极正确。

•　如果两次测得的电阻值为一大一小，则第（2）步假设的基极错误，需要重新假设另外一只引脚为基极，再重复第（3）步的测试。

（4）基极确定以后，将黑表笔接基极，红表笔接三极管的其他两只引脚，若测得的电阻值很小，则该三极管为 NPN 型；反之则为 PNP 型。

2）集电极与发射极的判断

（1）基极确定后，将剩下的两只电极随意假设为集电极 c 和发射极 e。

（2）将黑表笔接到假设的集电极 c，红表笔接到假设的发射极 e。

（3）用手指捏住基极 b 和集电极 c(b、c 间不能短接)，人体的手指电阻成为 b 和 c 之间的偏置电阻，从而能构成一个简单的三极管基本放大电路，如图 3-4-5 所示。

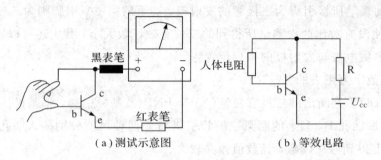

（a）测试示意图　　　　　　　　　　　（b）等效电路

图 3-4-5　用指针式万用表判别三极管的发射极 c 与集电极 e

（4）若万用表的指针出现了明显的偏转，则说明电路正常放大，有电流流过放大电路，第（2）步的引脚假设正确：黑表笔连接集电极 c、红表笔连接发射极 e。

（5）若是 PNP 管仍用上述方法，则唯一的差异在于红、黑表笔需要对调后连接 c、e 极。

3）电流放大倍数 β 值的估测

目前较多的指针式模拟万用表已经集成了"h_{FE}"挡位，将已知极性与引脚排列规律的三极管插入对应的插孔，即可从表盘的刻度尺中读出近似的三极管电流放大系数 β。

3.5　晶　闸　管

晶闸管是在硅二极管基础上发展起来的一种大功率可控半导体器件，常常也被称为可控硅。晶闸管是一种功率开关元器件，具有体积小、重量轻、效率高、工作年限长等优势，能够以微小的电流控制较大的功率，成功地实现了用弱电控制强电的任务。

晶闸管的主要用途为可控整流、交流调压、逆变(将直流电变换成交流电)、变频、无触点开关等。常见的晶闸管外形如图 3-5-1 所示。

图 3-5-1　晶闸管外形

3.5.1　晶闸管的分类

晶闸管包括单向晶闸管（SCR）、双向晶闸管（TRIAC）、逆导晶闸管（RCT）、可关断晶闸管（GTO）、温控晶闸管（TTS）、光控晶闸管（LTT）等众多类型。

1. 单向晶闸管

单向晶闸管（SCR）是最简单的一种晶闸管，内部为 P-N-P-N 四层半导体的结构，

中间形成了 J_1、J_2、J_3 三只串联的 PN 结,如图 3-5-2(a)所示。单向晶闸管包含控制极 G、阳极 A、阴极 K 三只引脚,如图 3-5-2(b)所示。

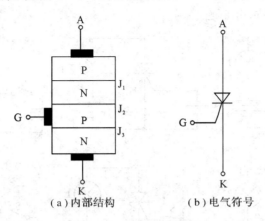

(a)内部结构   (b)电气符号

图 3-5-2 单向晶闸管

为了便于结合单向晶闸管内部结构进行具体的功能分析,可以把图 3-5-2(a)中部的 N、P 型半导体分割成如图 3-5-3 所示的并联结构,然后再进一步等效为一只 PNP 型三极管和一只 NPN 型三极管组成的复合管。

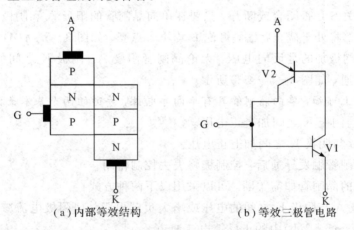

(a)内部等效结构   (b)等效三极管电路

图 3-5-3 晶闸管内部结构的等效变换

当 $U_{AK}>0$、$U_{GK}>0$ 时,V_1 导通,V_2 导通,V_2 导通后将使 V_1 进一步导通形成正反馈,晶闸管迅速导通;晶闸管导通后,去掉 U_{GK},晶闸管依靠环内的正反馈,仍然可以维持导通状态。

单向晶闸管包含导通、截止两种工作方式,如图 3-5-4 所示。

(1)在图 3-5-4(a)中,当开关 S 断开时,单向晶闸管的阳极 A 连接至直流电源正极,阴极 K 经灯泡负载 L 连接至电源负极。此时由于晶闸管的控制极 G 未施加电压,因此晶闸管不导通、灯泡 L 无法点亮。

(2)当开关 S 闭合后,晶闸管的控制极 G 相对于阴极 K 出现了一个正向电压,晶闸管导通、灯泡 L 点亮,如图 3-5-4(b)所示。

(3)如果重新断开 S 开关,撤掉控制极 G 的电压,但晶闸管仍将导通,灯泡 L 维持点亮状态，控制极失去控制作用，如图 3-5-4(c)所示。

☞**提示**　单向晶闸管的控制极无需长期施加电压，一个很窄的正向脉冲触发电压即可使阳极 A 与阴极 K 之间正向导通。

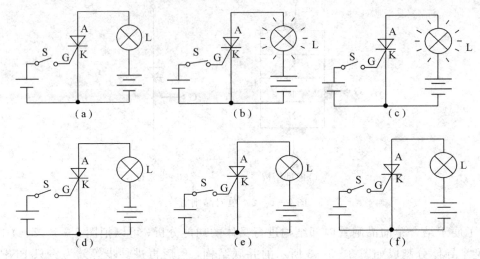

图 3-5-4　单向晶闸管的导通与截止控制

（4）无论开关 S 是否闭合或断开，只要在单向晶闸管的阳极 A 和阴极 K 之间加载上反向电压，晶闸管都将处于截止状态，灯泡 L 均不会点亮，如图 3-5-4(d)、(e)所示。

（5）如果控制极加的是反向电压，无论晶闸管阳极 A、阴极 K 之间的电压极性如何，晶闸管均不会导通，如图 3-5-4(f)所示。

☞**提示**　综上可知，单向晶闸管具有单向导电性，导通的两个基本条件如下：

· 阳极 A 与阴极 K 之间加上正电压。

· 控制极 G 与阴极 K 之间加上正电压。

一旦单向晶闸管触发导通后，控制极将失去控制作用。

正向导通后的晶闸管如需关断，可以采用以下两种方式：

· 减小阳极 A 与阴极 K 之间的电压或增大负载电阻，把阳极电流减小到最小维持电流之下，切断图 3-5-3(b)中的正反馈电流通道。

· 在阳极 A 与阴极 K 之间施加反向电压，强行关断单向晶闸管。

2. 双向晶闸管

双向晶闸管的内部结构如图 3-5-5(a)所示，这是一种复杂的 N-P-N-P-N 型五层半导体，其内部结构可以等效为两只反向并联的单向晶闸管，如图 3-5-5(b)所示。正因为这种反向并联的结构，双向晶闸管具有了双向受控导通的特性，因而可以直接用于交流电路。

与单向晶闸管类似，双向晶闸管也包含有三只引脚：控制极 G、主电极 T_1 和 T_2，如图 3-5-5(c)所示。

双向晶闸管没有单向晶闸管的阳极与阴极之分，因此两只主电极 T_1 和 T_2 之间无论加载正向电压还是反向电压，控制极所加载触发信号无论是正电压还是负电压，双向晶闸管均有可能被触发导通。

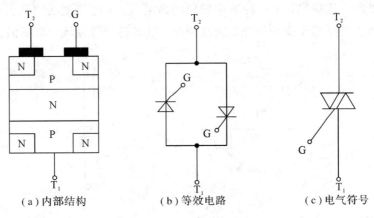

（a）内部结构　　　　（b）等效电路　　　　（c）电气符号

图 3-5-5　双向晶闸管

3. 逆导晶闸管

逆导晶闸管是在普通晶闸管的硅片上反向并联一只二极管而成，其等效电路和电气符号如图 3-5-6 所示。

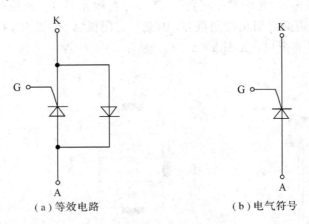

（a）等效电路　　　　　　　（b）电气符号

图 3-5-6　逆导晶闸管

逆导晶闸管的阳极和阴极之间接有反向并联的二极管，能够对电感负载在关断时出现的大电流、高电压进行快速导通释放，实现了有效的保护。

逆导晶闸管的耐压可达 1500~2500 V，正向电流可达 400 A，吸收电流可达 150 A，而关断时间不足 30 μs。

4. 可关断晶闸管

可关断晶闸管（GTO）也被称为"门控晶闸管"，当控制极加上反向触发信号时，晶闸管能自行关断，如图 3-5-7 所示。

普通晶闸管通过向控制极施加正向触发信号导通之后，即使撤掉控制极的信号仍然能够维持导通状态。如果想关断晶闸管，则必须切断电源或者降低主回路的电流使之低于最低维持电流，或者施加反向电压使主电路强迫关断。这些操作可能需要新增换向电路，增大了设备的体积及重量，降低了运行效率，此外还会产生较强的波形尖峰、噪声及干扰。

可关断晶闸管保留了普通晶闸管耐压高、电流大的优点，新增的自关断能力较好地克服了普通晶闸管的上述缺陷，是一种非常理想的高电压、大电流型功率开关器件。

可关断晶闸管广泛用于变频调速、斩波调速、电源逆变等领域，市场仍在不断扩大。

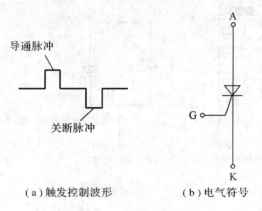

（a）触发控制波形　　　（b）电气符号

图 3 - 5 - 7　可关断晶闸管

5. 光控晶闸管

光控晶闸管也被称为"光触发晶闸管"，是一种光敏元器件。光控晶闸管的控制信号来自外界的光照射，没有必要引出控制极 G，因此只有阳极 A、阴极 K 两只引脚，但新增了一个呈凸透镜形状的受光窗口，如图 3 - 5 - 8(a)所示。

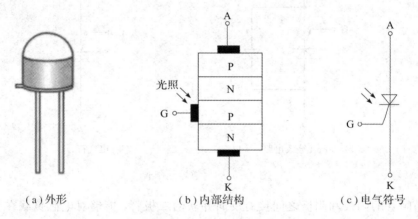

（a）外形　　　　　（b）内部结构　　　　（c）电气符号

图 3 - 5 - 8　光控晶闸管

光控晶闸管的内部结构与单向晶闸管基本相同，均由四层 P - N - P - N 半导体构成，如图 3 - 5 - 8(b)所示。除了触发信号增加了光控的特点之外，光控晶闸管的其他特性也与单向晶闸管类似。光控晶闸管对光源的波长具有一定选择性，$0.8 \sim 0.9\ \mu m$ 红外线及 $1\ \mu m$ 左右激光的光控效果相对较好。

为了使光控晶闸管能够在光照状态下正常工作，必须使光控晶闸管的控制极能够在微弱的光电流作用下导通，因此光控晶闸管基本都应用于小功率产品。

3.5.2　晶闸管的选用

晶闸管的类型较多，不同厂家生产的具体型号及参数差异较大，需要根据具体应用背景及电路结构，进行合理的选用。

1. 晶闸管类型的选择

（1）普通单向晶闸管主要用于可控整流、交流调压、逆变电源、开关电源保护等场合。

（2）双向晶闸管主要用于交流开关、交流调压、交流电动机调速、白炽灯调光、固态继电器、固态接触器中。

（3）门极关断晶闸管特别适用于交流电机变频调速、斩波器、逆变电源及各种功率型电子开关电路。

（4）逆导晶闸管主要用于电磁炉、超声波驱动电路、大功率开关电源。

（5）光控晶闸管多用于光探测器、光计数器、光报警器、光电耦合器等产品。

2. 晶闸管的主要参数选择

晶闸管的主要参数可以通过型号手册进行查阅，部分价格较贵的大功率型晶闸管的产品合格证上往往还填写有实测数据。

1）断态重复峰值电压 U_{DRM}

断态重复峰值电压是指晶闸管的控制极开路、晶闸管正向阻断时，可以重复加载至晶闸管两端的正向峰值电压。

2）反向重复峰值电压 U_{RRM}

反向重复峰值电压是指控制极断路时，可以重复加载至晶闸管的反向峰值电压。

☞**提示**　通常把 U_{DRM} 与 U_{RRM} 中较小的一组数值设定为晶闸管的额定电压。

3）额定通态平均电流 I_T

额定通态（正向）平均电流简称额定电流，是指环境温度不超过 40℃、具备标准散热条件、处于全导通状态时的晶闸管可以连续通过的工频半波正弦电流的平均值。

4）维持电流 I_H

在规定的环境温度和控制极 G 开路条件下，晶闸管保持正常导通状态的最小电流被称为维持电流，当晶闸管的正向电流小于该电流数值时，晶闸管将会自动切断。

维持电流一般在几十到两百毫安之间，维持电流的大小并不是常数，而是与晶闸管的温度成反比，例如：晶闸管在 120℃时的维持电流只有 25℃时的一半。

5）其他参数

晶闸管的其他参数包括阳极与阴极之间的正向压降、控制极的触发电流及触发电压等，这些参数在进行参数选型时相对容易满足，只需要符合应用电路实际要求的范围即可。

3. 选用晶闸管的注意事项

民用中小功率晶闸管的价格比较便宜，但是工业级大功率晶闸管的价格不菲，因此在进行器件选型时应尽量贴近实际的指标要求，以达到尽可能高的性价比。

（1）考虑到瞬时尖峰过电压也容易损坏晶闸管，因此在进行实际的晶闸管参数选择时，额定电压应尽量留出一定的功率裕量，通常取正常工作时峰值电压的 2～3 倍作为安全系数。

（2）在进行晶闸管电流容量的选择时，需要考虑导电角大小、工作频率高低、散热器效果、环境温度等多方面的因素。

（3）安装晶闸管之前，需要用万用表检测晶闸管的质量是否完好。存在短路或断路故障的晶闸管往往无法维修，应立即更换。

（4）额定电流在 5A 及以上的晶闸管需要加装散热装置，根据不同的功率值，选择自然冷却、强迫风冷、强迫水(油)冷的散热模式。如果采用金属散热器,为了确保金属面与与晶闸管散热板之间的良好接触,需要在接触面之间涂抹有机硅油或硅脂。

(5)由于晶闸管往往工作在极限状态下,因此损坏率极高,考虑到晶闸管不菲的价格,因此原则上必须添加全面的过流及过压保护措施,重点防范。

(6)晶闸管控制极相对较为脆弱,需要重点防范其正向过载和反向击穿损坏。

3.5.3 晶闸管的检测

不同类型的晶闸管,具体的检测方法存在较大差异。

1. 单向晶闸管的引脚判断

单向晶闸管的控制极 G 与阴极 K 极之间存在一只 PN 结,表现出单向导电特性。而阳极 A 与控制极 G 之间有两只等效的 PN 结反向串联,因此 A—G 之间的正、反向电阻值均比较高。因此,用指针式万用表的 R×100 或 R×1k 挡测量单向晶闸管各引脚之间的电阻值,或者用数字万用表的"二极管/通断"挡,均可判断出单向晶闸管三只引脚的排列顺序。

(1)选择指针式万用表的 R×100 或 R×1k 挡,将黑表笔固定连接至单向晶闸管的某一只引脚,将红表笔依次接触其余的两只引脚,观察相应的指针偏转情况:

• 如果其中一次测得的电阻值很大、指针基本不偏转,而另一次测得的电阻值仅有几百欧姆,即可判断出此时黑表笔固定连接的引脚为控制极 G。在阻值为几百欧姆的这一次测量连接中,红表笔所接的引脚为阴极 K,剩余的第三只引脚即为阳极 A。

• 如果两次测得的电阻值均很大,则说明当前黑表笔所连接的引脚不会是控制极 G,应该重新假设另外的某只引脚为控制极 G,再次重复刚才的两轮测试。

(2)选择数字式万用表的"二极管/通断"挡,将红表笔固定连接至单向晶闸管的某一只引脚,将黑表笔依次接触其余的两只引脚,观察液晶屏的数据显示情况:

• 如果其中一次测出几百毫伏的 PN 结正向压降,而另一次测得的结果为超量程的"1"指示值,即可判断出此时红表笔固定连接的引脚为控制极 G。在测得几百毫伏压降的这一次测量连接中,黑表笔所接的引脚为阴极 K,剩余的第三只引脚即为阳极 A。

• 如果两次测得的结果均为超量程的"1"指示值,则说明当前红表笔所接的引脚不是控制极 G,应该重新假设另外的某只引脚为控制极 G,再次重复先前的两轮测试。

(3)对于标准封装的单向晶闸管,可以直接参照图 3-5-9 所示的引脚排列规律进行识别。

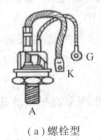

(a)螺栓型　　　(b)平板型　　　(c)TO-220封装型　　　(d)TO-92封装型

图 3-5-9　常见单向晶闸管引脚排列规律

① 螺栓型单向晶闸管具有安装螺纹的一端为阳极 A,较细的引线线为控制极 G,较粗

的引线线为阴极 K，如图 3 - 5 - 9(a)所示。

② 大功率平板型单向晶闸管的引出线为控制极 G，阳极 A 与阴极 K 被标注在圆柱形陶瓷壳体外表面。一般而言，盘面较大的一侧多为阴极 K，如图 3 - 5 - 9(b)所示。

③ TO - 220 功率封装单向晶闸管的中间引脚为阳极 A，并与自带的散热片在内部连通，阳极左侧的引脚为阴极 K、右侧的引脚为控制极 G，如图 3 - 5 - 9(c)所示。

④ TO - 92 小功率塑料封装单向晶闸管的中间引脚为控制极 G，控制极左侧引脚为阴极 K、右侧引脚为阳极 A，如图 3 - 5 - 9(d)所示。

2. 单向晶闸管触发能力检测

对于额定电流在 5A 及以下的单向晶闸管，可用模拟式指针万用表的 R×1 挡进行触发能力的检测：

(1) 指针式万用表的黑表笔接阳极 A，红表笔接阴极 K，此时表针不发生偏转，指示 A-K 之间的电阻值为∞。

(2) 用金属镊子或导线短接单向晶闸管的阳极 A 与控制极 G，给 G 极加上了一个正向的触发电压，如果万用表的指针发生偏转，并指示出几欧姆到几十欧姆的电阻值，表明待测晶闸管已经被正向触发而发生了导通。

(3) 继续维持红、黑表笔与阳极 A、阴极 K 之间的接触关系，撤掉刚才阳极 A、控制极 G 之间短接的金属体。如果指针的偏转情况仍然能够保持，说明该晶闸管的触发性能良好。

3. 双向晶闸管的引脚判断及触发能力检测

考虑到双向晶闸管具有双向触发的性质，再结合图 3 - 5 - 5(a)中的双向晶闸管内部结构特点，可以选择模拟式指针万用表的 R×1 低阻挡识别，判断出各只引脚的对应位置，同时顺便也检验了双向晶闸管的触发能力。

☞提示　R×1 挡的相对电流较大，在进行双向晶闸管的检测时具有较好的效果；对于额定电流在 1 A 以内的双向晶闸管，也可选择 R×10 挡进行检测。

1) T₁ 引脚的判定

从图 3 - 5 - 5(a)中所示的双向晶闸管结构可以看出，控制极 G 距离引脚 T_1 的距离相对较远，而与引脚 T_2 较近，故 G↔T_2 之间呈现出较小的正、反向电阻值。因此，当模拟式万用表的 R×1 挡测量双向晶闸管任意两脚之间的电阻时，除了 G↔T_2 之间仅有几十欧姆的双向低电阻值之外，T_1↔G、T_2↔T_1 之间均呈现出很高的电阻值。如果测出某只引脚与其他两只引脚都近似∞的高电阻状态，这个管脚就一定是双向晶闸管的 T_1 极。

2) 区分出控制极 G 与引脚 T_2

(1) 找到引脚 T_1 之后，先假设剩下两只引脚中的其中一脚为 T_2 极，另一脚为 G 极。

(2) 把黑表笔连接至假设的 T_2 极，红表笔连接假设的 T_1 极，此时测出的电阻指应为∞。

(3) 用金属镊子或导线或红表笔的笔尖短接 T_1 与 G 两只引脚，向控制极 G 加载一个负的触发信号，如果此时万用表的指针发生偏转，测出几十欧姆以内的电阻值，则说明双向晶闸管已经导通，导通方向从 T_2→T_1。

(4) 将金属物体从控制极 G 撤去，T_2 与 T_1 之间的电阻值应保持不变，证明触发之后的双向晶闸管能够维持导通状态。

(5) 交换红、黑表笔与 T_2、T_1 之间的连接关系：红表笔→T_2 引脚，黑表笔→T_1 引脚。

（6）用金属镊子或导线或黑表笔的笔尖短接 T_1 与 G 两只引脚，向控制极 G 加载一个正的触发信号，同样会测得万用表的指针发生偏转，指示出几十欧姆以内的电阻值。

（7）将金属物体从控制极 G 撤去，T_2 与 T_1 之间的电阻值同样会保持不变，证明触发之后的双向晶闸管能够维持导通状态。

（8）如果实际的测试结果与上述描述不符，说明第（2）步的假设错误，应该交换假设的 T_2 极与 T_1 极，重复第（6）步到（7）步的检测。如果按照两种 T_1 与 T_2 的引脚假设，测量时均不能使双向晶闸管触发导通，说明管子已经发生了损坏。

【例 3-23】　常用的中小功率双向晶闸管的引脚排列规律可以参考图 3-5-10。对于 TO-220 封装的双向晶闸管，其 T_1 极还与管子上方自带的散热片直接连通。

图 3-5-10　双向晶闸管的引脚排列示例

习　题

1. 请识别出以下电阻器的阻值：

（1）5 环电阻从左到右色环颜色标注为：红→红→黑→黄→棕。

（2）贴片电阻上的 3 位数字为 101。

2. 指针式万用表在测量电阻之前，需要进行哪两种调零？在测量电阻时，手指能否捏住电阻的引脚？指针停留在表盘刻度尺的哪个位置时，测量的准确度相对较高？

3. 如何用指针式万用表检测较小容量的电容器？

4. 如何用数字万用表和指针式万用表检测稳压值在 5 V 以内的稳压二极管的质量好坏？

5. 比较万用表判断单向晶闸管、双向晶闸管引极排列顺序的异同点。

第 4 章　低压电器

低压电器是指工作在 50 Hz，交流电压 1200 V、直流电压 1500 V 以下的低压供配电系统和机电设备自动控制系统中，能够根据外界的信号和要求，手动或自动地接通、断开电路，以实现对电气线路的切换、控制、保护、检测、变换、调节的电气元件。

低压电器可以分为配电电器和控制电器两大类，是成套电气设备的基本元件单元。低压电器的质量直接影响到低压供电系统的可靠性。

常用的低压电器有：刀开关、熔断器、空气开关、按钮、接触器、热继电器、中间继电器、时间继电器、速度继电器等。

4.1　低压电器概述

4.1.1　低压电器的分类

低压电器种类较多，工作原理存在一定差异，因此对应的分类方式相对较为复杂。

1. 按动作方式分类

低压电器按照动作方式的不同，可以分为手动电器与自动电器两大类。

（1）手动电器。由工作人员用手或依靠机械力进行手动操纵而动作的低压电器，如：刀开关、组合开关、控制按钮、凸轮控制器等主令电器。

（2）自动电器。借助于电磁力或参量信号的变化（有/无或大/小）而自动进行操作的低压电器，如：接触器、继电器、熔断器、行程开关、电磁阀等。

2. 按用途分类

低压电器按照具体用途的不同，可分为执行电器、控制电器、主令电器、保护电器、配电电器等多种类型。

（1）执行电器。用来完成某种动作、传动功能的电器，如电磁铁、电磁离合器等。

（2）控制电器。用来控制电路通断的电路，如开关、接触器、继电器等。

（3）主令电器。在系统中发送动作指令、控制其他自动电器的动作的电器，例如按钮、行程开关、万能转换开关、凸轮控制器等。

（4）保护电器。用来保护电源、电路、用电设备，使它们不致在短路、过载等状态下运行而被损坏的电器，如熔断器、热继电器、各种保护继电器、避雷器等。

（5）配电电器。用于电能的输送和分配的电器，如隔离开关、刀开关、自动空气开关等。

3. 按工作原理分类

低压电器按照工作原理的不同，可分为电磁式电器和非电量控制电器两大类。

（1）电磁式电器。依据电磁感应原理来工作，如接触器、电磁式继电器等。

（2）非电量控制电器。依靠外力或某种非电物理量的变化而动作的电器，如刀开关、行程开关、按钮、速度继电器、温度继电器等。

4.1.2　低压电器的基本结构组成

低压电器的关键机构包括信号感知、动作执行、高压灭弧等单元。

1. 信号感知

低压电器的信号感知单元用于侦测外界信号的变化，并根据外界信号的实际变化范围完成特定的动作。

【例 4 - 1】　手动电器的操作手柄是感受部分；电磁式电器的感受部分一般是电磁机构。

2. 动作执行

根据感受机构的指令，低压电器的动作执行单元经由触点实现电气量及电气信号的接通、分断等操作。

3. 高压灭弧

触点断开电流时可能会出现电弧或火花，将对断开电流的时间、触点的使用寿命造成极大影响。低压电器内部用于熄灭触点间电弧的机构称为灭弧机构。

4.1.3　低压电器的主要参数

低压电器的主要参数涉及额定工作电压、额定发热电流、触点的通断能力、使用寿命等多方面内容，错误的参数可能造成低压电器或用电设备的损坏。

1. 额定工作电压

低压电器在规定条件下长期工作时，能保证电器正常工作的电压值，通常是指主触点的额定电压。有电磁机构的控制电器还规定了吸引线圈的额定电压。

2. 额定发热电流

低压电器在规定条件下长时间工作时，各单元温度不超过极限温度值所承受的最大电流值。

3. 通断能力

低压电器在规定条件下，能可靠接通和分断的最大电流。通断能力与电器的额定电压、负载性质、灭弧方法等有密切关系。

4. 电气寿命

低压电器在规定条件下，无需修理或更换零件时的负载操作循环次数。

5. 机械寿命

低压电器在需要修理或更换机械零件前所能承受的负载操作次数。

4.1.4　低压电器的质量检测

重点观察低压电器的外壳及封装是否完好，有没有明显的过电烧焦痕迹或破裂、变形、变色，触点有无松动变形，螺钉有无脱落或者松动。

接下来可以用手测试动触点是否活动自如，弹簧的弹性有无卡滞；同时用万用表的低电阻挡测量触点接通后的电阻值是否保持在较低的水平。

4.2　开　　关

按钮开关是典型的手动控制主令低压电器。开关的种类很多，分别适用不同的工作场合。

4.2.1　按钮开关

按钮开关是一种用于短时间内接通或分断小电流回路的手动操作型机械开关，在控制电路中远距离发出"接通（ON）"或"分断（OFF）"指令，去控制接触器、继电器的线圈，进而实现远距离控制电动机等主电气设备的运行或停止。

按钮开关的触点允许通过的电流值不大，一般在 5 A 以内。

1. 按钮开关结构

复合按钮开关的外形结构如图 4 - 2 - 1（a）所示，分为自动复位、非自动复位两种类型。其结构一般可分为按钮帽、复位弹簧、动触点、常开静触点、常闭静触点、支柱连杆、绝缘外壳、接线柱等单元，如图 4 - 2 - 1（b）所示。

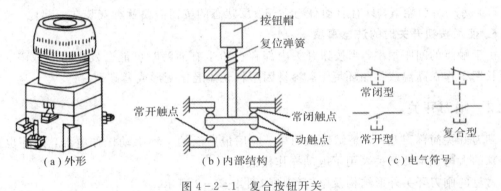

（a）外形　　　　　　（b）内部结构　　　　　　（c）电气符号

图 4 - 2 - 1　复合按钮开关

按钮帽未被按下之前，按钮开关的状态被称为静态。静态时处于闭合状态的触点称为常闭触点或动断触点，静态时处于分断状态的触点称为常开触点或动合触点，如图 4 - 2 - 1（c）所示。

- 向下按动复合按钮的按钮帽时，首先断开常闭触点；继续向下按动按钮帽时，才会接通常开触点。

- 释放复合按钮的按钮帽时，复位弹簧首先分断常开触点，接着再闭合常闭触点。

按钮开关的种类很多，根据静态时触点相对位置的不同，可分为常开按钮（一般用于实现启动功能）、常闭按钮（一般用于关断或停止功能）、复合按钮（包含一组或多组常开触点与常闭触点）三种。

2. 按钮开关的型号及选型

按钮开关的主要技术指标有：规格、结构形式、触点对数、按钮帽颜色。

较为常用的按钮规格为交流额定电压 500 V，允许持续电流为 5 A，按钮帽有红、绿、黑、黄、蓝、白等多种颜色，根据不同的功能及场合使用。

【例 4 - 2】　某按钮开关的型号为 LA19 - 22K，其中 L→主令电器；A→按钮开关；19

→该按钮开关的设计序号(其余常见序号还包括 2、10、18、20 等系列);2(前)→两对常开触点;2(后)→两对常闭触点;K→结构形式为开启式。

☞**提示**　按钮开关的常见结构形式包括:H→保护式,K→开启式,X→旋钮,D→带指示灯式,J→紧急式,S→防水式,F→防腐式,B→防爆式,Y→钥匙式,无标识→平钮式。

3. 按钮开关的选型

进行按钮开关的选型时,应首先核对按钮的额定工作电压及电流等指标是否满足要求。

(1)根据使用场合选择按钮的种类:开启式、保护式、防水式、防爆式、防腐式等。

(2)根据用途选用合适的形式:旋钮式、钥匙式、紧急式、带指示灯式等。

(3)根据实际控制回路的需要,确定不同的按钮组合:单钮、双钮、三钮、多钮等。

4. 按钮开关的安装

在面板上安装按钮开关时的基本原则:色彩分明、布置合理、排列整齐、安装牢固。

(1)停止按钮用红色,启动按钮用绿色;按钮较多时,应在显眼且易于操作的位置安装一只红色蘑菇头的总停按钮,以应付可能出现的紧急情况。

(2)根据生产机械或机床启动、工作的先后顺序,从上到下或从左至右依次排列。

(3)每一组功能下,具有启动/停止、正/反状态的按钮需要就近安装在一起。

5. 使用按钮开关时的注意事项

由于触点的间距很小,当按钮开关内部存在粉尘有油污时可能会发生短路故障。如果按钮长期工作在高温或日照环境下,容易因塑料壳体老化变形或者破裂。

4.2.2 闸刀开关

闸刀开关简称刀开关,是结构最简单、应用最广泛的一种手动操作电器,此外也有某些特殊的大电流闸刀开关采用了电动操作模式。

常见的闸刀开关外形结构及电气符号如图 4-2-2 所示。

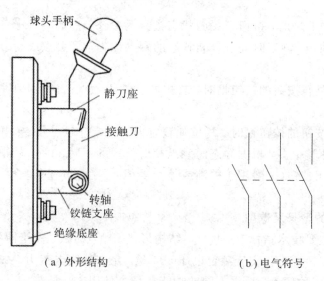

(a)外形结构　　　　　　　(b)电气符号

图 4-2-2　刀开关

在交流 380 V(直流 440 V)、额定电流 150 A 以下的配电装置中，闸刀开关被广泛用于电源引入、照明或电热电路控制、分支电路的配电中，具有短路或过载保护功能。

此外，闸刀开关也可以用在 5 KW 以下小功率动力电路中，作为不频繁接通、分断小容量电动机或照明电路的控制开关，有时也可以作为隔离开关使用。

闸刀开关的接触刀与静刀座之间必须实现紧密的接触，才能确保开关工作状态稳定可靠。这样也就要求接触刀与静插座之间需要形成较大的接触压力：

- 小电流闸刀开关的静插座用硬紫铜制成，利用材料的弹性来产生接触压力。
- 对于额定电流较大的刀开关，需要在静插座两侧增设弹簧，以进一步增加接触压力。

闸刀开关应垂直安装在墙壁上，静刀座处于正上方，以避免已经分断的接触刀与转轴之间发生松动、因重力作用而掉落后，与静插座接触后导致误合闸事故。

1. 常见的闸刀开关

常见的闸刀开关产品包括熔断器式刀开关、胶盖瓷底闸刀开关、铁壳开关、组合开关。相同类型的闸刀开关依据具体型号的不同，存在额定电流、闸刀极数、操作方式的差异。

1）熔断器式闸刀开关

熔断器式闸刀开关由闸刀开关与 RTO 有填料熔断器组合而成。在正常供电时，闸刀开关负责接通和分断电源；当电气线路或用电设备出现过载或短路故障时，熔断器内的熔体发生熔断，会及时切断故障电流。从安全角度出发，熔断器式闸刀开关一般还配置有安全栏板和灭弧室。当熔体因线路故障发生熔断后，只需按下开关上的锁板即可快捷地更换熔断器。

HR3 系列熔断器式刀开关外形及电气符号如图 4-2-3 所示。HR3 系列熔断器式刀开关适用于 50 Hz、交流电压 380 V 或直流 440 V、额定电流 100～160 A 的工业企业配电网络中的电源接通和切断，同时兼具电缆导线、用电设备的过载和短路保护。

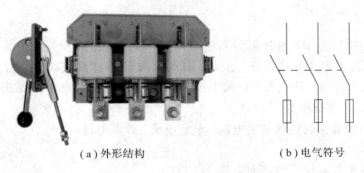

(a) 外形结构　　　　　　　　(b) 电气符号

图 4-2-3　熔断器式闸刀开关

2）瓷底胶盖闸刀开关

瓷底胶盖闸刀开关也被称为开启式负荷开关，由刀开关和熔断器组合而成，具有结构简单、价格便宜、安装使用和维修方便等优点，应用较为广泛。

瓷底胶盖闸刀开关的瓷质底座上装有静触头、熔丝接头、瓷质手柄等，并设计有可拆卸的上胶盖、下胶盖，如图 4-2-4 所示。

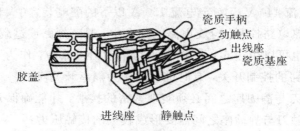

图 4-2-4 瓷底胶盖闸刀开关

瓷底胶盖闸刀开关的刀口易被电弧烧坏，因此不宜带负载接通或分断电路；在拉闸与合闸时的动作要迅速，便于快速灭弧，减少刀片和触座的烧灼。

3）铁壳开关

铁壳开关又名半封闭式负荷开关，由刀开关、灭弧机构、操作机构、熔断器、钢铁外壳构成，如图 4-2-5 所示。

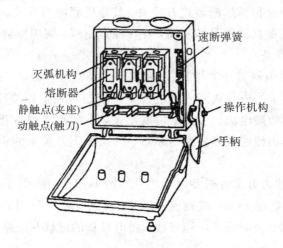

图 4-2-5 铁壳开关结构图

铁壳开关的手柄转轴与底座间装有速断弹簧，可以确保刀开关的接通、分断速度与手柄操作速度无关，有利于迅速灭弧。此外，铁壳开关还装有机械联锁装置，只有闭合壳盖后，手柄才能向上合闸；只有当手柄向下拉闸后，壳盖才能被打开，确保用电过程的安全。

2. 闸刀开关的关键参数

闸刀开关的关键参数包括额定电压、额定电流、分断电流。

1）额定电压

刀开关长期工作时承受的最大电压。

2）额定电流

刀开关合闸后允许长期通过的最大电流。

3）分断电流

刀开关在额定电压下能可靠分断的最大电流。

3. 闸刀开关的安装

在安装闸刀开关之前，应注意检查触刀片与静触点的接触是否良好与同步。在进行闸刀开关的安装时，陶瓷底板应与地面垂直，并确保手柄上推为合闸方向，不允许倒装和平装闸刀开关。

☞**提示** 闸刀开关倒装或平装时灭弧比较困难，因而容易烧坏刀口及静触点夹座；其次，由于刀片可能会因自重或振动而下落，可能导致误合闸而引发严重事故。

电源进线只能接到闸刀开关上方的静触点对应的接线柱，负载输出线连接至闸刀开关下方的接线柱。

安装完成后应检查闸刀开关的触刀和静触点是否呈直线的紧密连接。

4. 使用闸刀开关的注意事项

（1）必须先拉闸断电，才能按原规格更换熔丝。

（2）瓷底胶盖闸刀开关不适用于 5.5 kW 以上的交流电动机的直接启停。

（3）合闸、拉闸动作要迅速，尽快熄灭电弧。

（4）刀开关用作隔离开关时的合闸顺序：先合上触刀，再合闸其他用于控制负载的开关类电器；分闸顺序正好相反：先分闸控制负载的开关电器，再断开触刀。

（5）严格参照产品额定参数来分断负载，对于无灭弧罩的产品，一般不允许分断负载，否则有可能导致稳定持续燃弧，并造成电源短路。

（6）对于多极的闸刀开关，应保证各极动作同步且接触良好，否则，会导致三相异步电动机因负载单相运转而损坏。

（7）半开放式或开放式刀开关需要经常检查，以免积尘过多而导致相间闪弧、打火。

4.2.3 组合开关

组合开关也称为转换开关，本质上是一种由多组触点组合而成的小型刀开关，用动触片的旋转代替闸刀的推合和拉开，具有体积小、寿命长、结构简单、操作方便、灭弧性能较好等优点，在机床电气控制线路中常用于电源接入开关，也可用于非频繁接通和分断、正反转小容量电动机、机床照明。

组合开关有单极、双极、三极、四极等多种类型，额定持续电流有 6 A、10 A、15 A、25 A 等多种，一般采用空载接通、分断电源的方式。

三极组合开关一般用 QS 表示，其外形结构及电气符号如图 4-2-6 所示。

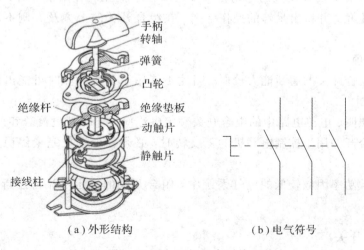

手柄
转轴
弹簧
凸轮
绝缘杆
绝缘垫板
动触片
静触片
接线柱

（a）外形结构　　　　　（b）电气符号

图 4-2-6 三极组合开关

三极组合开关由手柄、转轴、凸轮、三个动触片、三对(六个)静触片、接线柱组成，如图 4 - 2 - 7 所示。

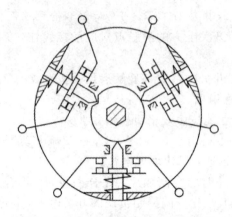

图 4 - 2 - 7   三级组合开关的动作原理

每个静触片的一端固定在绝缘垫板上，另一端伸出开关体外并连接到接线柱，以便和电源线及用电设备的导线相连；三个动触片固定在装有手柄的绝缘转轴上，旋转手柄，转轴将带动三个动触片与彼此相差一定角度的三对静触片之间实现有序的同时插入或分离，从而实现电路的接通与分断。

☞ 提示   不同型号的组合开关的手柄在不同角度，具有不同的触点闭合方式。

1. 组合开关的主要参数与型号

组合开关的主要参数包括额定电压、额定电流、极数、控制功率等。

【例 4 - 3】   组合开关型号 HZ5 - 30P/3 的含义：HZ→开关类型为组合开关；5→设计序号；30→额定电流为 30A；P→二路切换；3→极数为三极。

2. 组合开关的安装

组合开关一般安装在控制箱内，而将操作手柄伸出箱外，手柄处于水平旋转位置时，对应分断状态。

如果组合开关需要在较大的控制柜内并且操作手柄无法伸出柜外时，组合开关建议安装在柜内的右上角，并留出足够的操作空间，在组合开关的上方及右侧不能再安装其他低压电器。

3. 注意事项

(1) 由于组合开关的通断能力较弱，因此不能用于发生故障时可能出现较大电流的场合进行分断控制。

(2) 普通照明、电热电路中的组合开关额定电流应大于负载电流总和。

(3) 将组合开关用于控制电动机的正反转时，必须在电动机完全停稳之后才能开始下一步的操作。

(4) 在负载功率因数较低的电气系统中，组合开关的额定电流需进行降额使用，避免影响开关寿命。

4.2.4   空气开关

空气开关也称为自动开关，是一种主流的低压保护电器，可用于不频繁地接通或断开电路。此外，空气开关还能在电气回路或电动机发生过载、短路、欠压时，对负载实施可靠的分断保护。

塑料外壳式空气开关的触点、灭弧室、杠杆机构、脱扣器等单元全部集成在一个 ABS 塑料壳内，分为单路、双路、三路等类型，如图 4-2-8(a)、(b)、(c)所示，某些型号的塑壳空气开关还集成有漏电保护器，如图 4-2-8(e)所示。塑料外壳式空气开关的电气符号如图 4-2-8(f)所示，一般用 QF 表示。

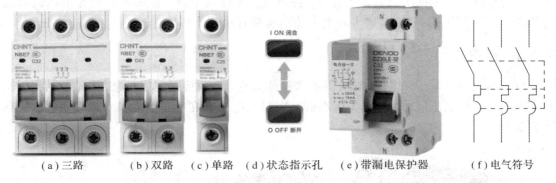

| (a)三路 | (b)双路 | (c)单路 | (d)状态指示孔 | (e)带漏电保护器 | (f)电气符号 |

图 4-2-8 常用塑料外壳式空气开关

塑料外壳式空气开关的内部结构如图 4-2-9 所示。

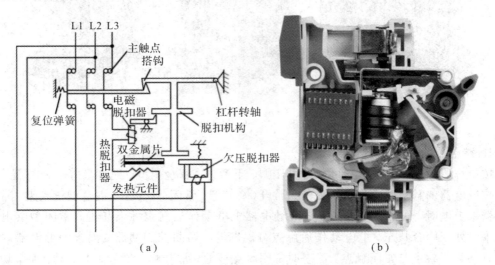

（a）　　　　　　　　　　　　　　（b）

图 4-2-9 塑料外壳式空气开关的内部结构

塑壳式空气开关的主触点一般通过手动上推的方式进行合闸，脱扣机构将主触点锁在合闸位。当电路系统发生故障时，脱扣机构动作并使搭钩脱开，主触点在复位弹簧的作用下迅速分断。

电磁脱扣器(用于检测过电流)的线圈和热脱扣器的热元件（双金属片）与主电路为串联关系，而欠压脱扣器的线圈与电路并联。

- 当电路发生短路或严重过载时，电磁脱扣器的衔铁吸合，推动脱扣机构动作。
- 当电路出现过载时，热脱扣器的发热元件产生的热量逐步增加，使双金属片变形后向上弯曲，推动脱扣机构动作。

• 当电路出现欠压时，欠压脱扣器的衔铁释放，推动脱扣机构动作。

塑壳式空气开关具有结构紧凑、开关体积较小、性能可靠等优点，被广泛用作电气线路、控制回路的电源接入开关。

4.3 自动控制电器

自动控制电器包括接触器、继电器、自动开关等低压电器，这类电器具有电磁铁等动力机构，能够按照指令、信号或参数的变化而实现自动的动作，使电气线路接通或分断。

4.3.1 继电器

继电器可根据电磁、热量、速度等物理量的改变，自动接通或分断触点，是自动控制系统中常用的一种低压电器，可作为用小信号控制大电流或高电压的受控自动开关。常见继电器如图 4-3-1 所示。

图 4-3-1 继电器

1. 继电器的分类

按结构原理划分，继电器可分为电磁型、干簧型、双金属型、速度型等多种类型。

按继电器的触点状态划分，可分为常开(NO)型、常闭(NC)型、混合型三大类。常开型继电器未上电时，触点处于断开状态，继电器上电动作后触点才会接通；常闭型继电器的触点平时处于闭合状态，上电动作后触点分离断开，切断控制回路；混合型继电器内部包含互补的常开触点与常闭触点，静态时常闭触点接通，常开触点断开，上电动作后，切换为相反的状态：常闭触点断开，常开触点接通。

2. 电磁式继电器的质量检测

继电器一般采用精度较高的数字式万用表配合直流稳压电源进行质量检测。

1) 未通电状态下的线圈阻值检测

断开继电器线圈所在的电气回路，用数字万用表的 200 Ω 或 2 kΩ 电阻挡测量继电器线圈的电阻值，可快速判断出线圈是否开路、常开触点与常闭触点的状态是否正常。

继电器的线圈电阻值一般在几十欧姆至几千欧姆之间，额定电压越低，继电器的线圈电阻越小；额定电压越高，继电器线圈的电阻值相对越大。

在排除测试点没有绝缘漆、防护胶的情况下，如果测得继电器线圈的电阻值为无穷大，则说明继电器内部的线圈存在断路故障；如果测得线圈的电阻明显低于正常值，则说明线圈内部有匝间短路等其他故障。

2）通电检测

向继电器线圈两端加上额定工作电压，仔细聆听有无"哒哒"的吸合动作声，同时用万用表电阻挡测量常开触点与常闭触点的电阻参数。如果测得常开触点之间的电阻值过大，则说明触点存在烧蚀的现象，需要尽快更换。

3. 吸合电压与释放电压的估测

对于未知线圈额定电压的继电器，可以利用可调直流稳压电源与万用表进行估测。

将待测试继电器的线圈两端接上可调直流稳压电源，将电源的输出电压从 2 V 左右开始缓慢调高，当听到继电器触点发出"哒哒"的吸合动作声时，此时稳压电源的输出值乘以 $1.3 \sim 1.5$ 即为继电器的额定工作电压。

当继电器触点吸合后，反向缓慢降低电磁线圈两端的电压，当继电器触点释放时对应的电源电压即为继电器的释放电压，一般为吸合电压的 $10\% \sim 50\%$。

4.3.2　行程开关

行程开关又称位置开关或限位开关，主要用于行程大小控制、定位及限位控制、运动方向改变、位置保护等。

行程开关的种类很多，主要分为机械式和电子式两类。

机械式行程开关的工作原理与按钮开关基本相同，只是触点的动作不是用手按，而是用机械部件的运动碰触来实现的，属于特殊的继电器。

机械式行程开关根据传动装置的形式不同，可分为单滚轮旋转式、双滚轮旋转式、按钮直动式三种类型，如图 4-3-2(a)、(b)、(c)所示。

机械式行程开关的电气符号如图 4-3-2(d)所示。

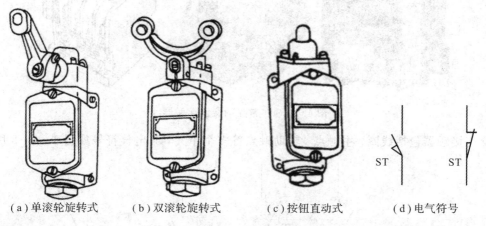

(a) 单滚轮旋转式　　　(b) 双滚轮旋转式　　　(c) 按钮直动式　　　(d) 电气符号

图 4-3-2　行程开关

行程开关的结构包括传动装置、触点、外壳三大部分。图 4-3-3 为按钮直动式行程开关的结构原理图。当推杆在机械外力的作用下向下方移动时，带动触点杆同步下移，从而实现与常闭触点的分离、与常开触点的接触；当外力消失后，推杆在内部复位弹簧的作用下恢复为初始状态。

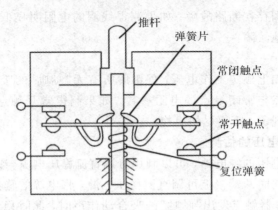

图 4-3-3　按钮直动式行程开关的内部结构

　　需要注意的是，单滚轮式行程开关、按钮直动式行程开关在被机械运动部件碰撞之后，能自动复位，双滚轮式行程开关则不能自动复位。

4.3.3　交流接触器

　　交流接触器利用线圈通电产生电磁吸力和弹簧的反作用力闭合或分断触点，用于频繁接通和分断带有大容量负载的主电路的场合，是一种大电流开关电器，主要用于控制电动机、电焊机、电容器组、电阻炉、照明器具等电力负载，具有失压、欠电压释放等保护功能，以及一定的过载能力，是电力拖动与自动控制系统中最重要的低压电器之一。

　　交流接触器的外形结构如图 4-3-4 所示。

图 4-3-4　常见的交流接触器

交流接触器包括线圈、主触点、辅助触点等多个单元，其电气符号如图 4-3-5 所示。

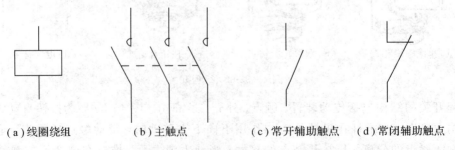

（a）线圈绕组　　　　（b）主触点　　　　（c）常开辅助触点　　（d）常闭辅助触点

图 4-3-5　交流接触器的电气符号

1. 交流接触器的结构

交流接触器内部主要由电磁系统、触点系统、灭弧装置三部分组成，如图 4-3-6 所示。

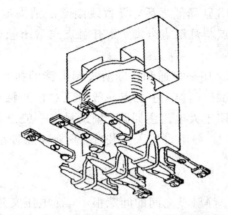

图 4-3-6　交流接触器的内部主要结构

☞**提示**　接触器不能切断短路电流，通常需要与熔断器配合使用。

1）电磁系统

电磁系统是接触器的重要组成部分，用来产生电磁吸力，由电磁吸力线圈、磁路、复位弹簧组成。

电磁线圈为电压线圈，是将漆包线绕制在骨架上后插入铁芯制成的，工作时并联至控制电源。

交流接触器包含两只"E"形铁芯，静铁芯为固定安装，动铁芯(衔铁)可以上下移动。铁芯由硅钢片叠压而成，以减少涡流损耗，避免铁芯过热。铁芯上设计有铜或镍铬合金制成的短路环，以减少交流接触器吸合时产生的振动和噪声，俗称减振环，如图 4-3-7(a)所示。短路环为封闭结构，使铁芯端面下任何时刻总有磁通，保证了线圈产生的电磁吸力不过零，使动铁芯持续吸合而不再振动，有效消除了噪声。

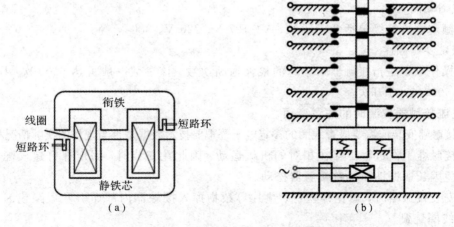

图 4-3-7　交流接触器的电磁系统结构

交流接触器的完整磁路通过静铁芯、衔铁、铁轭、空气隙，如图 4-3-7(b)所示，利用气隙将电磁能转化为机械能，带动衔铁移动，接通或断开常开、常闭触点。

线圈得电以后，产生的磁场将铁芯磁化，吸引动铁芯（衔铁）克服复位弹簧的弹力，使其向着静铁芯运动，同时通过联动机构带动触点同步移动，实现常闭触点断开、常开触点吸合。当电源电压消失或者明显降低之后，导致线圈激磁消失或激磁不足，衔铁在复位弹簧的作用下释放，带动动触点与静触点分离，常开触点与常闭触点恢复初始状态。

2）触点系统

交流接触器的触点系统是用来接通和分断所控制电路的执行元件。根据具体的用途不同，触点分为主触点和辅助触点两类，主触点一般由三对常开触点组成，配备有灭弧装置，具有较大的电流通断能力，用于大电流主回路；辅助触点一般设置两对复合型常开/常闭触点。辅助触点的电流容量小，一般不设置灭弧装置，只能通断较小的电流，通常接在控制电路中进行电气互锁或自锁。

3）灭弧装置

在触点分离的瞬间，动、静触点之间的间隙很小，而电压又几乎全部落在动、静触点之间，从而在触点间形成很高的电场强度，并最终表现为电弧。随着动、静触点在分离过程中的间距越来越大，电弧也相应地被拉长，无法迅速切断。由于电弧的温度为 3000℃ 或更高，将导致触点的表面被严重烧蚀，大幅缩短了触点的使用寿命，同时也给电气设备的运行和作业人员的人身安全等造成极大威胁。因此，容量在 10 A 以上的交流接触器均设置有灭弧装置，用以熄灭主触点在分断电路时所产生的电弧，保护触点不被电弧灼伤。

2. 交流接触器的基本参数

交流接触器的电气参数较多，需要重点关注的参数包括触点额定电压及额定电流、线圈额定电压、额定操作频率。

1）触点额定电压

主触点的额定电压等级主要包括 220 V、380 V、500 V。

2）触点额定电流

主触点的额定电流等级包括 10 A、15 A、25 A、40 A、60 A、150 A、250 A、400 A、600 A，最高可达 2500 A。

3）线圈额定电压

线圈额定电压等级包括 36 V、110 V、127 V、220 V、380 V 等。

4）额定操作频率

额定操作频率是指接触器每小时的最大通断次数，该参数一般可达 6000 次/小时，电气寿命达 500～1000 万次。

3. 交流接触器安装时的注意事项

（1）接触器安装前需要检查线圈的额定电压等重要技术数据是否与现场的实际情况相符。

（2）接触器工作过程中存在相对的机械运动，因此在安装时，固定螺钉建议配备弹性垫圈，避免因长期振动而导致接触器松动。

（3）安装接触器时，避免螺丝钉、垫片等杂物掉入接触器内部而引发短路或因铁芯卡滞而导致线圈烧毁。

（4）擦拭干净接触器铁芯极面的防锈油脂或锈迹，避免长期使用后铁芯被较为黏稠的油污、油垢粘附后，造成接触器断电时无法及时释放触点。

（5）接触器一般采用垂直方式进行安装，倾斜度一般不超过±5°，否则将影响接触器的正常动作。

（6）对于带有散热孔的接触器的线圈散热效果，安装时建议将散热孔朝上，确保没有其他物体遮挡散热孔的气流通道。

4. 交流接触器使用中的常见故障

接触器的触点应做定期检查并保持清爽，及时清除触点表面因电弧而形成的金属小珠；银合金触点表面产生的氧化膜因为接触的电阻值很低，不建议清除。

接触器使用过程中的常见故障包括以下类型：

1）触点过热

触点过热的主要原因是因为接触电阻过大，导致接触电阻过大的原因包括触点的接触压力不足，触点表面接触不良，触点被电弧严重灼伤等。

2）触点磨损

触点磨损包括电弧的高温使触点上的金属氧化和蒸发所导致的电气磨损，以及由于触点闭合时的冲击、动静触点表面之间的相对滑动摩擦所导致的机械磨损。

3）线圈掉电后触点不能复位

触点不能复位的原因包括：动静触点被电弧熔接为一体；铁芯的剩磁过大，复位弹簧的弹力不足；衔铁等活动单元被异常卡住。

4）衔铁动作时噪声较大

衔铁动作时噪声较大主要原因包括：短路环脱落或部分损坏；衔铁歪斜或铁芯端面的污垢导致动、静铁芯之间接触不良；复位弹簧弹力过大，导致吸合时冲击明显。

5）线圈过热

线圈过热主要原因包括：线圈存在匝间短路故障；衔铁吸合后存在明显间隙；线圈电压高于额定电压。

4.3.4　中间继电器

中间继电器在电路中主要起信号传递和转换的作用，将小功率的控制信号转换至大容量触点的动作。中间继电器的触点较多，可以显著增加被控制电路的数量，实现多路的同步控制。此外，中间继电器也可直接控制小容量交流电机或其他电气执行元件。

中间继电器的外壳一般是用塑料制成的开启式结构，外壳的相间隔板将各对触点有效分隔，防止因电弧飞溅而引发的短路事故。中间继电器的电气符号一般用 KA 表示，其外形如图 4-3-8 所示。

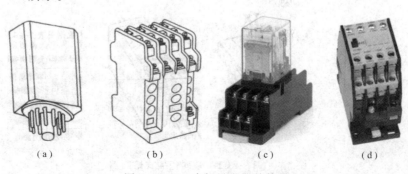

（a）　　　　　（b）　　　　　（c）　　　　　（d）

图 4-3-8　中间继电器的外形

图 4 - 3 - 8(a)、(b)为早期的中间继电器产品,目前分别被(c)、(d)等较新产品系列替代。

中间继电器的结构与交流接触器类似,与交流接触器的主要区别在于:接触器的主触头可以通过大电流,而中间继电器的电磁系统容量较小、触点更多但没有设置主触点,也未加装灭弧装置,只允许通过较小电流,故过载能力较弱,主要用于控制回路。

中间继电器与交流接触器的动作原理相同:电磁线圈得电时,吸合铁芯,引起常开触点闭合、常闭触点断开;线圈断电则释放铁芯,常开、常闭触点恢复初始状态。

在进行中间继电器的选型时,主要考虑触点及线圈的电压等级、触点数量(一般可分为8常开、6常开2常闭、4常开4常闭等组合形式)。

4.4　低 压 熔 断 器

低压熔断器俗称保险,串联在低压线路及电动机控制电路中使用。熔断器是最简便、最有效、最常用的短路保护电器。

熔断器内部的熔丝或熔片用电阻率较高的易熔合金制成。熔断器正常工作时,熔丝或熔片正常发热产生的温度不足以被熔断。当电路发生短路或严重过载时,故障电流持续一定时间后,熔丝或熔片将因过热而熔断,迅速分断电路,保护电气设备不被损坏。

4.4.1　低压熔断器的分类

常用的低压熔断器有瓷插式、螺旋式、管式熔断器、有填料封闭式等多种类型。

1. 瓷插式熔断器

瓷插式熔断器是一种结构简单的半封闭插入式熔断器,由瓷盖、瓷座、静触点、动触点、熔丝接线柱等单元组成,熔丝由低熔点的铅锡合金或铅锑合金制成,安装在瓷盖内,将两个动触点连为一体,具有结构简单、外形紧凑、价格便宜、熔丝更换便捷、保护特性较好等优点。

常用的瓷插式熔断器型号为 RC1A,其额定电压为 380 V,额定电流包括 5 A、10 A、15 A、30 A、60 A 等多个等级。RC1A 瓷插式熔断器的结构如图 4 - 4 - 1 所示,主要用在小功率照明电路等低压线路末端或分支电路中,作为电气设备的短路保护及某些场合下的过载保护。

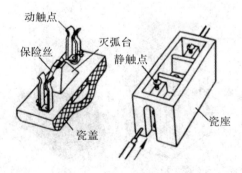

图 4 - 4 - 1　RC1A 系列瓷插式熔断器

RC1A 瓷插式熔断器的瓷座中部有一空腔,与瓷盖的凸出部分组成灭弧室。熔断电流在 60A 以上的瓷插式熔断器空腔中还安装了石棉纺织层，以进一步增强灭弧能力。

RC1A 瓷插式熔断器的主要缺点在于分断能力小、电弧大，正在逐渐被其他产品替代。

2. 螺旋式熔断器

螺旋式熔断器属于有填料的封闭管式熔断器，结构比瓷插式熔断器复杂，其外形结构如图 4-4-2 所示。

图 4-4-2　螺旋式熔断器与熔断管外形、螺旋式熔断管内部结构分解

从图 4-4-2 可以看出，螺旋式熔断器依次由带有观察窗的瓷帽、熔断管、管套、上接线柱、下接线柱、瓷座等单元组成，

螺旋式熔断器所使用的熔断管主材一般为陶瓷材料，瓷管与熔丝之间填充有具备灭弧功能的石英砂，熔断管的上端盖设计有熔体熔断指示装置，当熔丝发生后，带色标的指示头弹出，通过螺旋式熔断器瓷帽的玻璃窗可以醒目地发现并及时更换。

3. 有填料封闭式熔断器

有填料封闭式熔断器具有很大的分断能力，主要用于短路电流很大的电力网络或低压配电装置中，其外形如图 4-4-3 所示，主要由瓷质熔管、熔断体、石英砂等组成。

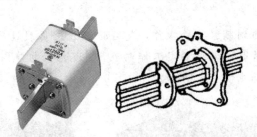

图 4-4-3　有填料封闭式熔断器及内部熔体的外形结构

有填料封闭式熔断器的熔断体被固定在瓷质熔管内，熔管内部填充有灭弧功能的石英砂。这种超大电流的熔断器制造工艺复杂，能使短路电流在第一半波峰值之前分断电路，断流能力强。分断额定的短路电流时，无强烈的声、光现象，但伴有醒目的熔断标记。有填料封闭式熔断器设计有活动的绝缘手柄，因此可在带电情况下更换熔断的熔体。

4.4.2　熔断器的安装

装配熔断器之前应仔细检查熔断器的各项参数是否符合电路实际工作时的需求。此外，熔断器应安装在电气线路的相线（火线）上，严禁在零线随意安装熔断器。

（1）安装熔断器、更换熔体或熔丝前，必须首先切断电源，以免引起触电事故。

（2）为瓷插式熔断器安装熔丝时，熔丝应沿螺栓顺时针方向绕过一圈并压在垫圈下；安装熔丝时熔丝缠绕方向要正确，安装过程不得使较软的熔丝体受损。

（3）安装螺旋式熔断器时，下接线柱连接至接电源端口，而上接线柱连接负载，熔断管的安装方向要正确，不得倒装，以免影响故障现象的观察。

4.4.3　熔断器的使用注意事项

熔断器的参数必须与它所保护的电气设备的最大容量、工作电流适应，不得人为地随意增大或减小参数，以免熔断器失效。

（1）熔断器的额定电流不得小于或远大于负载的额定电流；熔断器必须按要求使用配套的熔体，不得随意使用更大参数的熔体或用其他导体替代熔体。

（2）用于照明电路或其他非感性设备的熔断器，其熔丝的额定电流应大于电路工作电流。

（3）对于保护电动机等感性电路的熔断器，应考虑电动机启动时的电流冲击，同时综合考虑电动机的启动时间长短、频繁启动的程度来确定额定电流。

（4）多级保护时应注意各级间的协调配合，下一级熔断器熔断电流必须低于上一级的熔断电流，避免出现越级熔断事故。

（5）熔断器内部的熔体熔断后，需认真分析排查出熔断的准确原因，不能在熔体熔断原因不明的情况下，直接拆换熔体后急于送电。

4.5　热 继 电 器

热继电器利用电流的热效应而动作，主要是用来保护电动机避免受到长期过载的危害。

☞提示　电动机若遇到频繁启停操作，或运转过程中负载过重或缺相，会引起电动机定子绕组中的负载电流长时间超过额定工作电流，引起电动机烧毁。

热继电器的外形如图4-5-1所示。

图4-5-1　热继电器的外形

热继电器的电气符号如图4-5-2所示，一般用符号FR进行表示。

（a）温度感测元件　　　（b）常闭触点　　　（c）常开触点

图 4-5-2　热继电器的电气符号

热继电器的种类较多，其中双金属片式热继电器的应用最为广泛。这类热继电器由温度感测元件、双金属片动作机构、常闭触点、常开触点、电流整定装置、复位机构、温度补偿元件等单元组成。

热继电器的双金属片由热膨胀系数不同的两种金属片组成，例如铁镍铬合金与铁镍合金，是经机械辗轧工艺组成的一体式结构。由康铜和镍铬合金等材料制成的电阻丝绕在双金属片外部，如图 4-5-3（a）所示。某些热继电器的双金属片同时还充当了电热丝回路的一部分，可改善热继电器的灵敏度，如图 4-5-3（b）所示。

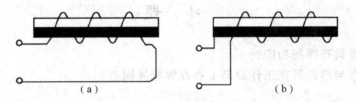

（a）　　　　　　　　　　（b）

图 4-5-3　热继电器双金属片与电热丝的结构关系

双金属片热继电器的工作原理如图 4-5-4 所示。电热丝串联在电动机的主回路中，自身的温度直接反映了电动机工作电流 I 的大小，当电动机电流 I 过大时，将促使电阻丝持续发热而导致双金属片受热后发生弯曲，进而扳动扣板，断开常闭触点，起到了保护功能。

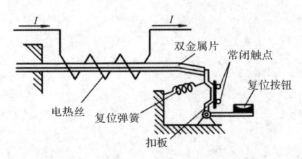

图 4-5-4　双金属片热继电器的工作原理

普通三相式热继电器的内部结构如图 4-5-5 所示。

当电动机电流未超过额定电流时，双金属片自由弯曲的程度不足以触及动作机构，因此热继电器不会动作；当电动机过载时，流过电阻丝的电流增大，电阻丝产生的热量迅速增加而导致金属片弯曲变形幅度加大，双金属片推动导板使继电器触头动作，引起脱扣，扣板在弹簧的拉力下断开常闭触点，从而切断电动机的控制电路，使交流接触器线圈断电，进而断开电动机的三相主回路，起到过载保护作用。

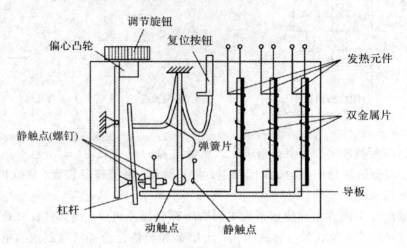

图 4 - 5 - 5   三相式热继电器的内部结构

习 题

1. 灭弧装置具有哪些功能？
2. 热继电器与熔断器在工作原理上存在哪些异同点？

第 5 章　电工常用仪器仪表

电工操作中涉及的仪器仪表种类不多，按照被测量参数的种类可以分为电流表或钳形表（测量交直流电流）、电压表（测量交直流电压）、功率表（测量电功率）、电度表（测量电能）、兆欧表（测量绝缘电阻）、欧姆表（测量电阻或通断）。

其中，电流、电阻、电压等参数的测量可以被集成到万用表中，进一步减少了电工操作过程中所使用仪器仪表种类。

5.1　万　用　表

万用表是进行电气设备安装及维修等电工作业时最常用的便携式电工测量仪表，主要用于测量电压、电阻、电流等多种电量参数，习惯上也被称为"三用表"。

大多数万用表的电压挡、电流挡均分别包含直流、交流两套挡位，此外，每种挡位还包含有多组量程。

虽然万用表的测量准确度不算太高，但凭借其携带方便、使用简单等明显优势，在电工作业环节得到了非常广泛的应用，特别适用于电气设备及线路的维护和检修。

20 世纪 90 年代之前，磁电式指针万用表使用较广。近年来随着数字化集成芯片工艺的迅猛发展，价格低廉、结实耐用、功能强大、灵敏度高、读数准确、体积小巧、过载能力强、更易携带的数字式直读万用表已经逐步成为了应用主流。

5.1.1　指针式万用表

1. 指针式万用表的结构

常用的 MF47、MF500 - B 型指针式万用表外形如图 5 - 1 - 1 所示。

（a）MF47型　　　　　　　（b）MF500-B型

图 5 - 1 - 1　常用的指针式万用表

指针式万用表主要由 μA 表头、刻度盘、测量电路、复杂转换开关、电池、红黑表笔的接线柱等单元组成。指针式万用表的面板及主要结构如图 5-1-2 所示。

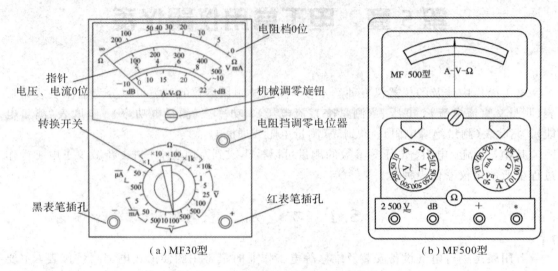

（a）MF30型　　　　　　　　　　　　　（b）MF500型

图 5-1-2　指针式万用表的面板结构

1）表头＋刻度盘

指针式万用表内部最基本的测量单元是高灵敏度的磁电式直流电流计（μA 表头），表头的满偏电流一般为 40～200 μA。电压、电阻等其他测试功能均由电流测量转换而来。

指针式万用表通过指针在刻度盘上的偏转角度，动态地指示出待测数据的大小。由于万用表属于多用途测量仪表，在进行电压、电流、电阻等多种电量的测量时，共用了同一只表盘（表头），因此需要在表盘上绘制出多条刻度线或刻度尺，如图 5-1-3 所示。

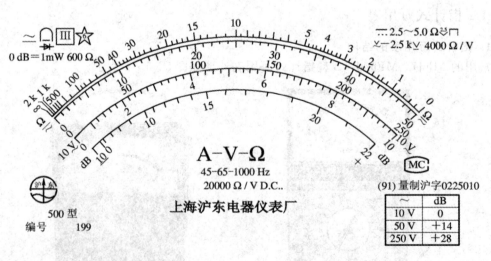

图 5-1-3　MF500 型万用表的指针表盘

使用指针式万用表进行测量读数时，需要结合实际的待测电量对象和刻度线分度进行正确识读。

指针式模拟万用表的刻度盘中至少设置有两组弧形刻度线,如图 5-1-4(a)所示。

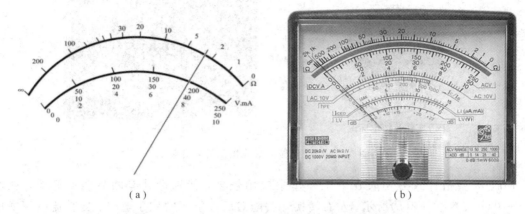

（a）　　　　　　　　　　　　　（b）

图 5-1-4　指针式模拟万用表的刻度盘、刻度线示例

- 最上方的一组刻度线为非均匀电阻刻度线。由于指针式万用表电阻挡的测量原理本身即为非线性,因此表盘刻度为非均匀的结构。
- 第二组刻度线的范围最宽,适用于交、直流电压及电流的测试读数。

此外,功能较多的指针式模拟万用表一般还设置有小量程交流 10 V 或 5 V 低压挡专用的非均匀标度线,如图 5-1-4(b)所示。

图 5-1-4(b)中最下方的刻度线专门用于电平(dB)测量结果的指示。

☞**提示**　使用指针式万用表前,需充分熟悉表盘中各条刻度线的功能、单位和倍率,尝试着快速准确地读出指针所在位置所对应的参数(包含倍率),非线性的电阻挡刻度需要特别关注。

2) 测量电路系统

指针式模拟万用表的测量电路系统包括电阻、二极管、电池等辅助元件,可将各种不同的被测电量(电流、电压、电阻等)经过分流、分压、整流等电路转换为适合 μA 表头能够接受的微小直流电流,再带动指针偏转以实现相关参数的测量。

- 电压的测量需要串联分压电阻:挡位越大、串联的电阻阻值越高。
- 电流的测量需要并联分流电阻:挡位越大、并联的电阻阻值越低。
- 电阻的测量回路连接有电池,R×1、R×10、R×100、R×1k 挡一般使用 1.5 V 电池供电,R×10k 挡往往使用 9 V 叠层电池供电。

3) 转换开关

在指针式万用表的面板中,有一只或多只机械接触式挡位转换开关,如图 5-1-5(a)所示。在开关下方的万用表内部,可以观察到转换开关较为复杂的内部结构及其电气连接关系,包含有多组固定触点和滑动触点,如图 5-1-5(b)所示。

机械式转换开关用于将不同功能及参数的测量电路接入 μA 表头,以满足电压、电流、电阻、dB 等不同的待测对象和量程挡位的实际需要。

MF47、MF30 型指针式模拟万用表只有一只旋转式转换开关,如图 5-1-1(a)、5-1-2(a)所示,这类万用表多用于低电压的电子测量。

(a) 旋钮及挡位标识

(b) 内部结构

图 5-1-5　机械接触式挡位转换开关

MF500 型指针式万用表在电工操作中应用较多，特别设计有两只转换开关，如图 5-1-1（b）、5-1-2（b）所示。左右转换开关配对后才能正常用于电阻、交直流电压或电流等参数的测量，安全性及可靠性更好，主要缺点则是体积相对较大。

2. 指针式万用表的工作原理

（1）将待测的电压、电阻、较大电流测量结果转换为成比例的较小电流。

（2）电流在磁场中受到电磁力作用、带动流经的电感线圈发生偏转，进而带动与电感线圈成一体化结构的指针位置发生改变，指向对应的读数刻度位。指针偏转的角度与流经线圈的电流成线性的正比关系。

（3）当测量电流消失后，在游丝弹簧的作用下，线圈与指针回复至零位。

3. 指针式万用表的操作流程

指针式万用表的测量机构较为脆弱，在操作时应力求做到小心谨慎，避免错误的测量造成万用表或待测电路的损坏。

1）测量前的准备环节

（1）机械调零。使用万用表之前，首先应检查指针是否处于表盘刻度左侧的电压/电流零位。如果指针没有停在零位，则需要用一字螺丝刀旋转万用表透明盖板正下方的"一"字形塑料调零螺钉，微调指针位置，使其回归零位、消除基准误差。

（2）选择表笔插孔。将红表笔插入正极"＋"孔，黑表笔插入"＊"孔。

（3）根据实际的测量工作，将转换开关旋转到所需的位置（U/I/R/dB）。

（4）选择量程。如果不确定待测量的峰值，可以试探性地从最高量程向最低量程切换。为了减小读数误差，量程选择时应该使指针偏转在表头量程的 1/2～2/3 位置范围。

2）基本参数的测量操作

电压与电流的测量相对较为简单，指针左侧为零位，右侧为最大读数值。在实际的测量读数时，先根据当前挡位的倍率选择相应的刻度线（250/50/10），然后在对应刻度线下，根据当前指针停靠的刻度盘位置按比例直读出相应数值。

【例 5-1】　在对三相交流电的线电压进行测量时，选择交流电压 500 V 挡，指针指示位的近似读数为 37，表明当前电压约为 370 V。测量相电压，量程选择 250 V 挡即可。

（1）直流电流的测量。

测量直流电流之前应首先切断电源及回路，再将转换开关切换至万用表直流电流挡的合适量程位，然后按照被测电流从红表笔流入、黑表笔流出的方向，将万用表串联进待测回路中。

△**警告**　测量直流电流时，如果误将万用表表笔与待测电路并联，表头内阻很小，将引发短路故障，烧毁待测电路或万用表。

（2）交流电流的测量。

交流电流与直流电流的测量原理、操作步骤基本一致，只是无需区分红表笔、黑表笔的方向。

（3）直流电压的测量。

万用表表笔与待测量支路并联，对于直流电压的测量，红表笔应该接高电位点、黑表笔应该接低电位点。如果接反，将导致指针反打而撞弯指针甚至损坏万用表的表头。根据待测的参数量程，选择合适的测量挡位。如果事先不清楚被测电压的大小时，应先选择最高量程挡，然后逐渐减小到合适的量程。

使用较大的万用表量程去测量较小的参数，将会导致万用表指针的偏转幅度过小，无形中增大读数时带来的误差。

另一方面，如果使用较小量程去测量较大的参数或用电流挡测量电压等错误操作，极易导致万用表损坏。

（4）交流电压的测量。

交流电压的测量与直流电压的操作基本一致，也无需考虑红、黑表笔的极性。此外，由于指针式万用表内部的整流二极管存在非线性，因此小量程的交流电压挡单独设置了一根非线性刻度线，如图 5-1-3 所示。

指针式万用表测量得到的交流电压为有效值，而不是峰峰值或峰值。

如果需要测量 2500 V 以上的交流高压时，需要将黑表笔的一端固定连接至电路的地线，再用红表笔去接触高压测试点。测试过程中作业人员必须站在绝缘地板上，戴上绝缘手套进行单手操作。

（5）无极性电阻的测量。

在使用指针式万用表测量电阻时，指针停靠位置对应的刻度需要乘以当前电阻挡位的倍率，才能换算得到实际的电阻值。测量步骤如下：

① 切换到万用表的电阻挡。

② 选择合适的倍率挡：估计所测量电阻值，旋转右边转换开关选择合适的倍率（×1、×10、×100、×1k、×10k）。为减小读数误差，尽量使指针停留在刻度盘 1/3～2/3 之间的刻度线较为稀疏的位置，指针越接近刻度尺中央，读数精度越高。

③ 调零：每次测量电阻或切换倍率挡位之前，均需短接红、黑表笔，通过旋转调零电位器旋钮实现电阻挡调零，确保指针较为精准地停留在表盘电阻挡刻度线最右侧的电阻零位。

☞**提示**　若指针无法调 0，可能是电池电压不足，或者是万用表内部的电阻参数变质。

④ 读数：将万用表表笔跨接在电阻两端进行并联测量，指针所指示的读数乘以挡位标注的倍率（×1、×10、×100、×1k、×10k），即为所测得的实际电阻值。

待测电阻不能有并联支路，否则可能会造成读数小于实际电阻值。测试人员的双手不能同时接触表笔的金属部分，更不要用手将表笔的金属头部与电阻引脚捏住后进行电阻值测量与读数，这样会将人体电阻并联到待测电阻两端而引起测量误差，特别是在高阻值测量过程中，尤其应避免人体电阻对读数的不良影响。

对于具有两组转换开关的 500 型万用表，在进行电阻测量时，左侧转换开关转到 Ω 挡位，右侧转换开关旋转至合适的倍率挡。

【例 5 - 2】 如果倍率挡选用 10，指示值为 1，则对应的电阻值为 $10 \times 1 = 10$ Ω；若倍率选用 100，指示值为 1，则对应的电阻值为 $100 \times 1 = 100$ Ω。

⚠警告 电阻挡绝对不能在带电的线路中测量电阻，也不能直接测量在线电阻。如果需要测量在线电阻，则应切断线路电源，将大电容放电，然后将电阻的其中一只引脚用电烙铁拆焊后，再用万用表红、黑表笔开展测量。

(6) 有极性电阻的测试。

一般的指针式万用表未设置专门的二极管挡，但根据二极管正向导通电阻较小、反向截止电阻较大的特点，对于二极管、三极管这类包含 PN 结的非线性元器件可以用测正反向电阻的方式进行变通测量。

二极管的指针万用表测试如下：

首先将红表笔插入"＋"孔，黑表笔插入"∗"孔，此时黑表笔与万用表内部的电池正极相连、红表笔与电池负极相连(与数字万用表刚好相反)。接着将万用表的转换开关切换至 R×100 或 R×1k 电阻挡。

☞提示 R×1 或 R×10 电阻挡的电流较大，R×10k 挡的电压较高，可能损坏某些比较脆弱的 PN 结、二极管。

用红、黑表笔分别连接至二极管的两只引脚，读出一次电阻值，接着交换红、黑表笔再次读出第二次电阻值，如图 5 - 1 - 6 所示。如果两次测试所读出的电阻值差异较大，则读数较小(几百 Ω～几 kΩ)的这一次测试过程中，二极管处于正向导通状态，与黑表笔所接触的引脚为二极管阳极，与红表笔所接触的引脚为二极管阴极。

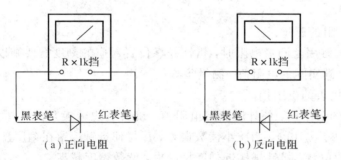

图 5 - 1 - 6　指针式万用表测试二极管的正反向电阻

指针式万用表测出的二极管的反向电阻约在几十千欧至几百千欧之间，正向电阻多在 10 kΩ 以下。两次读数的差异越大，说明二极管的单向导电性能越好。

- 如果两次测试所读出的电阻值均很小，说明二极管发生了击穿故障。
- 如果两次测试读出的电阻值均很大，说明二极管内部断路。

4) 测量完成后的收拾与整理

指针式万用表测试结束后，需要将转换开关切换至交流电压的最高量程挡或空挡。如果指针式万用表长期不使用，需要拆下电阻挡的电池，避免电池因失效后发生漏液，损坏万用表内部结构。

4. 指针式万用表的精度等级

指针式万用表的准确度是根据其相对误差来分级的，相对误差是仪表在正常工作条件下进行测量时可能出现的最大基本误差与最大量程（满标值）的百分比：

$$\gamma = \frac{\Delta A}{A_m} \times 100\%$$

我国的直读式电工测量仪表按准确度分为 0.1、0.2、0.5、1.0、1.5、2.5、5.0 七级。

【例 5 - 3】　若 2.5 级的电压表最大量程为 50 V，可能产生的最大误差为 $\Delta U = \gamma \times U_m = \pm 2.5\% \times 50 \text{ V} = \pm 1.25 \text{ V}$；若用准确度为 2.5 级、最大量程为 50 V 的电压表，测量 10 V 电压时的相对误差为

$$\gamma_{10} = \frac{\pm 1.25}{10} \times 100\% = \pm 12.5\%$$

而在测量 40 V 电压时的相对测量误差为

$$\gamma_{40} = \frac{\pm 1.25}{40} \times 100\% = \pm 3.1\%$$

因此，在选用仪表的量程时，应使被测量的值接近满标值。一般应使被测量值超过仪表的满标值一半以上。

☞提示　准确度等级较高的仪表可用来校准准确度等级较低的仪表。

5. 指针式万用表的常见故障分析

虽然指针式万用表内部的电路简单，但转换开关、表头均为机械结构，因此出现故障的概率及种类相对较高。

1）测试过程中指针不会发生偏转

出现此类故障的原因包括：表头损坏，表笔内的金属细棒与表笔芯线脱焊，测试挡位有误（例如：用电压挡测试电流），某些型号的指针万用表表头串接的保险丝熔断，转换开关的簧片变形后脱离触点。

2）测试时指针反打（逆时针反偏）

出现此类故障的原因包括：表头引线的＋/－极性反接，电阻挡的电池反接，红、黑表笔所接触的测试点接反。

3）指针偏转后对应的读数误差较大

出现此类故障的原因包括：电阻挡测试时双手均接触到了电阻引脚导致电阻读数减小，分压或分流电阻变质，万用表内部的焊点虚焊或接触不良等。

5.1.2　数字万用表

除了具备传统指针式万用表的所有测试功能外，数字万用表还新增了重要的二极管测试、通断测试等功能，测试精度也明显高于指针式模拟万用表。数字万用表主要的不足体现在测试数据的变化过程显示不够直观。

常用的数字万用表的主要测量项目包括直流电压、交流电压、直流电流、交流电流、二极管/通断、三极管电流放大系数 h_{FE}、电阻等。某些型号的数字万用表还包括电容容量、温度、频率、电感量等参数的测量内容。此外，不少型号的万用表面板中还包含数据保持开关、液晶屏背光开关等功能，极大地丰富了万用表的实际测试内容。

☞提示　数字万用表的电阻挡大多带有自动调零功能，在测量电压或电流时，能够自

动转换并显示极性，因此总体来看，数字万用表比指针式万用表更加方便、快捷。此外，中低档数字万用表的价格已经接近甚至低于指针式万用表，性价比非常高。

1. 数字万用表的结构

典型的数字万用表外形及面板如图5-1-7所示。

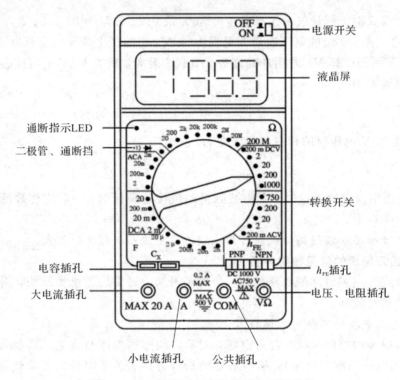

图5-1-7　数字万用表的外形及面板示例

可以看到，数字万用表由液晶屏、转换开关、测试插孔、电源开关、通断指示LED等单元组成。在数字万用表的内部，还包括ADC（模/数转换）芯片、测量转换电路、保险管、电池夹、蜂鸣器等单元。

数字万用表一般设置了4只表笔插孔，分别为电压、电阻插孔、COM公共端插孔、小电流插孔、10 A或20 A大电流插孔。此外，三极管电流放大系数挡一般设置有8孔的h_{FE}测试插孔，电容挡设置有2孔的Cx测试插孔。

△**警告**　电压、电流插孔旁边往往标注了最大输入电压或电流的提示，如：MAX 20 A、AC 750 V等内容，因此在实际的测量过程中，禁止使用万用表去测量已经超过最大量程的待测电压或电流，以免万用表发生损坏。

常用的便携式数字万用表液晶屏一般显示带有负号的三位半或四位半类型，最大显示数据分别为1999或19999；台式数字万用表的测量精度更高，液晶屏的显示数据可达六位半或者七位半。同理，高精度的数字万用表可以用来校准或调试较低精度的数字万用表。

☞**提示**　如测量值超过所选的量程最大值时，则仪表仅在最高位显示数字"1"，其他位均消失，这时应将量程转换开关调高一挡。

与指针式万用表仅有电阻挡需要供电的方式不同，数字万用表所有测试功能均需要供电，大多数数字万用表都采用了如图 5-1-8 所示的 9 V 叠层电池供电。

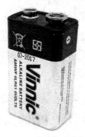

图 5-1-8　F22 型 9 V 叠层电池

2. 数字万用表的测量原理

与指针式万用表以电流微安表头作为核心测量单元的原理明显不同，数字万用表最基本的单元是 ADC 电压测量芯片，其他测量单元均以此为核心经转换而来。

数字万用表的测量流程如图 5-1-9 所示。

图 5-1-9　数字万用表的测量流程

待测试的模拟量（电压或电流）经表笔进入后，再经过功能/挡位转换开关后进入 ADC（模/数转换）芯片，然后在芯片内部被转换成数字量、编译为数码状态输出至液晶屏后，即可将测试出的数据用数值的方式进行显示。

3. 数字万用表的操作流程

由于数字万用表内部没有机械式测量结构，表壳外部一般包裹有较厚的塑胶层，多数测试过程无需考虑极性，因此数字万用表的故障率较低、使用也较为简便。

1）测量前的准备工作

（1）数字万用表的所有功能必须在供电后才能进行，因此在测量前必须检查数字万用表的电池盒内有无安装 9 V 叠层电池、电池电压是否处于正常范围。如果电池电压不足，液晶屏将显示"LOBAT"或其他的类似信息，提醒使用者尽快更换电池。

☞提示　电池电压不足时，数字万用表的测量误差会明显增大。

（2）检查表笔有无断线、破皮等故障，将检查合格的黑表笔插入 COM 公共插孔，再根据实际测量工作，将红表笔插入对应的表笔插孔，不要用非电压挡（如：二极管挡或电阻挡）去测量电压，以免损坏万用表。

（3）数字万用表的初步检测：切换至 200 mV 直流电压挡，观察液晶屏显示的数值尾数是否存在随机跳动，接着短接红、黑表笔，观察读数是否能够保持为稳定的"*.000*"。

2）数字万用表的实际测量及读数操作

数字万用表进行不同参数的测量时，除了在测量电流时使用的是串联连接，其余均为并联连接。

读出液晶屏的显示结果、配合当前量程即可得到本轮测量结果。如果液晶屏的显示数据跳动明显，则需要等到显示基本稳定或高位的数据基本稳定后才能正式读数。

（1）直流电压的测量。

测量直流电压时，将转换开关拨至 DCV 功能区，将红表笔插入"V/Ω"插孔，再将红、黑表笔分别与被测电路单元的两端并联,无须考虑测量点为高电位还是低电位。

数字万用表的直流电压测量范围为 0～1000 V,分为 0～200 mV、0～2 V、0～20 V、0～200 V、0～1000 V 共五挡,待测直流电压的峰值不得高于 1000 V。如果待测电压未知,需将挡位切换至最高挡,以免因超量程测量而导致万用表损坏;如果读出数据的前导 0 的个数太多或有效位数太少时,则应撤离表笔,旋转转换开关向低一级挡位换挡后重新进行测量,直到测量读数正常显示并尽可能接近量程为止。

【**例 5-4**】　1.732 V 的电压在 200 mV 挡的读数为 1;在 2 V 挡的读数为 1.732;在 20 V 挡的读数为 1.73;在 200 V 挡的读数为 1.7;显然 2 V 挡的选择更加合理,而 200 mV 挡属于超量程,需尽快撤离表笔后换挡。

△**警告**　测试过程中如需换挡,需将两只表笔全部撤离待测点,不得带电换挡。

△**警告**　待测电压超过直流 60 V 或交流 30 V 的场合中,操作数字万用表时应小心谨慎,防止意外触电。

(2) 交流电压的测量。

测量交流电压时,将转换开关拨至 ACV 功能区,将红表笔插入"V/Ω"插孔,再将红、黑表笔分别与被测电路单元的两端并联。与直流电压测量有所不同,用数字万用表测量交流电压时,建议将黑表笔连接至待测电压的低电位端,以消除仪表输入端对地分布电容的影响。

数字万用表的交流电压测量范围为 0～750 V,分为 0～200 mV、0～2 V、0～20 V、0～200 V、0～750 V 共五挡。将转换开关切换至合适的量程,后续的测量过程与直流电压基本一致。如果待测电压大小未知,则需要将挡位切换至 750 V 挡,以免因超量程测量而导致万用表可能发生的损坏。

☞**提示**　某些数字万用表的交流电压挡/直流电压挡、交流电流挡/直流电流挡共用相同的倍率挡位,以增加更多的功能。此时在万用表的面板中设置了一只拨动开关,以便进行交直流的切换,如图 5-1-10 所示。

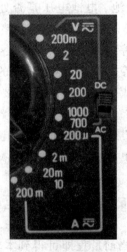

图 5-1-10　交直流共用挡位的开关切换

☞**提示**　数字万用表的交流电压挡测量得到的结果均为电压有效值,个别高端的数字万用表的测量结果为真有效值。

（3）直流电流的测量。

数字万用表的直流电流测量范围一般分为 4～6 挡，常见分度有 0～200 μA、0～2 mA、0～20 mA、0～200 mA、0～2 A、0～20 A(10 A)。当电流测量范围小于 200 mA 时，将黑表笔插入"COM"公共插孔，将红表笔插入"mA"插孔。如果电流测量范围在 200 mA～10(20) A 之间，则需要将红表笔插入"10(20)A"插孔。

进行电流测量时，首先旋转转换开关至 DCA 功能区，选择所需的挡位后，一定要把数字万用表的红、黑表笔串联接入待测电路(无需考虑电流流向)。如果待测电流超过电流挡的量程时，万用表内部的保险丝会被熔断而无法继续测量。

电流挡的上限值(挡位值)越大，则万用表内部对应的分流电阻值越低，因此如果待测电路的内阻较低，建议选择更大的电流挡位，以提高测量精度。

（4）交流电流的测量。

数字万用表的交流电流挡同样分为 4～6 挡，具体的操作步骤及读数方法与直流电流测量完全相同，但转换开关需要切换至 AC A 功能区的交流挡位。

（5）电阻的测量。

数字万用表的最大电阻测量值可达 2000 MΩ，一般分为 5～7 挡：0～200 Ω、0～2 kΩ、0～20 kΩ、0～200 kΩ、0～2 MΩ、0～20 MΩ、0～(200)2000 MΩ。

将黑表笔插入"COM"公共插孔，将红表笔插入"V/Ω"插孔，将转换开关切换至"Ω"功能区的挡位，如果两只表笔开路或待测电阻的阻值超过量程的上限时，数字万用表的液晶屏均显示过量程标记"1"，表明实测的电阻值超过了当前挡位的上限。

电阻的检测同样采用并联方式测量，将红、黑表笔分别连接至待测电阻的两端，无须分极性。数字万用表的液晶读数即为待测电阻值，不用像指针式万用表进行电阻读数时还需要乘以挡位的倍率。

数字万用表测出的电阻精度明显优于指针式模拟万用表。

△警告　下列操作容易引起数字万用表损坏：

- 用数字万用表对带电回路中的元器件进行阻值测量，如：用万用表测电池电阻。
- 用电阻挡测量交直流电压。
- 未对待测电路中的大电容短接放电，电容存储的电荷经万用表放电。

数字万用表在测量超过 1 MΩ 的电阻阻值过程中，液晶屏的读数会逐步增加，约几秒后才会趋于稳定，需要耐心等待。在这类高阻值的测量过程中，切忌用手指同时接触到电阻的两只引脚而引入测量误差。

使用数字万用表的"200 Ω"量程进行较小电阻值的测量时，需要首先短接红、黑表笔，接着读出此时的表笔及接触电阻值 X，然后分开红、黑表，测得待测电阻的阻值 Y，最后计算$(Y-X)$，即可得到精度较高的电阻值。为了减小接触电阻的影响，可以用力将表笔笔尖压在待测电阻的两只引脚，或者用手指紧紧捏住电阻引脚与表笔笔尖。

（6）电容的测量。

当前的大多数数字万用表均设计有电容挡，通常设置有 0～20 nF(0.02 μF)、0～200 nF(0.2 μF)、0～2 μF、0～20 μF、0～200 μF 等挡位。受内部测量电路的工作原理限制，数字万用表的电容挡往往难以测量 pF 等数量级的小电容容量。

一般而言，数字万用表的电容测量无须使用表笔，只需要将转换开关调整至"F"电容功能区的相应量程位，然后将经过短接放电后的待测电容引脚分别插入 Cx 插孔即可读数。

（7）二极管测量及通断测试。

数字万用表的二极管测量功能强大且实用，除了完成二极管等内部包含 PN 结的有源元器件的性能检测，还可以用来进行电路通断的检查。

将黑表笔插入"COM"公共插孔，将红表笔插入"V/Ω"插孔，将转换开关旋转至二极管挡位，该挡位同时标注了二极管及蜂鸣器的符号，如图 5-1-11 所示。

图 5-1-11　二极管及通断挡的挡位标记

将红表笔连接至二极管阳极、黑表笔连接至二极管的阴极，即可读出二极管正向压降的近似值，单位为 mV。使用者可以通过电压降的数值高低，粗略地了解二极管的种类，如表 5-1 所示。

表 5-1　数字万用表测得的二极管近似压降（单位：mV）

二极管类型	近似正向压降	二极管类型	近似正向压降
整流或开关用硅二极管	500～750	锗二极管	200～400
肖特基二极管	200～300	硅稳压二极管	650～850
红色 LED	1600～2300	黄色 LED	1700～2400
绿色 LED	1800~-2400	蓝光或白光 LED	2800～3500

如果将黑表笔连接至二极管阳极、红表笔连接至二极管的阴极，则二极管反偏，数字万用表的液晶屏将显示超量程标记"1"。

• 如果交换红、黑表笔，测出的两次读数均显示"1"，说明待测二极管内部开路。

• 如果交换红、黑表笔，测出的两次读数均比较小，万用表还可能发出嘀嘀声，说明待测二极管已经击穿损坏。

数字万用表的二极管挡除了具有 PN 结测试功能之外，还具有通断测试功能：将红、黑表笔分别触碰已断电待测电路的两个测试点，若两点之间的电阻值近似低于 50Ω 时，万用表内部的蜂鸣器将发出"嘀、嘀"的提示声，面板的红色 LED 将点亮，表明这两点之间基本处于导通状态；如果测得的电阻值明显超过 50 Ω，蜂鸣器将不发声，LED 保持熄灭。

数字万用表的通断测试功能在进行电路调试及维修时应用很广，可以帮助操作人员在没有刻意观察液晶屏参数的情况下，了解待测电路或元器件是否存在短路或断路故障。

（8）三极管电流放大系数的测量。

数字万用表可以近似地测量出共射状态下双极型三极管（BJT）的直流电流放大系数 h_{FE}，默认测试条件为：$I_B \approx 10\ \mu A$，$U_{CE} \approx 2.8\ V$，测量过程中无需使用红、黑表笔。

首先将数字万用表的转换开关切换至 h_{FE} 挡位，根据图 5-1-12 中 h_{FE} 插孔的参数标注信息，将不同极性(NPN 或 PNP)三极管的发射极(e)、基极(b)、集电极(c)引脚分别正确插入对应的插孔，即可读出该三极管 h_{FE} 的近似值，正常的 h_{FE} 读数值一般高于 30。

图 5 - 1 - 12　h_{FE} 测试插孔

☞**提示**　将小功率三极管的型号面朝向自己，从左向右依次的引脚排列顺序为 e→b→c 或 e→c→b(三极管的极性为 NPN 或 PNP)，可以进行反复多次尝试。

3) 测量完成后的整理

数字万用表测试完成之后，建议将转换开关挡位调至 750 V 交流电压挡。

虽然很多数字万用表具有自动断电功能，但仍然建议操作者在较长时间不使用万用表时，主动断开电源开关，以节省电池电量。如果长时间不使用数字万用表，需取出电池，以免电池漏液后损坏万用表主板、接线柱或电池座。

5.1.3　万用表测试过程中的注意事项

指针式万用表与数字式万用表的种类繁多，在测试项目、外形结构、转换开关或表笔插孔的设置方面也存在较大差异。因此，在进行万用表的测试操作之前，需认真查看万用表的按钮挡位信息，充分了解其基本性能与极限条件，避免测试过程中造成万用表损坏。

(1) 每次测量前，应选择合适的量程和红表笔插孔。如果不能确定待测电压或电流的参数范围，必须从量程的最高挡开始测量，再根据实际读数情况逐渐降低量程挡位，避免因过载而造成万用表损坏。测量电压或电流时，如果数字万用表读数为"1"或"−1"，指针式万用表的指针右转超过刻度尺最右侧，表示当前的被测量的电压或电流超过了万用表量程范围，应立即撤离表笔，并将量程开关切换至更高的挡位。

(2) 测量电流或电压时，要切断电源或撤开表笔后方能换挡，禁止带电调整挡位或量程，避免电刷的触点在切换过程中产生电弧而烧坏线路板、电刷、触点。

(3) 万用表的测量过程中，不能用手去触摸红、黑表笔的金属部分，以确保人身安全和测量的准确性。

(4) 等到指针或数字稳定之后，读出的测试结果最为准确。

5.2　钳形电流表

钳形电流表的全名为"钳形交流电流表"，主要用于测量运行状态下的电气线路中的较大交流电流值，是一种重要的便携式电工测量仪表。

　　钳形电流表具有醒目的活动式钳口，如图5-2-1所示。

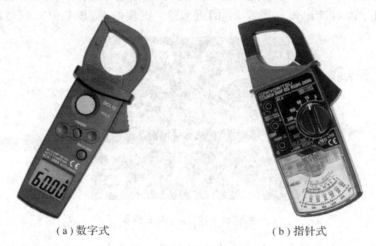

（a）数字式　　　　　　　　　（b）指针式

图5-2-1　钳形电流表

　　使用普通交流电流表进行电流测量时，必须首先切断电流回路，再通过串联的方式接入电流表的两只表笔或电极。测试完成后，还需要重新接通电流回路。

　　与传统的电流测量方式明显不同，钳形电流表只需先张开活动的铁芯钳口，再将封闭的钳形铁芯套住载流导线，即可在无须切断电源和电流回路的条件下，测量得到流经高压线路的交流电流参数，为测量人员高效、及时地掌握设备当前的带负载运行状况带来了极大的便利。

5.2.1　钳形电流表的结构及面板

　　钳形电流表的测量机构由压柄、电流互感器、整流器、功能或量程转换开关、模拟或数字式表头等单元组成，固定钳口与可以张合的活动钳口同时也充当了电流互感器的铁芯，如图5-2-2所示。

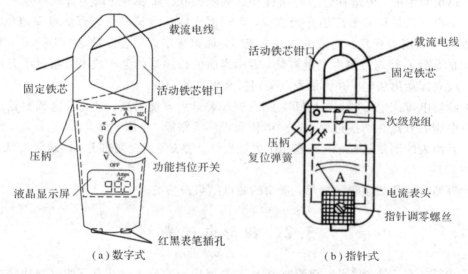

（a）数字式　　　　　　　　　（b）指针式

图5-2-2　钳形电流表的结构

钳形电流表分为指针式和数字式两大类，指针式钳形电流表的测量准确度不高，通常为 2.5 级或 5 级。

指针式钳形电流表采用单一的电流表头，其面板如图 5-2-3 所示。

图 5-2-3　指针式钳形电流表的面板

数字式钳形电流表测量的准确度相对较高，而且通过外接表笔和挡位转换开关，数字式钳形电流表还扩展出交直流电压、电阻、工频电压频率等测量功能，进一步提高了钳形电流表的实用性、易用性。

5.2.2　钳形电流表的操作流程

指针式钳形电流表使用前需要进行机械调零，数字式钳形电流表需要开机检查电池是否有电、液晶显示屏有无缺划。还需检查钳形电流表活动钳口与固定钳口的正对表面之间是否清洁，有无影响钳口闭合的杂质、锈迹、污染物，钳口闭合后，接触面是否紧密、无缝隙。

根据线路电压及电气设备的铭牌估算工作电流后，选择钳形电流表合适的量程。如果工作电流的范围无法确定，则将量程开关切换至最高挡位，在后续测量过程中，根据实际的电流读数，判断有无必要向低一级挡位切换，以获得更高的读数精度。

进行电流测量时，操作者应捏紧钳形电流表的压柄，使活动铁芯钳口张开，将待测的高压电线卡入钳口；接着放松手柄，使铁芯闭合，让高压待测载流电线成为电流互感器的初级绕组。将待测高压电线尽量处于钳口中央的垂直位置，并使钳口紧密闭合，尽量减小测量误差。

绕制在钳形电流表内部铁芯上的线圈是电流互感器的次级绕组，将会感应出较小的交流电流。

次级绕组产生的感应电流经过整流器之后，驱动后续的指针式表头或 ADC（模数转换芯片），即可通过指针偏转或液晶屏数码显示等方式，指示测试电流值。

☞提示　如果待测的交流电流过小，即使用最小量程测量时，得到的读数依然很小并影响到读数精度，可在严格注意操作安全的前提下，将被测电线在钳口上多绕几匝，然后将钳形电流表读出的电流值除以钳口中央的电线匝数，换算出实际的电流值，如图 5-2-4 所示。

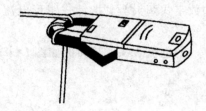

图 5-2-4 钳形电流表的使用技巧

测量完毕后，再次捏紧压柄、张开活动钳口，将高压大电流电线从钳口退出；接着将转换开关切换至最大量程，避免下次测量时误测较大电流而损坏钳形电流表，接着关闭钳形电流表的电源开关。

5.2.3 钳形电流表使用时的注意事项

（1）被测线路的电压要低于钳形电流表的额定电压。

（2）测试高压线路的电流时，作业人员必须佩戴绝缘手套，脚穿绝缘鞋并站在绝缘垫上进行操作。

（3）钳形电流表的钳口闭合面应紧密严实，若钳形电流表在测试过程中出现指针抖晃的现象，可以重新张合活动钳口；如果依然存在指针抖晃现象，应仔细清除钳口接触面的杂物或污垢后再进行测量。钳口面受外力变形后的钳形电流表需要更换或维修。

（4）测量过程中如需改变量程，必须松开钳形电流表的钳口并退出载流电线，严禁带电切换量程。这是因为钳形表内的二次绕组匝数很多，测量时二次绕组相当于短路（忽略表头内阻），若一旦在测量中切换量程，就会造成二次绕组瞬间开路，这时二次绕组中将会感应出很高的电压，可能导致二次绕组的绝缘击穿破坏，严重时还将导致电击事故。

（5）使用钳形电流表进行测量时，必须严格保持与高压带电体的安全距离，以免发生触电事故。

5.3 兆 欧 表

绝缘电阻是否合格是判断电气设备能否安全运行的必要条件。兆欧表（绝缘电阻表）是用来测量电气设备的绝缘电阻或某些高阻值电阻的专用便携式仪表，俗称"摇表"。

兆欧表一般采用金属或硬质 ABS 塑料外壳，外形如图 5-3-1 所示。兆欧表主要包括指针式表头、表头盖板、摇柄、提手、接线柱（L/G/E）等部件。

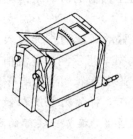

图 5-3-1 兆欧表的外形

　　由于电气设备及线路的绝缘电阻较高，因此兆欧表的读数以兆欧（MΩ）为单位（1 MΩ＝106 Ω），量程高达几千兆欧，不适合用于 10 0kΩ 以下的电阻阻值测量。

5.3.1　兆欧表的内部结构

　　兆欧表的测量原理与万用表的电阻挡类似，但所需的电动势较高，因此不能采用普通的干电池，转而采用的是手摇直流发电机。兆欧表的内部还包括磁电式比率表头、电阻、接线柱、手柄等部件。

1. 手摇直流发电机

　　手摇直流发电机为兆欧表提供较高的直流电压等级，常见的电压值包括 100 V、250 V、500 V、1000 V、2500 V、5000 V 等几种规格。手摇直流发电机产生的直流电压越高，兆欧表的量程相对也就越大。

　　☞提示　随着电子技术的发展，一些兆欧表已经开始使用晶体管直流高压发生器取代传统的手摇直流发电机，使用更加方便。

2. 磁电式比率表头

　　磁电式比率表头（流比计）是测量两个电流比值的仪表，结构与普通磁电式指针表头不同，没有采用游丝来产生复位用的反作用力矩，仍然采用电磁力产生反作用力矩，因此磁电式比率表头在未工作时的指针处在指针表盘的自由角度位置。

3. 接线柱

　　兆欧表有 3 个接线柱，L：线路接线柱；E：接地；G：屏蔽接线柱（保护环）。兆欧表用于常规测量时，将待测绝缘物或电阻接在 L、E 接线柱之间即可。G 接线柱用于消除 L、E 两个接线柱之间、绝缘物表面的漏电影响。对于待测量绝缘物的表面存在杂质污染或比较潮湿的情况下，则必须连接 G 接线柱，以获得较高精度的绝缘电阻。

5.3.2　兆欧表的面板

　　典型的兆欧表面板刻度盘及符号如图 5-3-2 所示。

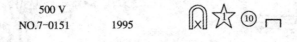

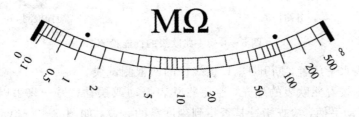

图 5-3-2　兆欧表的面板

　　从图 5-3-2 可以看到，兆欧表的刻度尺不是均匀排列的，表盘刻度线内侧绘制了两只黑点，黑点之间所读出刻度值的准确度较高。

5.3.3 兆欧表的操作步骤

1. 测量前的准备工作

（1）绝缘电阻的测量必须在电气设备或线路处于无电状态下进行，因此使用兆欧表进行测量之前，需要首先切断电源与仪表回路，对电气设备内部的大电容还需要进行放电，如果是大型电气设备或线路，需要等待 2～5 分钟，确保充分放电。必要时还应为待测设备附加接地线，确保被测设备不带电。

（2）擦拭干净待测电气设备或线路的表面，以免引入测量误差。

（3）根据待测设备的额定电压选择合适电压等级的兆欧表：

- 测量额定电压 500 V 及以下的电气设备或线路，选用 500～1000 V 等级的兆欧表。
- 测量额定电压 500 V 以上电气设备或线路（如：10 kV 变压器）的绝缘电阻时，应选用 1000～2500 V 等级的兆欧表。

（4）选择兆欧表的量程时，不要使测量范围超出被测绝缘电阻的数值过多，以免引入较大的测量误差：

- 测量低压电气设备的绝缘电阻时，可选用 0～500 MΩ 的量程。
- 测量高压电气设备及电缆时，可选用 0～2500 MΩ 的量程。

☞**提示** 某些兆欧表的刻度尺不是从 0 开始，而是从 1 MΩ 或 2 MΩ 开始，这类兆欧表不适宜用来测量低压电气设备的绝缘电阻。

（5）兆欧表内部的磁电式比率表头没有设置游丝来产生指针复位用的机械反作用力矩，因而指针没有机械零位，停留在刻度盘的任意位置均有可能。对此，兆欧表无法通过指针的位置来判断兆欧表是否损坏，只能通过如图 5-3-3 所示的一轮"开路＋短接"试验来甄别兆欧表功能是否完好：

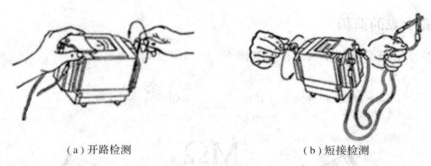

(a) 开路检测　　　　　　　　　(b) 短接检测

图 5-3-3　兆欧表的性能检测

① 将兆欧表水平放置，断开 L、E 接线柱的两根测试线。

② 用一只手按着兆欧表的外壳，避免兆欧表振动或摆动；另一只手以 90～130 转/分钟的转速均匀摇动手柄，检查指针是否指到刻度盘的∞位，如图 5-3-3(a) 所示。

③ 接入 L、E 接线柱的两根测试线并短接，检查指针是否停在刻度盘的零位，如图 5-3-3(b) 所示。

④ 只有两轮测试的结果全部正常的兆欧表才能用于后续的绝缘电阻测试。

☞**提示** 兆欧表和待测电气设备之间的测试线必须为表皮完好的单根多股绝缘软导线，每个接线柱单独引出一根测试线，不能采用双股或三股绝缘导线，将三根测试线连为一体，因为双股或三股绝缘导线可能会因绝缘不良而引起测量误差。

△警告　兆欧表的指针转到零位后，应立即停止摇动手柄，避免兆欧表损坏。

2．兆欧表的接线

用兆欧表测量绝缘电阻时，一般只需将 L、E 接线柱引出的两根测试线尽可能分开、悬空而不要交叉地分别连接至待测点，如图 5 - 3 - 4(a)所示。

（1）将 L 接线柱连接的测试线与电气设备的高电位端相连，接线柱 E 所连接的测试线连接至低电位端。

（2）测量电机绕组与外壳的绝缘电阻时，L 接线柱的测试线与绕组连接、E 接线柱的测试线与电机外壳相连。

（3）如果待测设备的测试点无法分辨出电位高低（如：电机两相绕组之间的绝缘电阻）时，也可以任意连接。

（4）测量存在较大的分布电容（如：绝缘电缆）的电气设备线芯与表皮之间的绝缘电阻时，除了将 L、E 接线柱的测试线分别连接至线芯与绝缘表皮，还需要将屏蔽接线柱 G 连接至电缆壳、芯之间的绝缘内层，以消除绝缘表皮因漏电而引起的误差，如图 5 - 3 - 4(b)所示。

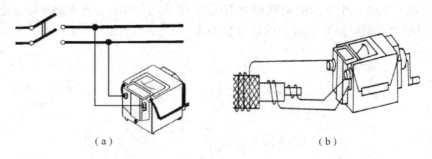

（a）　　　　　　　　　　　　　（b）

图 5 - 3 - 4　兆欧表的测量接线

（5）以下情况同样需要连接 G 接线柱：

- 待测设备的漏电流较严重。
- 测量电缆对地的绝缘电阻。

3．测量绝缘电阻

兆欧表的测量过程中，顺时钟方向缓慢摇动手柄，转速应由慢到快，不得时快时慢。由于绝缘电阻被施加较高电压后，其阻值随时间可能有所波动，因此当摇速逐渐提高到 2 转/秒时，需要保持匀速摇动手柄约 1 分钟，待指针稳定后读取对应的刻度值作为本次的测量结果。在读数的过程中，应边摇手柄边读数，不要停止摇动手柄。

△警告　测试过程中如果发现指针指向零位，则说明待测电气设备的绝缘已经被破坏，应立即停止摇动绝缘电阻表手柄，避免因短路造成表内线圈过热而烧毁。

4．测量后的清理工作

测量完毕后不要立即停止摇动手柄，而应在绝缘电阻的读数完成后，继续摇动手柄，同时拆开 L 接线柱的测试线，再停止摇动手柄。

拆下兆欧表的一根测试线，用测试线的两端短接待测设备的连接端，进行放电操作。

△警告　兆欧表的工作电压较高，因此在未停止摇动兆欧表手柄或待测电气设备可靠

放电之前，不要急于拆除测试线或接触待测电气设备的测量部分，以防触电事故发生。

5.3.4　测量绝缘电阻过程中的注意事项

（1）兆欧表的操作过程中会出现较高电压，因此测量过程中必须严格保障人身及设备的安全，摇动手柄时不要碰到兆欧表的端子及被测设备的金属导体。

（2）为了获得较为可靠的准确结果，被测电气设备的表面应处理干净。

（3）禁止在雷电时用兆欧表测量电力线路，或在有高压导体的设备附近测量绝缘电阻；只能在电气设备自身不带电、也不会产生感应电的情况下测量绝缘电阻；在绝缘电阻测量过程中，不允许其他工作人员现场操作待测设备。

习　题

1. 指针式万用表在测量前需要做哪些准备工作？

2. 为什么测量绝缘电阻一般采用兆欧表，而不用万用表？

3. 用兆欧表测量绝缘电阻时，如何与被测对象进行连线？

4. 某正常工作的三相异步电动机额定电流为 10 A，用钳形电流表测量时，分别卡入一根、二根、三根电源线，钳形电流表读数分别为多少？

第6章 变 压 器

变压器是一种能够实现交流电信号或能量传递的重要电气设备,由两个及以上的线圈绕制在同一铁芯(磁芯)上制成,利用两只线圈的"互感效应"传递交流电信号与交流能量,是一种工作在静止状态下的电磁装置。

在日常工作、生活中,变压器的应用非常普遍:发电厂发出的电经过升压变压器后,实现高电压传输;到达用电区域经过降压变压器后,以较低电压向用户供电;电子仪表、家用电器通过变压器将 220 V 的市电降低为 36 V 以下的安全电压;家用调压器可以升高或降低室内的市电;汽车用高压火花点燃油气混合气时同样也用到了变压器。

变压器主要被用于传递、隔离、转换交流电压、交流电流及交流功率,兼具阻抗变换、阻抗匹配等多重功能,例如:电力系统变压器具有变换电压的作用;电流互感器具有变换电流的作用;电子线路中输入变压器、输出变压器具有阻抗变换及阻抗匹配的作用;利用变压器初级绕组与次级绕组之间没有直接电气连接的特点,可以制成隔离变压器(提高用电设备的安全性)或隔离放大器(消除破坏性高压、减小信号干扰及测量误差)。

6.1 变压器的结构及工作原理

将绝缘导线围着公共铁芯绕制出两个或更多数量的线圈绕组,再经过后续的固定、绝缘、屏蔽等工艺处理,最后引出接线端,即可制成变压器。

6.1.1 单相工频电源变压器的结构

单相工频电源变压器由线圈绕组、铁芯或磁芯、骨架、引出线或接线柱、外壳等单元组成,如图 6-1-1(a)所示。

电源变压器的电气符号如图 6-1-1(b)所示,与 220 V 或 380 V 交流电网电压相连的绕组被称为初级绕组(或原边绕组、一次绕组),与负载相连接的输出端绕组被称为次级绕组(或副边绕组、二次绕组)。

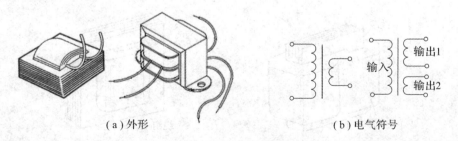

(a)外形　　　　　　　　(b)电气符号

图 6-1-1　单相工频变压器

从图 6-1-1(b)中可以看到,某些变压器有不止两个基本绕组,可能会出现两个及以上的次级绕组。

1. 铁芯

铁芯是构成变压器磁路系统的关键单元，有时候还可以充当变压器的结构骨架，用以固定绕组。

由于整块的铁芯在磁场中会因为涡流效应产生大量的热，因而实际的铁芯采用相互绝缘的高导磁率、低磁滞损耗、低涡流损耗的薄硅钢片对插而成。

硅钢片是一种含碳量极低的硅铁软磁合金，硅含量在 $0.5\% \sim 4.5\%$ 之间。

电源变压器所使用的硅钢片一般经过冲压制成，硅钢片的形状包括"EI"、"UI"、"CD"、"ED"、"EE"、"□"等类型。较为常用的 EI 型硅钢片如图 6-1-2(a)所示，是将 $0.35 \sim 0.5$ mm 厚的薄硅钢片冲压成 E 型、I 型两种形状制成。

图 6-1-2　EI 型硅钢片的外形

将线圈绕组在变压器骨架内绕制完成之后，再将经过热处理的硅钢片依次对插进骨架的窗口，然后经过螺钉固定或浸漆等工艺，使硅钢片形成一个稳固的整体，构成变压器磁路。插片工艺的流程如图 6-1-3 所示。

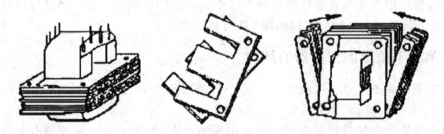

图 6-1-3　硅钢片外形、变压器的插片流程

根据铁芯结构形式的不同，变压器可分为如图 6-1-4 所示的两种类型：

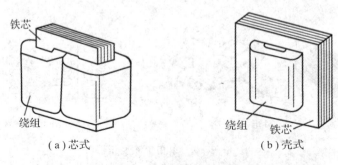

（a）芯式　　　　　　（b）壳式

图 6-1-4　变压器的两种类型

- 芯式变压器是在两侧的铁芯柱上放置绕组的，形成绕组包围铁芯的结构，俗称"铜包铁"，如图 6-1-4(a)所示。
- 壳式变压器是在中间的铁芯柱上放置绕组的，形成铁芯包围绕组的结构，俗称"铁包铜"，如图 6-1-4(b)所示。

2. 线圈绕组

线圈绕组是变压器的电路部分。大多数变压器的初级绕组与次级绕组互相绝缘，没有发生直接的电气联系，能量之间依靠磁场耦合进行传递。

小型变压器的线圈一般用圆形漆包线绕制，而容量较大的变压器则多采用扁平的漆包铜条或铝条进行绕制。

☞**提示**　传统变压器绕组由铜制漆包线绕制而成，这种变压器重量大、成本高、价格贵。为了降低成本，目前很多民用变压器开始使用铝制漆包线或铜包铝的绝缘线制造绕组，但存在一定的安全隐患。这类变压器的主要特征是重量轻，使用万用表测出的绕组直流电阻偏大。

6.1.2　单相变压器的工作原理

单相变压器的工作原理如图 6-1-5 所示。

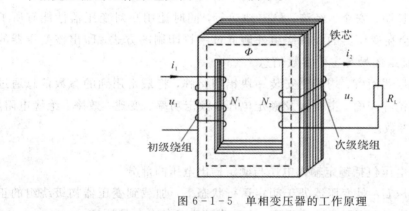

图 6-1-5　单相变压器的工作原理

当匝数为 N_1 的初级绕组接入交流电压 u_1 时，会在铁芯内部产生交变的磁场 Φ；由于次级绕组与初级绕组共用同一组铁芯，因此铁芯会将交变磁场 Φ 耦合至次级绕组，从而在匝数为 N_2 的次级绕组中感应出交变电压 u_2；如果次级绕组接有负载 R_L 而形成闭合回路，则次级绕组中将会产生感应电流 i_2，实现了交流电压的传输与转换。

忽略变压器的损耗而使用理想模型，便于对变压器进行高效的简化分析与计算：

- 交变磁通在铁芯中不产生铁损等各类损耗。
- 初级绕组与次级绕组的内阻均为 0。

1. 变压器空载运行

铁芯变压器属于典型的非线性元件。

当初级绕组与电源相连、次级绕组开路时，变压器处于空载运行状态。此时，变压器的初级绕组中流过的电流被称为空载电流 I_0，空载电流的值很小，不到变压器初级绕组额定电流的 10%，甚至可能更小。

在不考虑变压器损耗的前提下，变压器空载时的初级绕组电压 U_1 与次级绕组电压 U_2 之比等于初级绕组的匝数 N_1 与次级绕组的匝数 N_2 之比（俗称变比 k）为

$$\frac{U_1}{U_2} = \frac{N_1}{N_2} = k \tag{6-1}$$

由式（6-1）可知，如果输入的交流电压保持额定电压值不变，当初级绕组的匝数固定时，只需要改变次级绕组的匝数，就可达到改变交流输出电压的目的。

2. 变压器带载运行

单相变压器的初级绕组接入额定电压、次级绕组连接负载时，将会随着不同的负载大小，而在初级绕组、次级绕组中均会产生一定的交流电流值，此时的变压器处于带载运行状态，初级绕组电流 I_1 与次级绕组的电流 I_2 之比为

$$\frac{I_1}{I_2} = \frac{N_2}{N_1} = \frac{1}{k} \tag{6-2}$$

式（6-2）是在未考虑能量损耗的理想条件下获得的，如果考虑变压器存在的各种能量损耗，次级绕组回路中实际测得的电流值将小于经公式（6-2）计算得到的理论电流值。

6.1.3　变压器的主要技术参数

为了使变压器能够长期、安全、经济、稳定地运行，同时让用户对变压器性能有所了解，变压器生产厂家将会在变压器的线圈绕组外侧通过字符印刷的方式，印出该变压器的额定功率、额定电压、绕组编号等主要参数信息。

而对于大型电力变压器而言，均需要安装一块铝制铭牌，将最常用到的参数信息通过刻（冲）印的方式标注在铭牌表面，主要涉及额定电压、额定功率、变比、效率、绝缘电阻、温升、空载电流等基本参数。

1. 额定电压

工频变压器的额定电压包括额定输入电压与额定输出电压两部分。

初级绕组的额定电压 U_{1N} 是变压器处于额定运行状态下，加载到变压器初级绕组的正常工作电压值，该电压值由变压器的绝缘强度、允许发热温升等条件所决定。

对于国内常用的单相工频电源变压器，其额定输入电压与电网电压相等或略大，一般在 $220 \sim 230 \text{ V}$ 之间，

三相变压器的额定电压指的是线电压。其额定输入电压包括 380 V、440 V、480 V、660 V 等多种规格。

变压器次级绕组的额定电压 U_{2N} 是指初级绕组加上额定电压 U_{1N} 后，变压器次级绕组的空载电压值。单相电源变压器的常用额定输出电压值包括 6.3 V、9 V、12 V、15 V、18 V、24 V 等规格；三相变压器的额定输出电压值包括 440 V、380 V、220 V 等规格。

由于变压器的线圈绕组存在内阻压降，因此次级绕组的输出电压将随负载电流的增加而下降，一般比次级绕组的空载电压低 5%～10%。

2. 额定功率（容量）

额定功率是指变压器在不超过温升上限的额定工作状态下，次级绕组能够长期稳定输

出的视在功率,单位为伏安(V・A)或千伏安(kV・A)。

三相变压器的额定容量为

$$S_N = \sqrt{3} U_{2N} \cdot I_{2N} \qquad (6-3)$$

单相变压器的额定容量为

$$S_N = U_{2N} \cdot I_{2N} \qquad (6-4)$$

3. 额定电流

额定电流是根据变压器的允许发热条件而制定的满载电流值,是变压器在额定状态下长时间连续运行时,初级绕组的允许电流 I_{1N} 与次级绕组的允许电流 I_{2N}。

三相变压器的额定电流为线电流。

4. 变比

变压器的变比是指初级电压和次级电压之比,包括空载电压变比、负载电压变比这两类变比值。

【例 6-1】 常用的单相电源变压器的匝数关系满足 $N_2 < N_1$,变比大于 1,因此次级绕组的输出电压低于初级绕组的输入电压。

5. 效率 η

效率 η 是变压器次级绕组输出功率与电源向初级绕组输入的功率之比,一般用百分数表示。

变压器运行过程中主要存在"铜损"与"铁损"这两种完全不同性质的功率损耗,影响变压器效率高低的主要因素包括:铁芯所用硅钢片的质量、变压器设计水平及制造工艺、变压器额定功率。

总的来看,变压器的运行效率较高,但并不是一个常数:

- 变压器的额定功率(容量)越大,相应的效率也就越高。
- 接近满负载运行状态时,变压器的效率较高。

【例 6-2】 kV・A 量级的电力变压器效率一般可达 99% 以上,10V・A 以内小功率变压器的效率不足 90%。

6. 绝缘电阻

变压器绕组与铁芯之间、各绕组之间的绝缘性能一般通过绝缘电阻进行衡量,这是判断电源变压器工作安全性的一项重要指标。

绝缘电阻的高低与制造变压器所用的绝缘材料、生产工艺密切相关,也与变压器实际工作环境的潮湿程度、温升状态有关。

7. 温升

变压器通电工作后,绕组线圈和铁芯都会不同程度地发热,满负载、过载状态下的变压器温升现象尤为明显。如果温升超过变压器额定的温度上限时,将影响甚至破坏变压器的绝缘指标及阻燃性,造成绝缘漆融化、线圈老化等故障现象。

大功率变压器大多设置有温度监控装置,以避免变压器因温度过高而酿成安全事故。

8. 空载电流

空载电流是指变压器的次级绕组开路时,初级绕组在额定电压条件下产生的电流值。变压器空载电流由产生磁通的线圈磁化电流、铁芯损耗引起的铁损电流组成,主要以磁化电流为主。

　　☞**提示**　空载电流过大的变压器发热较为严重，会导致效率降低。

9. 绕组连接方式

三相变压器绕组连接方式分别包括初级绕组、次级绕组：

- Y→初级/高压绕组星型(Y)连接、y→次级绕组星型(Y)连接；
- D→初级/高压绕组三角形(△)连接)、d→次级绕组三角形(△)连接；
- N→初级/高压绕组星型(Y)连接时的中性线、n→低压绕组星型(Y)连接时的中性线。

10. 型号

变压器的型号由字母加数字组成，分别用于表示变压器的相数、冷却方式、调压方式、绕组芯线材料、变压器容量、额定电压、绕组连接方式等。

　　【例 6 - 3】　某三相变压器的型号为 SJL－1000/10，型号所包含的信息如下：

①　S→三相变压器(D→单相变压器)。

②　J→冷却方式为油浸自冷(F→油浸风冷、SG→三相干式自冷)。

③　L→线圈绕组芯线为铝线(K→防爆、Z→有载调压、SC→三相环氧树脂浇注)。

④　1000→变压器的额定容量为 1000V·A(1kV·A)。

⑤　10→初级绕组的额定电压为 10kV。

⑥　其他的变压器代码含义：YD→试验用单相变压器、DDG→单相干式低压大电流变压器、JMB→局部照明变压器、BF(C)→控制变压器(C 是指 C 型铁芯结构)。

6.1.4　变压器绕组的极性

　　变压器的同极性端也称"同名端"，是指不同绕组产生相同感应电动势方向的接线端。在图 6-1-6 中，X-Y 为初级绕组，A-B、C-D 均为次级绕组。

　　当电流的方向从变压器初级绕组的端口 X 流入、端口 Y 流出时，在铁芯内产生的磁通方向为顺时针，改变磁通方向会导致次级绕组 A－B 产生的感应电流将从 B 端流入、绕组 C－D 的感应电流将从 C 流入。故 X、B、C 为变压器的一组同极性端。同理，Y、A、D 为另一组同极性端，两组同极性端之间具有相异的极性。

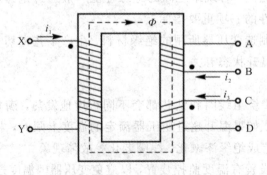

图 6-1-6　变压器的同极性端

　　如果将变压器次级绕组的同极性端正向串联：A 与 C 相连，从 B 和 D 做输出端，则可以得到更大的交流输出电压。

6.2 变压器的常见类型

变压器的种类较多,不同的变压器之间,外形、体积、功能迥异,但基本工作原理一致。按照具体的用途不同,可以将变压器分为以下类型:

- 电源变压器:将较高的电网电压降低为安全电压,向仪器仪表、电气设备供电。
- 电力变压器:主要用于输配电。
- 特种变压器:特殊场合使用的变压器,如电焊变压器。
- 仪用互感器:包括电流互感器、电压互感器,主要用于电工测量。
- 控制变压器:主要用于电子电路,如输入/输出变压器、阻抗变换变压器。
- 调压变压器:用于降低或提升不正常的电网电压。
- 开关变压器:将正弦输入电压转换为脉冲波形输出,用于开关电源的能量转换。
- 高压变压器:输出脉宽较低但幅值很高的脉冲信号。

6.2.1 降压变压器

变比大于 1 的变压器为降压变压器,工频电源降压变压器可以将不安全的 220 V 电网电压转换为相同频率的低压交流电,再经过后续的整流、滤波、稳压电路后即可得到稳定的直流电压,从而以相对较为安全的电压向电子电路、仪器设备供电。

降压变压器初级绕组的匝数 N_1 比次级绕组的匝数 N_2 多,同时根据式(6-1)可知,初级绕组回路的电流必然低于次级绕组回路的电流,因此降压型电源变压器绕制初级绕组的漆包线线径很细,而绕制次级绕组的漆包线线径则明显更粗,仅从绕组的线径即可快速、准确地识别出降压型电源变压器的初级绕组与次级绕组。

降压变压器发生负载短路或过载等故障时,次级电流迅速增加,同时也会带动初级绕组的电流迅速增加,由于初级绕组的线径过细,因此更加容易被烧断。

【例 6-4】 日本电子产品的电源电压为 100 V,在国内使用时,需要使用能够将 220 V 降为 100 V 的工频变压器。除了选择降压的电压,还需要根据电子产品的额定功率适当乘以 1.2~2.0 的系数,选择合适的变压器容量。

6.2.2 升压变压器

变比 k 小于 1 的变压器为升压变压器。

升压变压器可以将较低的交流电压提升为较高的交流电压,但是输出电流会相应地降低。升压型工频电源变压器在电子管、光电倍增管电路中的运用较多,用于产生某些特殊元器件所需的较高电压。

传统的升压型工频变压器只能实现交流到交流的调整,近年来随着技术的改进,更多地采用了高频脉冲方式,例如:高压栅栏、电警棍等装置中使用的脉冲升压变压器。

☞提示 从安全角度出发,升压型变压器在电子电工实训环节的应用相对较少。

6.2.3 隔离变压器

隔离变压器是一种比较特殊的变压器类型,其初级绕组与次级绕组的匝数相等、线径相等，因而变比 k 等于 1，如图 6-2-1 所示。显然，隔离变压器次级绕组的输出电压等于初级绕组的输入电压。

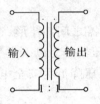

图 6-2-1 隔离变压器

由于隔离变压器的初级绕组与次级绕组处在良好的绝缘状态下，因此次级绕组的引脚均未与电网的火、零线相连，与大地之间没有形成电位差，即使工作人员在操作时无意中碰到次级绕组的其中一只引脚，也不会引起触电事故，安全性相对较高。

⚠警告 开关电源、家用微波炉的部分电路单元与火线相连，具有安全隐患，在进行设备调试、维修时，建议使用隔离变压器将电网电压与设备的电气部分有效隔离。

【例 6-5】 采用两只相同型号降压型工频电源变压器，可构成图 6-2-2 所示的等效隔离变压器。T_5 的输入端与 220 V 电压相连，经过两级变压器隔离后，由 T_6 输出 220 V 电压向后续电路供电，实现了隔离变压器的基本功能。F_1 为保险丝，可在 T_6 输出过载或短路时切断 T_6 的输入供电，以确保系统的安全。

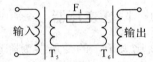

图 6-2-2 隔离变压器的等效设计

⚠警告 虽然隔离变压器具有较高的安全性，但如果不慎同时碰到次级绕组的两只引脚，仍然存在发生触电事故的风险。

6.2.4 自耦变压器

自耦变压器是另一类特殊的变压器，其初级绕组和次级绕组共用了部分线圈，次级绕组通过滑动接触刷接入初级绕组，因此也被称为"单圈变压器"。自耦变压器的原、副绕组除了具有磁路的联系外，还有电气联系。

1. 自耦变压器的工作原理

自耦变压器的线圈绕组可以按要求设计为不同的中间抽头及连接形式，从而实现交流电压的降压或升压，如图 6-2-3 所示。

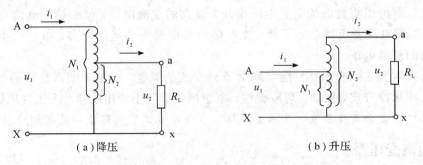

（a）降压 （b）升压

图 6-2-3 自耦变压器的工作模式

　　自耦变压器作为降压变压器使用时，从初级绕组中抽出一部分线匝作为次级绕组；当作为升压变压器使用时，电源电压只施加在次级绕组的一部分线匝上。初级与次级共用的绕组被称为公共绕组，初级或次级独占的剩余部分绕组被称为串联绕组。

　　自耦变压器的结构较为简单，初级绕组与次级绕组存在部分重叠，节省了部分线圈导线，因此相同功率容量的自耦变压器与普通的隔离型变压器相比，尺寸更小、效率更高、造价更低，得到了广泛的应用。

　　2. 自耦变压器的典型应用

　　自耦变压器主要用于交流输变电线路和交流调压器，在电工电子实训环节常用的接触式交流调压器，正是自耦变压器的典型应用，它是通过改变次级绕组的匝数，实现次级交流输出电压的调节，其外形如图 6-2-4 所示。

图 6-2-4　接触式交流调压器

　　旋转接触调压器顶部的圆型旋钮，带动次级绕组接触刷在初级绕组内滑动，实现了变压器匝数比的改变，从而在次级绕组得到不同的输出电压。

　　3. 自耦变压器使用时的注意事项

　　△警告　如果将调压器的初级绕组与次级绕组对调使用，将会导致磁通增大、电流迅速增加，最终导致自耦变压器损坏，如果旋钮位置不合适，还可能导致电源短路事故。

　　接通电源前，应将调压器的滑动触点调至 0 位；电源接通后，旋转调节旋钮使输出电压达到所需电压值，使用完毕后，将旋钮及时回调至 0 位。

　　△警告　自耦变压器主要适用于变比 k 不太高的场合，这是因为自耦变压器的初级绕组与次级绕组没有实现完全、安全的电气隔离，如果次级绕组一侧的公共端因意外发生断开，初级绕组所连接的电网高电压将直接加载到次级绕组的负载端，人体不慎触碰到次级绕组的金属接线端时，可能会引起触电事故。此外，次级绕组过高的电压还会引起用电负载的过压击穿或过热而导致的火灾事故。

6.2.5　互感器

　　互感器根据变压器原理制成，可分为电流互感器、电压互感器两大类，也称为"仪用变压器"。互感器主要用于将电力系统中的高电压或大电流按比例地转换成低电压（如 100 V）

或小电流（如 5 A 或 1 A），以方便测量。此外，互感器将高压端与测量端进行了分隔，有效地保证了操作人员和后端测量仪器的安全。

1. 电流互感器

电流互感器的典型特征为中心部位的空洞，常用的电流互感器外形如图 6-2-5 所示。

图 6-2-5　电流互感器

电流互感器的工作原理图及电气符号如图 6-2-6(a)所示。电流互感器的电气符号如图 6-2-6(b)所示，其中的直线表示初级绕组、两段弧线代表匝数较多的次级绕组。

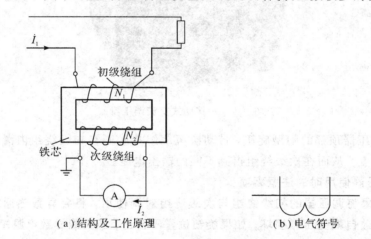

(a)结构及工作原理　　　　　　(b)电气符号

图 6-2-6　电流互感器的结构原理及电气符号

1) 电流互感器的工作原理

电流互感器采用升压变压器能够降低负载电流的原理，将初级绕组的大电流降低成次级绕组的小电流，经后续仪表实现大电流或高压线路中的电流测量及显示。此外，电流互感器输出的小电流信号也可作为检测结果送至后续的保护及控制装置。

电流互感器初级绕组的导线截面积较大但匝数很少，往往只有几匝甚至一匝。初级绕组与待测电路串联在一起，待测电流直接流经初级绕组。电流互感器次级绕组的匝数较多，导线的截面积较小，与内阻较低的电流表、功率表（电度表）的电流线圈、继电器的电流线圈串联后形成闭合回路。

☞**提示**　电流互感器的次级额定电流值通常被设计成标准的 5 A。

电流互感器运行时相当于一只次级绕组被电流表或线圈短路的变压器,初级绕组与次级绕组的电流之比为

$$\frac{I_1}{I_2} = \frac{N_2}{N_1} = \frac{1}{k} \tag{6-5}$$

因此,与初级绕组串联的待测电流为

$$I_1 = \frac{N_2}{N_1} I_2 = \frac{1}{k} \cdot I_2 \tag{6-6}$$

电流表的读数乘上电流互感器的系数(变压器变比的倒数)即为实际的待测电流值。因此,电流互感器常常被用来扩大交流电流的测量量程。

在实际使用的电流互感器中,次级绕组所连接电流表的刻度盘已经将互感器系数换算进去,作业人员可以很方便地直接读出待测的大电流结果。

【例 6-6】 钳形电流表(详见 5.2 节)正是一种由电流互感器与电流表组合而成的交流电流测量仪表,利用钳形电流表测量大电流或高压电路的电流时,无须断开待测电路,操作非常方便。

2)电流互感器使用时的注意事项

电流互感器的次级绕组近似为短路状态,因此电流互感器正常工作时的次级绕组回路严禁断开,以免因过压造成人身伤害或仪表损坏。

电流互感器的铁芯、次级绕组的一端须进行接地处理,避免因绝缘损坏时,在次级绕组出现较高的过电压。

2. 电压互感器

电压互感器是一种将电网的高电压转换为便于测量的较低电压的一种专用变压器,可以对测量人员和测量仪器进行有效保护。

电压互感器的外形、体积与具体的应用场合及电气参数密切相关,因而差异较大,微型精密电压互感器可焊接在电路板中,如图 6-2-7(a)所示。而电力系统所使用的电压互感器多数体积庞大,必须固定安装在基座中,如图 6-2-7(b)所示。

(a)精密型　　　　(b)电力型

图 6-2-7　电压互感器

电压互感器本质上是一只功率较小、空载运行的降压型变压器,因此电压互感器的电气符号与降压变压器相同。

1)电压互感器的工作原理

电压互感器初级绕组的匝数较多,并联在待测电路中;次级绕组的匝数较少,与内阻

较高的电压表或其他仪表的电压测量单元串联，如图 6-2-8 所示。

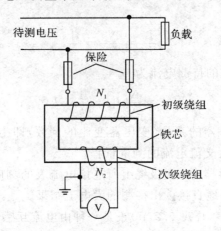

图 6-2-8　电压互感器的结构示意及工作原理

电压互感器本质上相当于一只空载运行的降压型变压器，待测电压与读数电压之比等于初级绕组与次级绕组的匝数之比：

$$\frac{U_1}{U_2} = \frac{N_1}{N_2} = k \qquad\qquad (6-7)$$

通过设置适当的变压器变比，即可将不同等级的高压变换成较小的低电压。用小量程的电压表测量得到读数结果后，再乘上电压变换系数（即：变比 k），即可换算为高压侧的待测电压值。如果将低压电压表的刻度盘经过系数换算与调整，即可从次级的电压表上直接读出待测的高电压值。

2）电压互感器使用时的注意事项

（1）电压互感器的次级绕组不能出现短路，短路可能引起严重的过流而损坏测试仪表。

（2）铁芯与低压绕组的一端需进行接地处理，避免因绝缘破坏而在次级绕组出现过流。

（3）电压互感器的容量很小，仅有几伏安，因此无法作为普通小功率降压变压器使用。

6.2.6　电焊变压器

电焊是一种常见的机械加工工艺，利用焊条和待焊工件接触时形成的短路电流熔化焊条，进而实现待焊工件的金属化连接。

交流弧焊机主要由一只电焊专用大功率降压变压器和一台参数可调的电抗器组成，如图 6-2-9(a)所示。

电焊变压器是电焊机的核心部件，其功能是向电焊机提供合适的电源能量。调节可变电抗器的空气隙长度可以调节交流铁芯线圈的电抗，从而调节焊接电流的大小。

交流弧焊机的外特性如图 6-2-9(b)所示。电焊变压器的工作原理比较特殊，因此具有相对特殊的性能。

在焊接过程中，电焊变压器的负载经常处于从空载（焊条与工件分离时）到短路（焊条与工件接触时）或者从短路到空载之间的急剧变化状态，因此要求电焊变压器具有能够适应这种急剧变化的输出外特性：

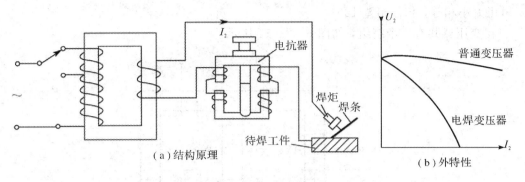

（a）结构原理　　　　　　　　　　（b）外特性

图 6-2-9　电焊变压器

- 焊条刚刚接触工件的短路瞬间，焊接短路电流相对较大，要求电焊变压器具有足够的电参数稳定性和热稳定性，不会因临时大电流而造成损坏。
- 电焊变压器还应确保不会过大，避免损坏电焊变压器。
- 短路状态下，为了使次级绕组的电流 I_2 不至于过大，电焊变压器的输出电压应随着负载加重、电流加大而迅速下降，额定负载下的输出电压保持为 30 V 左右。
- 空载状态下，次级绕组电流为 0 时，输出电压要能迅速恢复为 60～75 V 的点火电压，太低不容易起弧，太高又会威胁操作者安全。
- 为了适应不同焊条、待焊工件大小及材料的实际需要，电焊变压器的输出电流能够在一定的范围内调节。

6.2.7　三相变压器

电力系统中的输配电都采用了三相制，因此三相变压器的应用极其广泛。三相变压器属于典型的电力变压器。主要用于交流电能的输送与分配，体积庞大、生产数量较多。

按照具体功能的差异，三相变压器分为升压变压器、降压变压器、配电变压器等多种类型，涉及的参数及型号较多，容量从几十千伏安到几十万千伏安不等，电压等级从几百伏到几百千伏不等。

☞提示　三相变压器中的额定电压均为线电压。

常见的三相变压器外形如图 6-2-10 所示。

图 6-2-10　三相电力变压器

三相变压器的磁路多采用三相铁芯结构，当三相变压器的运行负载对称时，各相的电流、电压大小相等，相位相差120°。

三相变压器共有 6 个绕组，如图 6-2-11 所示。

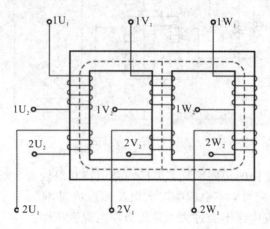

图 6-2-11　三相变压器的铁芯及线圈绕组

图 6-2-11 中，$1U_1$、$1V_1$、$1W_1$ 表示高压绕组的首端，$1U_2$、$1V_2$、$1W_2$ 表示高压绕组的尾端；$2U_1$、$2V_1$、$2W_1$ 表示低压绕组的首端，$2U_2$、$2V_2$、$2W_2$ 表示低压绕组的尾端。

三相变压器绕组的星型（Y）连接是分别将三相初级高压绕组、三相次级低压绕组的尾端连为一体，构成中性点 N_1（高压侧）与 N_2（低压侧），高压绕组的 3 个首端 $1U_1$、$1V_1$、$1W_1$ 与三相交流电源相连，低压绕组的 3 个首端 $2U_1$、$2V_1$、$2W_1$ 分别连接至三相负载；如图 6-2-12所示。

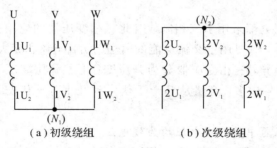

（a）初级绕组　　　　　　　　（b）次级绕组

图 6-2-12　三相变压器初级高压绕组、次级低压绕组均采用星型（Y）连接

三相变压器绕组的星型（△）连接分为正序与反序两大类：

- 正序的连接顺序为 $1U_1-1V_2$、$1V_1-1W_2$、$1W_1-1U_2$，如图 6-2-13(a)所示。
- 反序的连接顺序为 $1U_1-1W_2$、$1V_1-1U_2$、$1W_1-1V_2$，如图 6-2-13(b)所示。

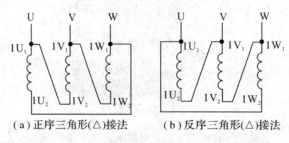

（a）正序三角形（△）接法　　　（b）反序三角形（△）接法

图 6-2-13　三相变压器初级高压绕组的（△）连接

次级绕组采用△连接，可以取出线电压，并抵消系统中的三次谐波，次级绕组采用 Y 连接的优点则在于中性点 N 可进行接地处理，同时取出相电压。电力变压器的初级绕组、次级绕组的连接共有 4 种组合：Y/Y、Y/△、△/Y、△/△。

三相变压器的三个初级绕组具体采用哪种连接形式，需要根据电网电压、变压器初级绕组的额定电压大小来做出综合选择。同时还要根据负载的额定电压，确定变压器的三个次级绕组应接成 Y 形或△形连接。三相变压器的 Y/△连接如图 6-2-14 所示。

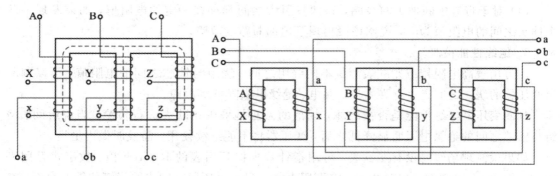

图 6-2-14 三相变压器的 Y/△连接

6.3 变压器的检测

变压器的检测项目并不太多，测量过程也并不复杂。

1. 外观检测法

变压器常常采用外观检查法对其质量进行粗略的估断：观察变压器的外观，可以直观地发现变压器的绕组有无霉变、烧焦等现象，同时还可以发现线圈绕组的引脚有无断线、锈蚀等故障。用手晃动线圈绕组，可以检测其有无松动。

对于采用磁芯的变压器，需重点检查易碎的磁芯有无破损或断裂。如果发生此类故障现象，变压器的电感量、品质因数及性能都会出现问题，原则上需要更换磁芯或对变压器进行整体更换。

2. 万用表检测法

变压器的绕组本质上仍然属于内阻较低的电感器，因此测试相对较为简单：

(1) 断开变压器的电源及负载连接，清除干净线圈接线柱（引脚）表面的绝缘胶或绝缘套管。

(2) 选择指针式万用表的 R×1k 挡、数字式万用表的 2k 挡，将红、黑表笔分别连接到线圈绕组的两只引出脚，读出相应的电阻值，即可粗略地判断出变压器绕组是否存在断路故障。万用表测得的电阻值由线圈的匝数、材质和线径共同决定：

- 匝数越多，线圈的电阻值越高。
- 线径越细，线圈的电阻值越高。
- 铝线比铜线的电阻值高。

如果测出的线圈电阻值接近∞，经过仔细清除引脚（接线柱）表面的绝缘胶或污垢、切换至万用表更高的电阻挡位后，故障现象依然存在，则说明待测的电感线圈已经发生了内部断路故障。

（3）如果万用表测出线圈绕组的电阻值很小，并不能说明线圈内部发生了短路故障，因为对于大电流、低电压输出的线圈绕组而言，其电阻值确实非常低。此外，变压器的绕组常常会发生局部匝间短路的故障，也会适当降低测出的变压器内阻值。此时需要用精度更高的数字电桥、高频 Q 表、数字式电感表进行电感量、品质因素等参数的测试后，才能做出准确的判断。

（4）对于带有中间抽头的线圈，每两只引脚之间都存在一定的电阻值，如果发现某两个抽头之间的电阻值为∞，说明该段出现了内部断路的故障。

3. 绝缘性能检测

用万用表高电阻挡或兆欧表测量不同绕组之间、绕组与铁芯之间的电阻值，可以判断出变压器的绕组之间是否存在短路、漏电、绝缘电阻降低等故障。

判断变压器绝缘性能是否被破坏，规范的做法是采用兆欧表进行检测。当绕组间、绕组与铁芯之间的绝缘电阻明显降低之后，变压器将不能继续使用，需及时做出更换。

如果检测现场暂时没有兆欧表，可用指针式模拟万用表的 R×10k 挡、数字式万用表的 200 kΩ 以上挡位进行应急检测。将万用表的一只表笔压紧在除去绝缘漆的铁芯表面，将另一只表笔分别接触初级绕组、次级绕组的每一只引脚：

（1）如果模拟万用表的指针没有发生偏转、数字万用表的液晶屏显示超量程标记，则说明该变压器的绝缘性基本良好。

（2）如果模拟万用表的指针向右发生轻微偏转、数字万用表的液晶屏出现多位数字的跳变，则说明变压器的绝缘性能有所下降。

习　题

1. 某台照明变压器的额定容量 $S_N = 600$ VA，额定电压为 220/36 V。求：

（1）初级绕组、次级绕组的额定电流 I_{1N}、I_{2N}；

（2）次级绕组最多可以接多少盏 36 V、50 W 灯泡？

2. 变压器是否可以用来变换直流电压？某只 220 V/36 V 的变压器初级绕组接入 220 V 直流电压，将会产生怎样的后果？

3. 国外带回的 60 Hz 变压器，能不能在国内正常使用？

4. 某单相变压器接到 380 V 电源中，次级绕组的空载电压 $U_2 = 19$ V，次级绕组的匝数 N_2 为 100 匝，求变压器变比 K 及 N_1。

第 7 章 电 动 机

电动机简称"电机"，是利用电磁感应原理将电能转换为机械能的一种重要电气设备，根据供电方式不同，电动机可分为交流电动机、直流电动机两大类，而交流电动机可进一步划分为异步电动机、同步电动机两个子类，再按照定子绕组的相数，可以将交流异步电动机细分为三相异步电动机、单相异步电动机等类型。三相、单相异步电动机的特点及应用如下：

• 三相交流异步电动机的结构及制造工艺简单、工作效率高、动力强劲、运行可靠、环境污染小、噪声低，在工农业生产中获得了非常广泛的应用。

• 由于单相电源的获得较为便利，因此单相异步电动机在家庭及中小功率电气设备中应用较为普遍，例如：电风扇、洗衣机、电冰箱等。

7.1 三相交流异步电动机

根据定子绕组的结构不同，三相交流异步电机分为鼠笼式和绕线式两种。

• 小型异步电动机大多采用鼠笼式定子，转子则采用自成闭合回路的坚实整体。鼠笼式电机的结构简单牢固、运行可靠、价格便宜，应用最广。

• 绕线式异步电动机的结构比鼠笼式异步电机复杂，但启动性能好，转速调节较为方便，多用于大功率电机领域及其他特殊应用场合。

7.1.1 三相鼠笼式电动机概述

三相鼠笼式交流异步电动机的外形如图 7-1-1 所示。

图 7-1-1 三相鼠笼式交流异步电动机的外形

三相鼠笼式交流异步电动机内部包含静止的定子、可自由旋转的转子两大核心单元，定子与转子之间保持了一个很窄的气隙。除了定子与转子，三相鼠笼式异步电动机还包括机座、端盖、轴承、接线盒、散热风扇等辅助部件，如图 7-1-2 所示。

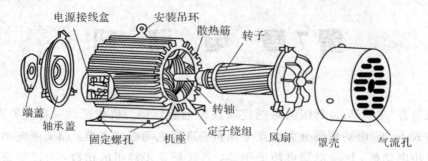

图 7-1-2　三相鼠笼式交流异步电动机的结构

1. 定子

三相异步电动机的定子用来产生旋转磁场，主要由机座、安装在机座里面的圆筒形定子铁芯、嵌放在定子铁芯槽内的三个彼此独立的对称定子绕组等部分组成。

鼠笼式异步电动机和绕线式异步电动机的定子结构相同。

1）定子铁芯

定子铁芯是三相异步电动机磁路的一部分，是由导磁性能良好、厚度在 0.35～0.5 mm 之间、表面涂有绝缘漆的优质硅钢片叠装而成的圆筒型结构。

为了嵌放定子绕组，硅钢片的内圆表面均匀冲出一圈如图 7-1-3 所示的槽孔。

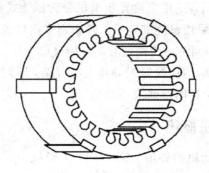

图 7-1-3　定子铁芯

2）定子绕组

在定子槽孔中按照一定的规则放置有三相彼此独立的定子绕组，定子绕组是三相异步电动机定子的电路部分，通过三相交流电时，会在电机内部产生旋转磁场。

为了三相异步电机能够安全可靠地工作，定子绕组和定子铁芯之间、三相定子绕组之间必须实现良好的绝缘。

（1）三相绕组的接法。

三相异步电动机内部具有三组对称的定子绕组，定子绕组是用高强度漆包线绕制为形状固定的线圈，再将线圈按照一定的空间角度依次嵌入定子铁芯槽内后制成的。

电动机内部的三相定子绕组共对应六个出线端：首端依次为 U_1、V_1、W_1，尾端依次为 U_2、V_2、W_2。六个出线端通过机座上固定的电源接线盒引出，对应的连接方式如图 7-1-4 所示。

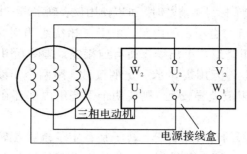

图 7 - 1 - 4　电动机三相绕组与电源接线盒的连接方式

　　定子绕组的六根出线端可根据电源电压和电动机铭牌的要求，可以按照星形(Y)或三角形(△)两种规则进行连接。

　　星形(Y)连接的定子绕组在电源接线盒中的连接方式如图 7 - 1 - 5 所示。

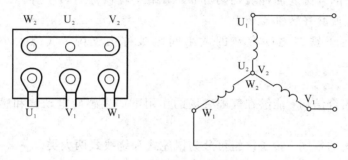

图 7 - 1 - 5　定子绕组的星形(Y)连接

　　三角形(△)连接的定子绕组在电源接线盒中的连接方式如图 7 - 1 - 6 所示。

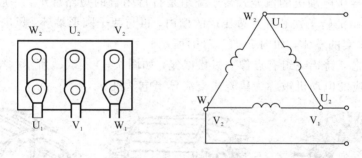

图 7 - 1 - 6　定子绕组的三角形(△)连接

　　需要注意的是，同一台电动机采用不同的连接方式，对应的电源电压有所不同：

- 当三相定子绕组采用星形(Y)连接时，电动机的额定电压为 220 V。
- 当三相定子绕组采用三角形(△)连接时，电动机的额定电压为 380 V。

　　【例 7 - 1】　某三相交流电动机铭牌上标注为 Y/△接法、额定电压为 380/220 V，这意味着 Y 连接时，额定电压必须是 380 V，这样加到每相绕组的电压才为 220 V；而在△连接时，额定电压则必须为 220 V。

　　一般而言，大、中型异步电动机主要采用三角形(△)连接；中、小型异步电动机可根据实际需要，选择星形(Y)或三角形(△)连接。

　　(2) 三相绕组的确定。

当电动机没有铭牌或端子标号不清楚时，可以使用仪表确定出三相绕组出线端的首尾。

三相交流电机每相绕组均有一定的内阻，由于三相绕组为对称结构，所以测出的三个电阻值非常接近。撤掉三相绕组六个出线端所有连接线，选择万用表的低电阻挡，用红、黑表笔任意搭接两个出线端，若万用表显示一定的读数，则两个出线端属于同一相绕组。如果测得三相绕组的三个电阻值差异较大，则说明个别绕组内部存在匝间短路的故障。

2. 转子

转子是异步电动机内部的可转动部分，转子是在定子绕组旋转磁场的作用下获得一定的转矩而开始并保持旋转，再通过联轴器或皮带轮带动其他设备做功。

异步电动机的转子包括转子铁芯、转子绕组、转轴等部分。

1）转子铁芯

转子铁芯也是电动机磁路的一部分，通常由厚度为 0.35～0.5 mm、相互绝缘的硅钢片叠压而成，硅钢片的外圆表面冲有均匀分布的斜槽，槽内嵌有转子导体。转子铁芯呈圆柱形，压装在转轴上或套在转轴支架上。

转子铁芯与定子铁芯之间存在的微小间隙被称为气隙，气隙大小通常在 0.25～1.5 mm之间。

2）转子绕组

转子绕组为闭合结构，能够在气隙磁场的作用下产生感应电动势和感应电流，进而产生电磁转矩。

按照结构形式的不同，转子绕组可分为鼠笼式和绕线式两大类。

（1）鼠笼式转子绕组。

鼠笼式转子由嵌放在转子铁芯槽内的导电条及两端的导电环组成。

小型及微型异步电动机的鼠笼式转子绕组是自行闭合的短路绕组，一般是把铝浇入如图 7-1-7(a)所示的转子铁芯冲片叠压成的槽内，再与两个圆形端环、风扇叶片（电机散热用）浇铸为一个坚实的整体，如图 7-1-7(b)所示。

如果去掉铁芯，铸铝绕组有点像一只松鼠笼，如图 7-1-7(c)所示，"鼠笼式转子"也由此而得名。相应的电动机被称为鼠笼式交流异步电动机。

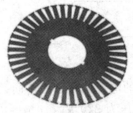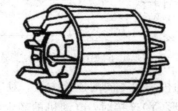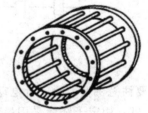

（a）转子铁芯冲片　　（b）无轴鼠笼式铸铝转子　　（c）鼠笼式转子绕组

图 7-1-7　鼠笼式转子绕组

大、中型鼠笼式异步电动机的转子绕组一般没有采用铸造工艺，而是在转子铁芯的每只槽孔内插入一根铜条，然后用两只铜环（俗称：端环、短路环）将铁芯两端的铜条焊接为一个整体，形成转子绕组。

（2）绕线式转子绕组。

将导线按照一定规则绕制成绕组，再放置到转子铁芯槽内可以得到绕线式转子。

绕线型转子绕组和定子绕组同为三相绕组，绕组的三个末端接在一起，接成星形结构（Y），三个首端通过转轴的内孔分别接在转轴上三只彼此绝缘的铜制集电滑环上，每个滑环都设计有一组电刷，通过电刷使转子绕组与外电路中的变阻器接通后，以便于改善电动机的启动性能或调节转速。

3）转轴

转轴一般用中碳钢制成，支撑着转子铁芯，使转子能够在电机的内腔旋转。转轴的轴身末端铣出有键槽，通过键槽、联轴器将三相电动机的输出转矩向外部的机械设备进行传递。转轴的外形参考如图 7-1-8 所示。

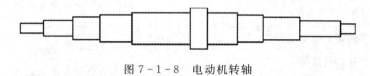

图 7-1-8 电动机转轴

3. 机座

机座是电动机的外壳和支架，中、小型异步电动机一般由铸铁或铸钢制成。机座的主要作用是固定和保护定子铁芯、定子绕组，机座两端的端盖内设有轴承座，用以支承转轴。轴承盖外部还设置有一只端盖。

为了便于搬运较重的电动机，机座正上方还设置了一只安装吊环。

机座具有足够的机械强度和刚度，以承受运输和运行过程中的各种应力。此外，电动机运行时铁芯和绕组产生的热量可通过机座表面散发到空气中。

电动机在通电运行之前，需要用兆欧表测试绝缘电阻，低于 0.5 MΩ 的电动机不能使用。

7.1.2 三相异步电动机的铭牌

每台三相异步电动机在机座较为显眼的位置均安装有一块铝制的铭牌，提供该电动机在额定运行状态下的主要技术数据，一般会包括电动机型号、额定功率、额定电压、额定电流、额定转速、额定频率、效率、功率因数、转子电压、转子电流、绝缘等级、温升、防护等级、噪声等级、连接方式、工作方式（工作制）、标准编号、出厂编号、生产单位、出厂日期等内容，如图 7-1-9 所示。

图 7-1-9 三相异步电动机铭牌

铭牌是电动机使用和维修的依据，只能按照铭牌上的额定值和要求进行使用和维修。

1. 型号

三相异步电动机的型号用于表示电动机的机座形式、转子类型、产品代号、规格代号、特殊环境代号。不同的电机型号分别满足不同的用途和工作环境所需，国产三相异步电动机的种类及型号如表 7-1 所示。

表 7-1　国产三相异步电动机的种类及型号

电 机 种 类	型号	电 机 种 类	型号
定子绕组为铜线的笼型异步电动机 （容量为 250~2500 kW）	Y	高启动转矩异步电动机	YQ
定子绕组为铝线的笼型异步电动机	Y-L		
绕线转子异步电动机 （容量为 250~2500 kW）	YR	起重冶金用异步电动机	YZ
防爆型异步电动机	YB	起重用绕线转子异步电动机	YZR

【例 7-2】　国产电动机的型号一般由字母加数字构成，对于 Y200M-4 型电动机，Y→三相异步电机、200→机座中心高（单位：mm）、M→中型机座长度（S 为短机座，L 为长机座）、4→旋转磁场的磁极数为 4（极对数等于 2，同步转速为 1500 转/分）。

2. 接法

电动机定子绕组正常运行时接入三相电源的连接方式，分为星形（Y）和三角形（△）两种。

3. 额定电压（U_N）

电动机额定运行时，三相定子绕组需要加载的线电压，国内的电源电压等级包括 10 kV、6 kV、3 kV、380 V、220 V 等，通常要求电源电压的波动不超过额定电压的 ±5%。

【例 7-3】　中、小型三相异步电动机额定电压多为 380 V，电源电压波动范围应控制在 361~399 V 之间。由于电动机的启动转矩与电压的平方成正比，因此过低的电源电压将造成电动机启动困难，甚至无法启动。过高的电源电压则会导致电动机过热甚至烧毁。

4. 额定电流（I_N）

额定电流 I_N 是指电动机运行在额定状态下，流入定子绕组的线电流，一般以安培（A）为基本单位。

电动机运行时的定子线电流不得超过铭牌上标识的额定电流。若定子线电流过大，说明电动机过载，可能导致电动机温升超过阈值、甚至发生损坏。电动机出现过载时要及时切断电源，分析过载的具体原因并及时排除故障。

5. 额定功率（P_{2N}）

电动机处于额定运行状态下，转轴输出的机械功率。常用的异步电机额定功率包括：90 W、120 W、180 W、250 W、370 W、550 W、750 W、1.1 kW、1.5 kW、2.2 kW、3 kW、4 kW、5.5 kW、7.5 kW、11 kW、15 kW、18.5 kW、22 kW、30 kW、37 kW、45 kW、55 kW、75 kW、90 kW、110 kW、132 kW、160 kW、200 kW、220 kW、250 kW、280 kW、315 kW 等规格。

一般而言,当负载引起电动机输出 75％～100％的额定功率时,电动机效率和功率因数均达到一个比较理想的状态。

当电动机实际输出功率远小于额定功率时,电动机的效率和功率因数均比较低,处于不合理的"大马拉小车"状态,成本及能耗浪费较大。

如果电动机实际输出功率明显超过额定功率,电动机将处于过载运行状态,将会拉低转速,造成电动机绕组严重过热、温度升高,甚至被烧毁。

6. 额定频率(f)

额定频率是指电动机正常运行时所规定的电源频率,频率大小对电动机性能存在直接影响。我国的工频频率为 50 Hz,国外部分国家则为 60 Hz,这些国家的电动机一般情况下不能直接加载国内的 50 Hz 电源。

7. 效率(η_N)

额定运行状态下,电动机满载时转轴输出的机械功率 P_{2N} 与电动机输入的电功率 P_{1N} 之比为电动机的效率:$\eta_N = (P_{2N}/P_{1N}) \times 100\%$。三相异步电动机的效率在 0.72～0.93 之间。一般而言,电机功率越大,效率相对越高。

8. 额定功率因数($\cos\Phi_N$)

电动机在输出额定功率时,定子绕组的相电压与相电流之间的相位差余弦被定义为额定功率因数,一般在 0.75～0.90 之间。

9. 额定转速(n_N)

电动机在额定运行状态下,电动机转子的转速为额定转速。

额定转速 n_N 表示电动机接入额定电压、额定频率和额定负载,处在额定运行状态下的转轴转速,单位为 r/min(转/分钟)。

电动机发生过载时,实际转速比 n_N 低;电动机空载运行时的实际转速比 n_N 略高一些。

10. 防护等级

电动机的防护等级(防尘、防溅等)用"IP"加两位数字进行表示。

11. 绝缘等级

电动机的绝缘等级取决于内部所用绝缘材料的耐热程度,可分为 A、E、B、F、H 五种等级。当环境温度为 40℃时,各绝缘等级对应的极限工作温度如表 7-2 所示。

表 7-2　常用绝缘材料的绝缘等级对应的极限温度

绝缘等级	A	E	B	F	H
极限温度/℃	105	120	130	155	180

【例 7-4】 Y 系列电动机大多采用 B 级绝缘,最高允许温度为 130℃;高压、大容量电动机主要采用 H 级绝缘,最高允许工作温度升高至 180℃,如果温度进一步升高,将会加速电动机的绝缘老化,缩短电动机绝缘寿命,甚至烧毁电动机。

12. 工作方式(工作制)

三相异步电动机的工作方式可分为连续工作、短时工作、间歇工作三种类型。

1)连续工作方式(S_1)

连续工作方式(S_1)下,电动机可以按照铭牌上标示的数据长时间连续运行。

连续工作方式的电动机适用于水泵、通风机、机床主轴等机械负载。

2）短时工作方式（S_2）

短时工作方式（S_2）下，电动机只能在规定的标准工作时间内、按照额定功率做短时间运行。国产的短时工作制电动机，标准工作时间分为 15、30、60、90（单位：分钟）四种。即使对于某一台短时工作方式的电动机而言，在不同的标准工作时间下，其额定功率也是不同的：$P_{15} > P_{30} > P_{60} > P_{90}$。此时，电动机铭牌上所标出的功率为 P_{60}。

短时工作方式下的电动机多用于水闸闸门启闭、机床的辅助运动机构（夹紧电动机、刀架快速移动电动机）等机械负载。

3）间歇工作方式（S_3）

间歇工作方式也称为断续周期性工作，此时，电动机按铭牌上规定的额定参数做周期性启动、停止。电动机工作时间与停歇时间之和为一个周期，每个周期的持续总时间小于10 分钟。

负载工作时间与整个周期之比称为负载持续率。国内的间歇工作方式电动机的负载持续率分为 15％、25％、40％、60％四种类型。对某一台电动机而言，不同的负载持续率所对应的额定功率不相等：$P_{15} > P_{25} > P_{40} > P_{60}$。此时，电动机铭牌上只标出 P_{25} 功率值。

断续周期性工作方式的电动机主要用于起重设备、电梯等机械负载。

13. 标准编号

标准编号指出了电动机的生产标准，电机的各项技术参数能达到标准所规定的具体要求。

14. 出厂编号

每个电机生产厂家为了区别各台电动机的状况（包括：质检等级、生产日期等），而在出厂前对每台电动机制定的编号。

7.1.3　三相异步电动机的选型

三相异步电动机的种类及参数繁多，在进行电动机的选择时，一般需要关注以下项目：

1. 种类

三相异步电动机有笼型和绕线型两种类型，前者适用于小型及微型电动机，后者则主要针对大、中型电动机。

2. 结构型式

三相异步电动机按结构型式可分为开启式、防护式、封闭式、防爆式等类型，需要根据电动机实际的工作环境选择适当的结构型式。

3. 额定电压

三相异步电动机的额定电压必须与使用现场的电源电压参数严格一致。

4. 额定转速

三相异步电动机的额定转速选择需要综合生产机械的转速、传动装置的参数等内容进行综合的判定。电动机的转速建议接近生产机械的转速，这样可以适当简化传动装置。

5. 功率

电动机的功率越大，相应的价格越昂贵、体积越大；电动机的功率过小，将无法带动过重的机械负载。因此，在满足负载机械所需功率的条件下，合理选择三相异步电动机的功率具有重要的经济意义。

7.2 三相异步电动机的继电接触器控制系统

继电接触器控制系统是指采用继电器、接触器、按钮等控制电器实现电动机的启动、停止、正反转、制动。

7.2.1 简单启/停控制

最简单的三相交流电机启/停控制电路如图 7-2-1 所示。

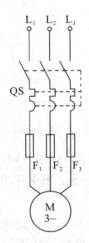

图 7-2-1 最简单的电动机启停控制电路

图 7-2-1 中,QS 为三相闸刀开关或空气开关,F₁~F₃ 为熔断器。

- 合上 QS,电机上电启动并开始运转。
- 拉下 QS,电机掉电并开始减速直至逐渐停转。

电动机的上电启动是电机转轴从静止状态逐步过渡到稳速旋转阶段。如果加在定子绕组的电压即为电动机额定电压,未采用其他辅助启动装置,这类上电启动方式被称为直接启动或全压启动。三相鼠笼式异步电动机直接启动时,启动转矩并不大、转速上升缓慢,但工作电流却相对较大。

通常只有功率在 3 kW 及以下、非频繁启/停的电动机才会采用图 7-2-1 所示的直接启动。

7.2.2 点动控制

3 kW 以上、11 kW 及以下的中功率三相异步电动机启动时,一般是将额定电压通过交流接触器直接加载至电动机定子绕组,而较少采用闸刀开关或空气开关,以实现更加安全、可靠的控制。

三相异步电动机的点动控制线路如图 7-2-2 所示,左侧主回路中,三相电源 L₁~L₃依次经过三相空气开关 QS、熔断器 F₁~F₃、交流接触器 KM 的主触点、热继电器 FR 的发热元件后,接入三相异步电动机的接线端。

图 7-2-2 右侧的控制回路由熔断器 F_4 及 F_5、启动按钮 SB、热继电器 FR 的常闭触点、交流接触器 KM 的线圈串联而成。

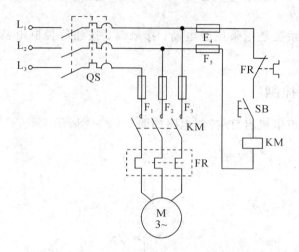

图 7-2-2　三相异步电机单向运转的点动控制

QS 为三相闸刀开关或空气开关，这里仅用作隔离开关，一般不用作功率型切换。

$F_1 \sim F_5$ 为熔断器，具有短路保护功能，当电路发生短路故障时，熔断器内部的熔丝立即熔断，电动机掉电并停止运行。

KM 为 380 V 交流接触器，实现三相异步电动机的接通/断开，同时还具有失压(零压)保护功能：电动机运行过程中，电源突然断电或电源电压大幅降低时，导致接触器 KM 的线圈掉电，自动切断主电路和控制回路，电动机停止运转；电源恢复正常后，接触器 KM 并不能自行上电、电动机将不能启动。如果未采用交流接触器控制而使用闸刀开关或空气开关，当电源突然掉电后又重新恢复供电时，电动机将自行启动，可能引发人身伤害或设备损坏等事故。

FR 为热继电器，可对三相电动机实施过载保护。主电路发生过载时将引起电流异常增大，当超过电动机的额定电流时，串联在主电路中的热继电器发热元件变形并断开热继电器的常闭触点，导致控制回路中的交流接触器线圈 KM 掉电，进而断开主回路中的交流接触器三相主触点，电动机停止运行。此外，如果电动机发生缺相运行，其余两相的电流将增大，同样会导致热继电器动作而起到断相保护的功能。

三相异步电动机的点动控制电路主要通过启动按钮 SB 和交流接触器 KM 实现：

（1）首先合上三相空气开关 Q，接通三相交流电源 L_1、L_2、L_3，但由于主电路中的交流接触器主触点尚未闭合，因此电动机并不会启动运行。

（2）接着按下启动按钮 SB 并保持，接通控制电路，交流接触器 KM 的线圈上电，将吸合位于主电路中交流接触器 KM 的主触点，电动机 M 上电后开始运转。

（3）松开启动按钮 SB，交流接触器 KM 的线圈掉电后断开主触点，电动机停转。

三相异步电动机的点动控制系统中存在主回路与控制回路的明显区别，但在电气连接时却又不可避免地存在空间上的交叉。此外，系统中引入了更多的低压控制电器，整体结构相对更加复杂、故障率也会相应有所提高。因此，作业人员在进行电气连线或上电运转之前，需要用万用表检查以下内容：

- 交流接触器的主触点、辅助触点、线圈接线柱的位置及其通断情况。
- 电动机三相绕组的首尾端有无松动及氧化锈蚀、连接方式（Y/△）是否正确。

7.2.3 自锁启/停控制

点动控制系统中，按下启动开关则电动机运转，松开启动开关则电动机停转，对需要长时间运行的三相电动机，采用点动控制方式并不太合理，实际的工程应用中更多采用了如图7-2-3所示的自锁控制线路：采用两只独立的SB$_1$、SB$_2$按钮分别实现电机的启动与停止控制，利用交流接触器KM的辅助常开触点实现启动状态的自锁。

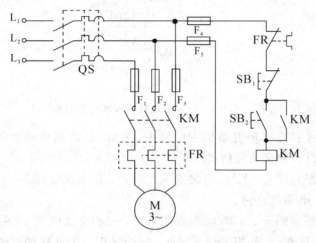

图7-2-3 三相交流电动机直接启动加自锁控制

图7-2-3所示电动机控制系统的工作流程如下：

- 合上三相电源开关QS，为系统接通三相交流电源。
- 按下启动按钮SB$_1$，接通控制回路电源、交流接触器KM的线圈上电。
- 交流接触器KM的三路主触点吸合，电动机上电后开始运转。
- 与SB$_1$并联的KM常开辅助触点（自锁触点）吸合后自锁：即使SB$_1$释放断开，控制回路继续导通，KM线圈保持上电，电动机仍能继续运转。
- 按下停止按钮SB$_2$，断开控制回路，交流接触器KM的线圈掉电，使接触器的常开辅助触点断开、解除自锁，同时导致主触点及常开辅助触点释放，分别断开主回路与控制回路，电动机断电并减速直至停转。

7.2.4 互锁模式下的正反转控制

实际的生产设备往往存在正反两个方向的动作：起重机的提升/下降、数控机床的进刀/退刀等，此类控制通过电动机转轴简单的正转与反转即可实现。

结合三相异步电动机的工作原理可知，改变三相电源的相序、交换电动机三相电源线中的任意两根，即可实现电动机转轴的反向运转。而这个电源线的交换操作可以通过两套交流接触器的主触点即可快捷实现，如图7-2-4所示。

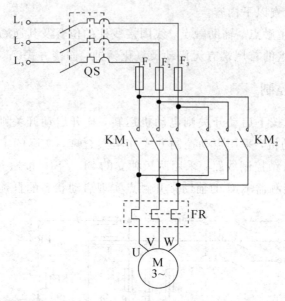

图 7-2-4　控制电动机正反转的主回路

在图 7-2-4 所示的三相电动机主回路中，KM_1 是控制电动机正转的交流接触器，KM_2 是控制电动机反转的交流接触器。

（1）当 KM_1 主触点闭合、KM_2 主触点断开时，三相交流电源 $L_1 \sim L_3$ 依次接入电动机的 W-V-U 绕组，电动机正转。

（2）当 KM_1 主触点断开、KM_2 主触点闭合时，三相交流电源 $L_1 \sim L_3$ 依次接入电动机的 U-V-W 绕组，U 相与 W 相进行了对换，从而实现了电动机的反转。

（3）当 KM_1、KM_2 主触点均断开时，电动机断电停转。

△警告　两只交流接触器 KM_1 与 KM_2 分别控制电动机的正转与反转，两只交流接触器绝不能同时接通，否则将造成严重的短路事故。

"正↔停↔反"互锁模式下的三相异步电动机正反转控制电路如图 7-2-5 所示。

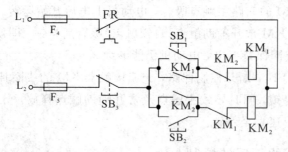

图 7-2-5　"正↔停↔反"互锁模式下的正反转控制电路

图 7-2-5 所示正反转控制电路的具体工作过程如下：

（1）按下正转按钮 SB_1，正转接触器 KM_1 的线圈上电。

① KM_1 的主触点吸合，电动机开始正转。

② KM_1 的辅助常开触点吸合，维持控制电路保持接通，实现正转自锁。

③ KM_1 的辅助常闭触点断开，确保 KM_2 线圈无法上电反转，实现互锁。

（2）按下停止按钮 SB₃，正转接触器 KM₁ 的线圈断电。

① KM₁ 的主触点断开，电动机掉电，逐步停止正转。

② KM₁ 的辅助常开触点断开，切断控制电路。

③ KM₁ 的辅助常闭触点重新吸合，对控制电路无影响。

（3）按下反转按钮 SB₂，正转接触器 KM₂ 的线圈上电。

① KM₂ 的主触点吸合，电动机开始反转。

② KM₂ 的辅助常开触点吸合，维持控制电路保持接通，实现反转自锁。

③ KM₂ 的辅助常闭触点断开，确保 KM₁ 线圈无法上电正转，实现互锁。

☞ **提示**　互锁的全称为电气互锁，可有效消除操作人员因同时误按按钮 SB₁、SB₂ 而导致 KM₁ 与 KM₂ 的主触点同时闭合所造成的短路事故。硬件电路的结构是通过两只交流接触器的辅助常闭触点 KM₁ 和 KM₂ 分别串接在对方的线圈回路中，确保己方上电时对方无法上电，从而形成相互制约的控制。起到互锁作用的辅助常闭触点也被称为互锁触点。

7.2.5　按钮接触器联锁正反转控制

互锁模式下的正反转控制电路消除了因按钮按错而导致的短路故障，但在进行电动机的正反转切换之前，必须先按下停止按钮，再按下另一个方向的启动按钮，操作流程上相对比较繁琐。

如果电动机运行过程中需要频繁地进行正反转切换，可以采用图 7-2-6 所示的按钮、接触器双重联锁的改进控制电路。

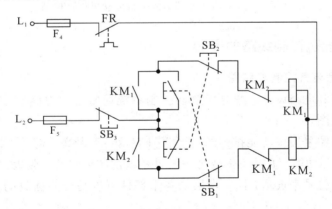

图 7-2-6　按钮与接触器双重联锁的电动机正反转控制电路

图 7-2-6 中的正反转启动按钮 SB₁、SB₂ 为包含复合触点（常开触点＋常闭触点）的类型，外形与只包含单重触点类型的启动按钮相同，但接线柱排列略有差别。SB₁、SB₂ 按钮的常开触点仍然起到正反转启动的功能，但是两只按钮的常闭触点被分别串联到对方的控制电路中。这样，当 SB₁ 被按下时，内部的常开触点与常闭触点将会同时动作：

• 闭合己方的电气回路，是正向接触器的线圈上电，进而使主触点接通。

• 断开对方的电气回路，避免了反向接触器线圈上电，实现互锁功能。

☞ **提示**　这种互锁方式被称为"按钮、接触器双重联锁"，当电动机正向转动时，无须按下停止按钮，直接按下反转按钮 SB₂，即可让电机切换至反向旋转状态。

7.2.6　多点启/停控制线路

电动机的多点启/停控制是指在两个及以上的地点对同一台电动机实施相同功能的控制，以方便操作。

多点启/停控制电路包含多组按钮，多组按钮之间的连接原则满足：

- 常开按钮均为并联关系，组成"或"逻辑关系。
- 常闭按钮均为串联关系，组成"与"逻辑关系。

实现两地启/停控制的硬件电路如图7-2-7所示。

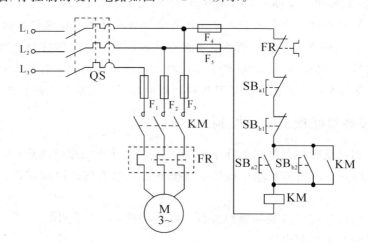

图7-2-7　两地分别对同一台电动机进行控制

7.2.7　继电接触器控制线路的安装

1. 查看并熟悉电气控制电路图

为了便于读图和电路设计，继电接触器控制系统通常把主电路和控制电路分开绘制，得到电气控制线路图。

电气控制线路图采用按功能排列的图形符号表示各个装置、部件、设备之间的连接关系，以反映某种实际功能，而并不需要考虑硬件系统的实体尺寸、形状、相对位置。各种控制电器均用统一的符号来表示，同一电器的各个部件可以是分开摆放的，但需要通过统一的符号进行识别。

☞**提示**　*电气控制线路图中，控制电器的触点均处在未通电时的初始状态。*

2. 检查电动机及低压电器

重点察看低压控制电器的额定电压、额定电流等关键参数以及电动机铭牌上标注的额定参数是否与即将接入的电源电压、频率一致。同时，用万用表的电阻挡对以下部件进行逐一检查：

1) 检查空气开关

切换至指针式万用表的 R×1 挡或数字万用表的 200 Ω 挡，将红、黑表笔分别置于空气开关每组触点的两端。合上空气开关，分别测得三组触点的电阻值均为 0，说明空气开关工作正常；如果测出电阻值为∞，说明空气开关存在故障。断开空气开关后，每组触点的电阻值测量结果均为∞。

2）检查交流接触器

切换至指针式万用表的 R×100 挡或数字万用表的 2 kΩ 挡，将红、黑表笔分别置于交流接触器线圈接线柱的两端，测出接触器线圈的电阻值。

切换至指针式万用表的 R×1 挡或数字万用表的 200 Ω 挡，将红、黑表笔分别置于交流接触器每组主触点两端的接线柱，测出的电阻值均为∞，用手指按下触点架，电阻值将跳变为 0；接着将红、黑表笔分别置于常开辅助触点两端的接线柱，测出电阻值为∞，按下触点架，电阻值跳变为 0；将红、黑表笔分别置于常闭辅助触点两端的接线柱，测出电阻值为 0，按下触点架，电阻值跳变为∞。满足上述测试结果，则说明交流接触器状态正常。

3）检查热继电器

切换至指针式万用表的 R×1 挡或数字万用表的 200 Ω 挡，将红、黑表笔分别置于热继电器每对主触点两端的接线柱，测出的电阻值均为为 0；同理，将红、黑表笔分别置于热继电器常闭辅助触点两端的接线柱，测出的电阻值同样为 0。

4）检查熔断器

切换至指针式万用表的 R×1 挡或数字万用表的 200 Ω 挡，将红、黑表笔分别置于熔断器接线柱的两端，如果测出的电阻值为 0，说明熔断器是好的；如果测出的电阻值为∞，说明熔断器内部的熔丝已经熔断，需要更换。

5）检查按钮

切换至指针式万用表的 R×1 挡或数字万用表的 200Ω 挡，将红、黑表笔分别置于按钮常闭触点两端的接线柱，测出的电阻值为 0，按下按钮开关后，测出的电阻值跳变为∞；将红、黑表笔分别置于按钮常开触点两端的接线柱，测出的电阻值为∞，按下按钮开关后，测出的电阻值跳变为 0。满足上述两类测试结果，说明按钮功能正常。

6）检查电动机

切换至指针式万用表的 R×1 挡或数字万用表的 200 Ω 挡，将红、黑表笔分别置于每相绕组接线柱进行测试，U–V、U–W、V–W 的电阻值基本相等。

用 500 V 兆欧表测试相与相之间、相与地之间的绝缘电阻值是否高于 0.22 MΩ。

3. 固定器件

将按钮牢固地安装在电气控制柜（箱）的面板或柜门上，其余低压电器安装、固定在专用的控制底板。整个安装过程必须符合电气安装工艺的规范要求：

（1）安装电器固定轨道。

（2）将空气开关、接触器装入轨道。

（3）对于不采用轨道安装的熔断器、按钮、指示灯等元器件，先固定器件的对角，再将器件整体固定，安装完成的器件不能松动、摇晃，排列整齐。

（4）元器件之间留出足够的安全间距，确保能够容纳下足够的线束。

4. 电气布线

电气布线的一般流程如下：

（1）处理导线，拉直用过的导线，消除弯、折，绝缘表皮破损的电线坚决弃用。

（2）先接主电路、再接控制电路。

（3）先串联后并联。

（4）从左到右，从上到下。

完成的布线应严格做到横平竖直、90°直角转弯、减少交叉、尽量缩短导线长度，走线方向相同的电线应平行并拢并用扎带固定，使走线整齐、整洁。

条件允许时，尽量按照颜色分相，控制回路与主回路之间的绝缘导线颜色分明、粗细分明，红色、黄色、绿色线分别接三相火线（L），蓝色线接零线（N），黄绿双色线做保护接地线（PE）。

绝缘导线的内芯与低压电器的接线端压紧螺丝之间要接触紧密、不能松动，确保绝缘性能良好；接线端压片不能压住绝缘层；绝缘导线的露铜不超过 2 mm；每个接线端所连接的导线数目一般为单根，最多不超过两根。

1）主回路布线

首先根据电动机的容量，选择横截面积、材质合适的主回路绝缘导线。

主回路的三根电线应按照上进下出的规则，从上向下平行走线：低压电器的上方接线靠近电源接入端，下方接线为出线，连接至接线排后，再经接线排连接至用电负载（如：电动机）。

两个接线柱之间的电气导线必须连续，中间不允许出现接头和分支；绝缘导线的内芯及绝缘外皮不得出现损伤；绝缘导线剥线后如需弯曲成圈状，必须与螺纹方向一致。

2）控制回路电气布线

控制回路的导线内芯直径明显小于主回路，绝缘外皮的颜色尽量与主回路形成明显差别。进行控制回路布线时，同样需要按照从上到下、从左到右的顺序布置。

注意　控制回路的布线相对较为复杂，初学者在进行电气布线时，应该在每一条支路完成后再启动第二条支路的连接，避免因电路复杂造成的错误。

5. 线路检查

线路检查一般采用目测、手检、仪表检查相结合的方式进行。

1）目测＋手检

结合电气控制电路图，从电源进线端开始，首先检查有无明显的空置线头，接着逐段核对有无漏接、串接、错接的电气连线。重点检查线头裸露部分是否超出接线孔，检查每只器件的进线与出线是否对应，空气开关（漏电保护器）入线与出线的火线/零线有无接反，电能表接线有无接反等典型错误。

用手捏住导线向接线孔外轻轻拽动，检查导线线头与接线柱之间的压接是否稳固，避免带载运行时引发拉弧事故。

2）用仪表检查

切换至指针式万用表的 R×1 挡或数字万用表的 200 Ω 挡，从进线端开始，注意检查相同节点之间的电阻值是否为 0；重点检查从熔断器进线端之间的主回路、控制回路是否存在短路故障。

6. 上电运行及测试

经多方检查无误后，方可向系统供电。供电后还需要密切观察电动机及电气回路的运行情况，若发现电动机在运转过程中出现卡阻或发出异常声响，应立即停车，以免造成人身与设备事故。

系统上电后一定要特别注意用电安全，不能用身体的任何部位接触金属导体。

7．故障现象及原因分析

上电试运行过程中如果发现异常现象，须立即断电并做详细检查。常见的故障现象及分析过程如下：

（1）指示灯不亮。

故障原因：电源有问题（缺相）。需要重点检查熔断器有无熔断、接线有无错误、指示灯是否已经损坏、指示灯与灯座之间是否接触不良。

（2）熔丝烧断或空气开关跳闸。

故障原因：同时短接接触器线圈和按钮；主电路或控制回路中可能存在短路故障。

（3）系统上电后，电动机马上开始运转。

故障原因：启动按钮被误接为短路状态；启动按钮的常开触点误接为常闭触点。

（4）按下启动按钮时，烧熔丝或空气开关跳闸。

故障原因：交流接触器的线圈被短接；接触器主触点以下的线路可能存在短路故障。

（5）按下启动按钮时，交流接触器未动作。

故障原因：按下启动按钮时，按钮的常开触点未能有效闭合；热继电器的辅助常闭触点断开或误接为常开触点；交流接触器线圈开路或未能可靠接通。

（6）按下启动按钮时，交流接触器动作，但电动机未运转。

故障原因：接线排与电动机接线柱质检未能可靠接通；电动机存在缺相故障，此时电机往往会发出低沉的嗡嗡声，线路的电流显著增大。

（7）按下启动按钮时，电动机只能点动运转。

故障原因：交流接触器的自锁触点损坏或未能可靠连接，常见故障现象包括：触点面氧化或触点支架变形等。

7.3 单相交流异步电动机

单相异步电动机采用更易获得的 220 V 单相交流电源供电，效率、功率因数、过载能力均比三相电动机低。单相异步电动机的容量一般在 8～750 W 之间，与相同容量的三相异步电动机相比，体积更大。

单相异步电动机具有成本低廉、运行可靠、结构简单、移动安装方便、噪声小等优点，在台扇、吊扇、排气扇、抽油烟机、洗衣机、电冰箱、电钻、空调器、小型鼓风机、吸尘器、搅拌器、小型机床、医疗器械等家用电器、小功率电动工具、各种空载或轻载启动的设备中应用广泛。

单相异步电动机可分为电容分相式、电阻分相式、单相罩极式等类型。常用的单相交流异步电动机外形如图 7-3-1 所示。

图 7-3-1 单相交流异步电动机

☞**提示**   与各个国家的电网电压配套，国外也有使用 100 V 或 110 V 供电的交流电机。

7.3.1   单相异步电动机的结构

单相交流异步电动机的结构与三相异步电动机类似，主要由定子、转子、端盖、接线盒、机座等单元组成，如图 7 - 3 - 2 所示。

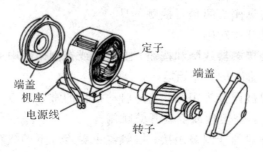

图 7 - 3 - 2   单相异步电动机的内部结构

1. 定子

单向异步电机的定子的结构如图 7 - 3 - 3 所示，共包含定子铁芯、定子绕组两部分，用于产生旋转磁场。定子铁芯采用 0.3~0.5 mm 厚的带槽硅钢片叠压而成，定子铁芯槽内嵌有主绕组（工作绕组）、启动绕组（副绕组），两套独立绕组的中轴线在空间上错开 90°。如果两套绕组共用同一个槽，一般将主绕组置于槽底，启动绕组置于槽内的上方。

图 7 - 3 - 3   单相异步电动机的定子结构

2. 转子

单向异步电机的转子包括转子铁芯、转子绕组、转轴三大部分，用于产生感应电动势、电流并形成电磁转矩。单相电机的转子铁芯同样由硅钢片叠压而成，与转轴套装为一体。转子绕组为鼠笼式结构，采用铝或铝合金一次性浇铸而成，如图 7 - 3 - 4 所示。

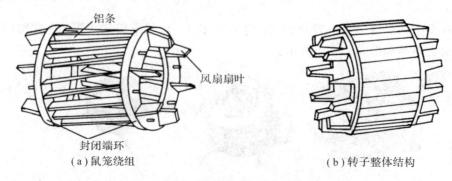

（a）鼠笼绕组   （b）转子整体结构

图 7 - 3 - 4   单相交流异步电动机转子

3．端盖及轴承

端盖采用铸铝或铸铁制成，内部包含轴承，起到了支撑转子、保护定子绕组端部的作用。

4．机座

机座将电机封闭起来，保护定子和转子不受机械损伤，防止灰尘和杂物的影响，同时还具有散热的重要功能。

早期的单相电动机机座多用铸铁制成，近年来的产品开始偏向于铸铝工艺。

7.3.2　电容式单相异步电动机

三相交流电动机接通三相交流电之后，定子绕组将会在电动机内部产生旋转磁场并使转子产生感应电动势，两者相互作用后形成转矩，驱动转子转动并维持。

对于单相交流电动机而言，由于只有单相交流电源，无法产生旋转磁场，也就无法直接驱动电动机转子旋转。因此，单相交流电动机只能想办法另外产生一个旋转磁场，才能驱动转子启动并维持。

☞提示　单相电机通电后并不能旋转，如果用工具拨动电动机转子，使转子导体切割定子产生的脉动磁场，此时就会产生感应电动势和电流，并使转子在磁场中受到电磁力矩作用，从而沿着刚才的拨动方向开始旋转。

1．电容式异步电动机的工作原理及结构

为了让单相异步电动机能自行产生一个启动转矩而开启转动，电动机定子中除了安装有主绕组 U_1-U_2，还需要增加一只辅助的启动绕组 Z_1-Z_2。启动绕组 Z_1-Z_2 与主绕组 U_1-U_2 的结构基本相同，但在空间上相差了90°。

此外，启动绕组 Z_1-Z_2 中还需要串联一只容量较大的启动电容，然后再与工作绕组并联，一同接入 220 V 的单相交流电源，如图 7-3-5 所示。

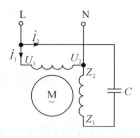

图 7-3-5　电容永久分相式异步电动机工作原理

选择适当的电容器容量，使启动绕组 Z_1-Z_2 与主绕组 U_1-U_2 之间的电流相位差近似为90°，这一过程俗称"分相"。当具有90°相位差的两组电流分别流经空间位置相差90°的两相绕组时，即可在电动机内部合成椭圆形的旋转磁场，鼠笼型转子在旋转磁场的作用下即可得到较大电磁启动转矩，从而正常启动运行。

电容式交流异步电动机的结构简单、启动快速、转速平稳，被广泛用于电风扇、换气扇、抽油烟机等家用电器中。

单相台扇电机、吊扇电机的内部结构如图 7-3-6 所示。

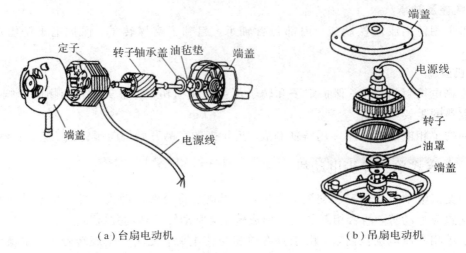

（a）台扇电动机　　　　　　　　（b）吊扇电动机

图 7-3-6　单相台扇电机、吊扇电机的内部结构

2. 电容分相式异步电动机的分类及启动

如果启动后的电容式单相异步电动机通过离心开关切除启动电容和启动绕组，这类电动机被称为"电容分相式启动电机"，如图 7-3-7 所示。

如果启动电容和启动绕组始终参与电机运行，这类电动机被称为"电容永久分相电动机"，如图 7-3-5 所示。

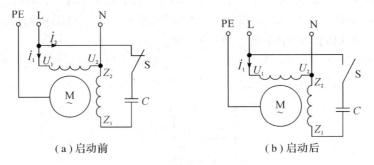

（a）启动前　　　　　　　　　（b）启动后

图 7-3-7　电容分相启动式电动机

1）电容永久分相式电动机

在图 7-3-5 中，电容永久分相电动机的启动绕组 Z_1-Z_2 和启动电容 C 在电动机启动、运行时均接入 220 V 交流电源。只需要任意改变主绕组或副绕组的首端、末端接线，即可改变旋转磁场转向、使电机反转。

电容永久分相式交流电动机的启动转矩较小，主要用于排风机等启动力矩不太高的电气设备。

2）电容分相启动电动机

电容分相启动电动机的启动绕组中串联有一只离心开关 S，电机启动时 S 处于闭合状态，副绕组 Z_1-Z_2 和启动电容 C 正常接入，电动机两相启动，如图 7-3-7（a）所示。

当电机达到 75%～80% 的额定转速时，离心开关 S 在机械离心力的作用下分断，将启动绕组从 220 V 交流电源中脱离，剩余主绕组进入单相运行状态，继续维持电动机的正常运转，如图 7 - 3 - 7(b)所示。

电容分相启动电动机的启动转矩、启动电流均较大，适用于小型空气压缩机等满载启动的场合。

3. 电容分相式异步电动机的正反转控制

电容式单相异步电动机的正反转控制并不复杂，将启动绕组或主绕组接至交流电源的两个接线端对调，即可改变旋转磁场的转向、实现电动机的反转，如图 7 - 3 - 8 所示。

开关 S 在位置 1 时，电动机正转；开关 S 切换到位置 2 时，改变电容器 C 的串联位置，实现电动机的反转。

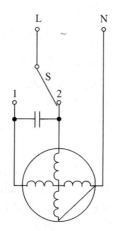

图 7 - 3 - 8   利用开关实现电容分相式电动机正反转

【例 7 - 5】 洗衣机电动机的正反转由定时器开关控制，每次定时时间到，开关的状态发生一次切换，从而改变电容的位置、实现正反转控制。

4. 单相电容式交流异步电动机的调速

单相交流异步电动机一般采用降压方式进行调速：

- 在电动机上串联带抽头的铁芯线圈(电抗器)，如：吊扇调速。
- 利用可控硅(晶闸管)斩波的方式实现调压，进而实现调速。

7.3.3 罩极式单相异步电动机

罩极式电动机是最简单的单相交流电动机类型，整体电气性能略逊于其他类型的单相交流电动机，但由于其具有结构简单、制造成本低、运行噪声小、对其他设备的干扰小等优势，因此仍被广泛用于电风扇、电吹风、吸尘器等小型家用电器。

根据定子外形结构不同，可将罩极式电动机分为凸极式与隐极式两大类。

1. 凸极式罩极电动机

凸极式罩极电动机只有主绕组，没有启动绕组。定子铁芯仍然采用硅钢片叠压而成，磁极凸出，主绕组绕制在凸极磁极上，每个磁极表面开有一个或多个起辅助作用的凹槽，将磁极分成大小不等的两部分，短路铜环(也称为电极罩极圈或罩极绕组)罩住较小磁极的一部分，如图 7 - 3 - 9 所示。

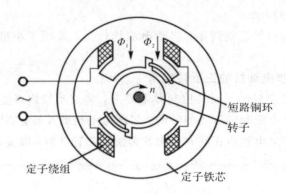

图 7-3-9 凸极式罩极电动机的结构

当主绕组中连接单相交流电后产生磁通，部分磁通穿过短路环，并在其中产生感应电流，短路铜环中的感应电流将通过凸极磁极的磁通分割为数量不等、相位不同的两组。短路环中的电流阻碍磁通的变化，致使短路环内和环外产生的磁通存在相位差，通过短路铜环的磁通滞后于没有穿过短路铜环的磁通，形成一个向被罩部分转动的旋转磁场，使电动机产生一定的启动转矩。

2. 隐极式罩极电动机

隐极式罩极电动机的定子铁芯与普通单相电动机相同，主绕组分布在定子槽内，罩极绕组没有使用短路铜环，而同样采用较粗的漆包线绕制并嵌装在定子槽内，起到辅助绕组的作用。主绕组与罩极绕组在空间上保持一定的夹角。

7.3.4 单相交流异步电动机的故障分析及排除

单相异步电动机采用 220 V 单相交流电源供电，容易出现电动机无法启动、转速不正常等故障，原因主要包括：定子绕组断路、启动电容失效、离心开关故障、电动机负载过重等。

单相异步电动机通电后如果电动机不转，必须马上切断电源，以免电动机因过热而损坏。发现上述情况，必须查出故障原因。在故障排除后，再通电试运行。

如果单相异步电动机通电后电动机不转，但如果拨动电动机转轴或风扇叶片后，电动机就顺着拨动方向开始旋转，这类故障的原因包括：

- 定子绕组开路。
- 启动电容失效。
- 电动机转轴阻力过大。
- 电动机的负载过重。

习 题

1. 电动机绝缘电阻的测量应涉及哪些部位的检测？如何接线？
2. 控制电路的电源电压如何确定？接错电压会导致哪些后果？
3. 分析常用电气控制线路工作原理及装接方法。
4. 如何对电动机实现直接正、反转控制？
5. 设计一种能够在两地分别对同一台电动机进行正反转控制的电路。

第 8 章　导线的连接与绝缘恢复

　　导线的连接是电工最基础的操作技能之一，导线连接质量的高低，将直接决定电气设备的工作性能是否安全、可靠。导线的连接分为剥离绝缘表皮、芯线连接、绝缘恢复等步骤。此外，在进行导线连接之前，还要进行绝缘导线的选型。

8.1　绝缘材料的选择与使用

　　电工技术中，将电阻率大于 $10^9\,\Omega\cdot m$ 的材料称为绝缘材料。这类材料在外加电压的作用下，只会有非常微弱的电流通过，介电性能优异，具有较高的绝缘电阻和耐压强度，因此也常常被称为电介质。

　　绝缘材料被广泛用于电气设备中电位不同的带电单元、带电体与不带电体之间的隔离，避免发生漏电、爬电或击穿等事故，确保电流流向或人身安全。

　　绝缘材料按形态可分为气体绝缘材料、液体绝缘材料、固体绝缘材料三大类。其中，固体绝缘材料在电工作业中最为常用，大型变压器中也会用到液体绝缘材料。

　　按照化学性质的不同，电工常用绝缘材料分为有机型、无机型、混合型三类。

- 有机型绝缘材料主要包括橡胶、酚醛树脂、棉纱、纸、麻、蚕丝、人造丝、漆、塑料等，大多用于制造绝缘漆、绕组导线的绝缘物涂覆。
- 无机型绝缘材料主要包括云母、石棉、大理石、陶瓷、玻璃、硫黄等，其耐热性能和机械强度优于有机绝缘材料，主要用于电机、电器的绕组绝缘、电气开关的底板、绝缘子等。
- 混合型绝缘材料是由无机绝缘材料和有机绝缘材料经加工合成后得到的成型部件，常用于电气设备的底座及外壳。

8.1.1　绝缘材料的基本性能指标

　　电工绝缘材料的基本性能指标包括绝缘强度、机械强度、耐热等级、膨胀系数、密度等。

1. 绝缘强度

　　在高于某一极限电压(即击穿电压)的作用下，通过电介质的电流会突然增加，绝缘性能被破坏甚至失去绝缘性能，这种现象称为电介质的击穿。

　　每毫米厚度的绝缘材料被击穿时所承受的电压值被称为绝缘耐压强度，也被称为介电强度或绝缘强度，单位为 kV/mm。绝缘耐压强度同材料的种类及厚度有关。

2. 机械强度

　　绝缘材料往往需要起到支撑、固定、灭弧、防电晕等诸多功能，因此对材料的机械性能也提出了较高的要求：较高的机械强度与抗张强度(单位横截面积所能承受的拉力)，较低的膨胀系数(绝缘体受热后体积增大的程度),易于进行机械加工。

对于不同用途的绝缘材料,机械强度的要求不同。

3. 耐热等级

绝缘材料常常可能工作在温度较高的状态下,耐热等级这一参数被用来标定绝缘材料在机械特性、介电特性、理化特性及外观等方面出现明显改变的最高工作温度值,该参数主要取决于绝缘材料的成分。

一般而言,绝缘材料必须具备较好的耐热性及导热性,才不至于因长期受热而使自身的绝缘性能被破坏。绝缘材料的耐热等级分为以下几种:

1)Y 级绝缘结构(极限工作温度:90℃)

未浸渍过的木材、棉花、纤维等天然的纺织品,以醋酸纤维和聚酰胺为基础的纺织品,以及易于分解和熔化点较低的塑料。

2)A 级绝缘结构(极限工作温度:105℃)

被油或油树脂复合胶浸渍的 Y 级材料、漆包线、漆布、棉纱、漆丝、油性漆、沥青漆等。

3)E 级绝缘结构(极限工作温度:120℃)

合成聚酯有机薄膜、漆、玻璃布、油性树脂漆、聚乙烯醇缩醛高强度漆包线、乙酸乙烯耐热漆包线。

4)B 级绝缘结构(极限工作温度:130℃)

聚酯薄膜、聚酯漆、聚酯漆包线、经合成树脂或有机胶粘合浸渍的云母、玻璃纤维、石棉。

5)F 级绝缘结构(极限工作温度:155℃)

用合适的树脂粘合或浸渍、涂覆后的云母、玻璃纤维、石棉等,以及其他无机材料、合适的有机材料或其组合物。

6)H 级绝缘结构(极限工作温度:180℃)

用合适的树脂(如有机硅树脂)粘合或浸渍、涂覆后的云母、玻璃纤维、石棉等材料或其组合物。

7)C 级绝缘结构(极限工作温度:180℃以上)

不采用有机黏合剂浸渍的石英、石棉、云母、玻璃、石英、陶瓷等无机物,用合适的树脂粘合或浸渍、涂覆后的云母、玻璃纤维。

8.1.2　常用电工绝缘材料

常用的电工绝缘材料包括电工塑料、电工橡胶、电工绝缘薄膜、电工绝缘树脂、电工绝缘胶带、热缩管、黄腊管等。

1. 电工塑料

电工塑料是以由合成树脂或天然树脂为基本原料,并加入填充剂、增塑剂染料和稳定剂后制成的高分子绝缘材料,原料丰富、价格便宜,具有密度小、机械强度高、介电性能好、耐热、耐腐蚀、易加工等优点。在一定的温度和压力条件下,电工塑料可以加工制作成各种规格、形状的电工设备绝缘零件,主要用于导线绝缘和护层材料。

对尺寸精度要求较高的零部件不适宜采用塑料。此外,在温度变化较大、湿度较高、容易遭受阳光曝晒的场合，往往也不适合采用塑料制品。

常用的电工塑料有以下几种类型。

1）聚氯乙烯

聚氯乙烯是一种热塑性塑料，加入不同比例和成分的增塑剂和稳定剂后，可以制成各种硬质或软质的电工塑料产品。

2）聚酰胺

聚酰胺俗称"尼龙"，是一种热塑性塑料，具有抗拉强度高、耐冲击韧性较高等优点，常常被用于制造接插件壳体、基座、绝缘衬套、电缆护套等零部件。

3）聚四氟乙烯

聚四氟乙烯属于热塑性塑料，具有良好的耐酸碱、抗腐蚀性能，电绝缘性能优异，摩擦系数极低。

4）甲基丙烯酸甲酯

甲基丙烯酸甲酯俗称"有机玻璃"，也是一种热塑性塑料，具有较好的韧性、耐磨性和抗冲击强度，适用于制作透明罩壳，如接线排的盖板、电气设备的观察窗口等。

5）酚醛塑料

酚醛塑料是一种较脆的热固性塑料，具有良好的耐酸、耐霉、耐油、耐热特性，主要用于制作耐腐蚀零件。

2. 电工橡胶

电工橡胶是一种具有弹性、用途广泛的绝缘材料，在较大的温度范围内具有优良的绝缘性、耐热性、抗低温特性、耐腐蚀性。电工橡胶分为天然橡胶和人工合成橡胶两大类：

· 天然橡胶由橡胶树分泌的浆液制成，主要成分是聚异戊二烯，其抗张强度、抗撕性和回弹性比普通合成橡胶好，但天然橡胶易燃、易老化、不耐热、不耐臭氧、不耐油或其他有机溶剂。天然橡胶适合制作柔软性、弯曲性、弹性要求较高的电线电缆绝缘层或护套，长期使用温度为 $60℃\sim65℃$，耐压等级可达 6 kV。

· 合成橡胶是碳氢化合物的合成物，主要用来制作电线电缆的绝缘和护套材料。

3. 电工绝缘薄膜

电工绝缘薄膜由若干高分子聚合物经拉伸、流涎、浸涂、辗压、吹塑等工艺制成。电工绝缘薄膜的厚度在 $0.006\sim0.5$ mm 之间，具有柔软、防潮、电气性能及机械性能较好等特点，主要用做各种线圈、电线的绝缘包覆以及电容器的电介质。

4. 电工绝缘胶带

电工绝缘胶带适用于各种导线、线圈的绝缘，如电线接头缠绕，绝缘破损修复，变压器、电动机、电容器等各类零部件的绝缘防护，也常用于电工操作过程中的捆绑、固定、搭接、修补、密封、保护。电工绝缘胶带的外形如图 8-1-1 所示。

图 8-1-1　电工绝缘胶带

早期的电工胶带多以无碱玻璃布或棉布为底材,在底材表面经刮胶、卷切而成,俗称黑胶布。黑胶布的胶浆由天然橡胶、炭黑、松香、松节油、重质碳酸钙、沥青及工业汽油等制成,具有良好的黏着性和绝缘性能,适用于$-10℃\sim+40℃$环境范围内、交流380V以下的电线、电缆绝缘包扎。

近年来的电工绝缘胶带多以聚氯乙烯薄膜为基材,在薄膜的一面涂覆胶黏剂后,经烘焙、切带而成。

电工绝缘胶带的特点是缠绕后能够自行粘牢,使用时不必借用工具即可撕断,使用方便。但在粘接之前,电工绝缘胶带的粘胶面应时刻保持清洁。

5. 电工陶瓷

电工陶瓷是经高温烧结而成的无机盐,具有耐热性好、不易吸潮、机械强度高、电绝缘性能优良、热膨胀系数小等显著优点,但陶瓷具有较脆、易碎的缺点。

电工陶瓷主要用于制作灯座、电源插座、线圈骨架、保险座、绝缘子。

6. 云母

云母是一种层状结晶型硅酸盐聚合物,化学性能稳定,具有良好的绝缘性和导热性,主要用于绝缘要求高且能导热的场合,如大功率三极管与金属散热片之间安装的绝缘垫片。

8.2　电气连接导线

除了高压电线直接采用裸露的金属线材制成,常用的电气连接导线的金属芯线外部均包覆有不同材料及规格的绝缘层。

8.2.1　常用导电材料

导电材料用于传递和输送电流,常用的导电材料包括铜、铝、铁等金属,具有以下典型特征:

- 导电性能好,电阻率低。
- 机械强度高,不易被氧化和腐蚀。

1. 铜

铜是最重要、最常用的导电材料,电阻率仅为$1.724\times10^{-8}\Omega\cdot m$,导电性能优异。此外,铜的延展性能和可焊性很好,易于加工和焊接。

硬铜的机械强度较高,常用于架空电力线缆;软铜容易弯折,主要用于制作电线、电缆的芯线,分为单股铜芯线与多股绞合线两类。

2. 铝

杂质含量不超过5%的电解铝被广泛用于电气连接,电阻率为$2.864\times10^{-8}\Omega\cdot m$,导电性能及机械强度均不如铜。此外,铝的焊接也相对较为困难。但是,铝的密度仅为铜的1/3,加之价格低廉、易于加工,因此在电气连接中也得到了广泛应用。

☞**提示**　在性能要求不高的照明线路、变压器、小功率电机中，广泛采用铝线替代价格较贵的铜线，可以显著降低产品成本，但随之而来的问题则是电线中的线损明显增大。

3. 钢

钢是最便宜的导电材料，同时具有很高的机械强度。但是，钢的导电性能较差，远不及铝和铜。此外，钢容易锈蚀，因此多用做铝电线的钢芯或用于制作接地角钢。

8.2.2　特殊导电材料

除了最常见的铜、铝、铁金属导电材料之外，在电工行业中还常常使用具有某些特殊性能的导电材料。

1. 电阻合金材料

电阻合金材料用于制造各种功率型电阻元件，主要包括康铜、新康铜、锰铜等材料。

康铜材料制成的金属丝以铜为主要成分，具有相对较高的电阻率和较低的电阻温度系数，主要用于制作分流、限流、取样电阻。

新康铜是一种新型的电阻性材料，以铜、锰、铬、铁为主要成分，不含价格较贵的镍金属，性能与康铜丝接近。

锰铜以锰、铜为主要成分制成，具有电阻率高、温度系数低、电阻值性能稳定等优点，常用于制造精密型标准电阻、分流电阻。

2. 电热材料

电热材料主要用于制造电热器具、电阻式加热设备中的发热元件，实现电能与热能的转换。电热材料的电阻率高、温度系数小、高温下的抗氧化性好、易于加工成形。常用的电热材料包括镍铬合金、铁铬铝合金以及某些熔点较高的纯金属等。

镍铬电热材料以镍、铬为主要成分制成，电阻率较高，被大量用于制造电阻式加热器、电炉中的电热材料。

3. 熔体材料

熔体材料是一种特殊的导电材料，在高温状态下将会发生保护型熔断，主要被用于制造熔断器内部的熔体，具有过载保护和短路保护等功能。

熔体大多被制成丝状或片状，俗称"保险丝（熔丝）"或"保险片（熔片）"，是重要的电工材料。

1）熔体材料的保护原理

熔体材料串联在电路中，当允许范围内的电流通过时，熔体材料具有常规的导电性能。当出现过载或短路故障时，回路中的电流急剧增加，电流的热效应引起熔体材料的温度上升，达到熔点温度时，熔体材料即被自动熔断，从而切断所在电路的电流供应，起到了保护电气设备的作用。

2）熔体材料的种类及特性

熔体材料包括纯金属材料和合金材料，按熔点高低可分为低熔点熔体材料、高熔点熔体材料两大类。

- 低熔点材料包括铅、锡、锌及其合金（铅锡合金、铅锑合金等），一般用于小电流负载的保护。
- 高熔点材料包括铜、银等金属，主要用于大电流负载的保护。

8.2.3　常用电气导线的分类

根据绝缘性能的差异，常用的电气连接导线可分为裸导线与绝缘导线两大类。

1. 裸导线

裸导线的芯线导体外部没有绝缘层，但在空气中不易被氧化和腐蚀，此外还具有机械强度高、易于加工、价格低廉等特点。

常用的裸导线材料包括紫铜、铜锡合金（青铜）、铝、铝合金等。对于负荷较重、机械强度要求较高的线路，可以选择钢芯铝绞线。

2. 绝缘导线

绝缘导线的芯线外部包覆有绝缘层，以隔离带电体或不同电位的导体，避免导线距离过近时发生短路故障、人体不慎触及时发生的触电事故。

绝缘导线的芯线主要由铜、铝制成，可根据实际需要，选择单股或多股的制造工艺。绝缘层可采用聚氯乙烯、丁腈聚氯乙烯复合物、氯丁橡皮等材料，其中，以聚氯乙烯绝缘导线和氯丁橡皮绝缘导线最为常见。

1）聚氯乙烯绝缘导线

采用聚氯乙烯材料的绝缘导线俗称"塑料电线"，按芯线材料可分为塑料铜线和塑料铝线。在相同的规格参数下，铜线比铝线能够承受更大的电流负荷，机械强度更高，但价格也更贵。

（1）塑料铜线。塑料铜线主要用于低压开关柜及电气设备内部的配线，同时也广泛用于室内及户外照明配线。塑料铜线用于室内及户外的照明、动力配线时，必须与穿线管搭配使用。

塑料铜线的绝缘电压多为 500 V，分成塑料硬铜线和塑料软铜线两大类。

- 塑料硬铜线分为单芯、多芯两类，如图 8-2-1(a)所示。单芯塑料硬线的规格在 $1\sim6\ mm^2$ 之间，多芯塑料硬线的规格在 $10\sim185\ mm^2$ 之间。

- 塑料软铜线全部为多芯线，内芯尺寸在 $0.1\sim95\ mm^2$ 之间，如图 8-2-1(b)所示。塑料软线质地柔软，可反复、多次弯曲，外径小、重量轻，在室内外照明、家用电器、电工仪表及工具中应用广泛。

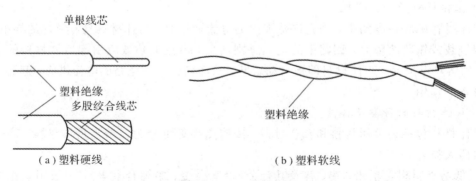

（a）塑料硬线　　　　　　　　　　（b）塑料软线

图 8-2-1　塑料电线

（2）塑料铝线。塑料铝线的绝缘电压为 500 V，受金属铝的性能制约，塑料铝线的内芯全部采用硬线式结构，可分为单芯和多芯两类，常用规格在 1.5～185 mm² 之间。

2）氯丁橡皮绝缘导线

氯丁橡皮绝缘导线的绝缘外层还增加有一层纤维织布，使之具备耐磨、防烫、防紫外线等特性。

【例 8-1】 老式电烙铁的电源线较多地采用了氯丁橡皮绝缘导线。

氯丁橡皮绝缘导线的工作电压一般为交流 250 V 或直流 500 V。RVV 型氯丁橡皮绝缘导线可用于交流 1000 V 以下的用电场合。根据芯线材料的不同，氯丁橡皮绝缘导线可分为橡皮铜线、橡皮铝线两大类。

- 氯丁橡皮铜线常用做家用电器、吊灯电源线，规格一般为 1～185 mm²。
- 氯丁橡皮铝线的常用规格为 1.5～240 mm²，绝缘电压多为 500 V，主要用于照明和动力配线。

3）漆包线

漆包线俗称"电磁线"，内芯导体用铜材料制成，个别要求不高的场合也可以选择铝材料。漆包线的表面覆盖了致密的绝缘漆作为绝缘保护层。

铜制漆包线的漆膜均匀、光滑柔软、厚度较薄，有利于线圈的自动绕制，广泛用于生产变压器、电动机内部的线圈绕组。

按照漆膜及其性能特点的不同，漆包线分为普通、高温、高强度、自粘、特种等类型。普通漆包线在低压电工产品中应用最多，常见品种包括 QZ 型聚酯漆包线、Q 型油性漆包线、QQ 型缩醛漆包线等。

8.2.4 电气导线的型号规格

1. 导线型号

导线型号可以反映导线的用途、绝缘材料、护套材料、芯线材料及其他特征，一般采用汉语拼音的"字母＋数字"格式进行表示。

1）分类代号或用途

B→布线、A→安装线缆、R→日用、K→控制、J→计算机。

2）绝缘材料

V→聚氯乙烯（单 V 代表一层绝缘，双 V 代表双层绝缘）、X→橡胶（橡皮）、Y→聚乙烯、YJ→交联聚乙烯、F→氟塑料、ST→天然丝、B→聚丙烯、SE→双丝包。

3）护套

V→聚氯乙烯、H→橡皮套、B→玻璃编织套、L→蜡壳、N→尼龙套、SK→尼龙丝。

【例 8-2】 常用聚氯乙烯塑料绝缘导线包括：BV（铜芯塑料硬线）、BLV（铝芯塑料硬线）、BVR（铜芯塑料软线）。

【例 8-3】 常用的橡皮绝缘导线包括：BX（橡皮铜芯线）、BXR（棉纱编织橡皮铜芯绝缘平型软线）、BLX（铝芯橡皮线）、BXH（铜芯橡皮花线）、BXS（铜芯双芯橡皮线）、BXG（铜芯穿管橡皮线）、BLXG（铝芯穿管橡皮线）、BBLX（橡胶绝缘玻璃丝编制铝芯线）。

4）芯线材料

L→铝、T→铜、G→钢芯、F→复合型。

☞**提示**　如果没有明确指出芯线材料的字母编号，则默认为铜。

5）其他特征

R→软线、S→双绞线、J→绞合线、B→平行、P→屏蔽、D→带状、T→特种。

【例 8 - 4】　RVS - 105 表示铜芯聚乙烯绝缘双绞型软导线，耐热 105 ℃。

2. 导线规格

导线规格主要指导线的横截面积大小，单位是平方毫米（mm^2），俗称"平方"。

（1）裸导线的常用规格包括 6、10、16、25、35、50、70、95、120、150、185、240。

（2）绝缘导线的常用规格包括 0.5、1.0、1.5、2.5、4.0、6.0、10、16、25、35、50、70、95、120、150、185、240、300、400、630、800。

【例 8 - 5】　TJ - 25 表示横截面积为 25 mm^2 的铜绞合线。

【例 8 - 6】　LJ - 35 表示横截面积为 35 mm^2 的铝绞合线。

【例 8 - 7】　LGJ - 50 表示横截面积为 50 mm^2 的钢芯铝绞线。

8.2.5　绝缘导线的最大安全载流量

绝缘导线的关键参数为最大安全载流量，俗称"安全电流值"，是指某种规格的绝缘导线在不超过 65 ℃最高工作温度的条件下，允许长期通过的最大电流值。一般而言，绝缘导线的温度超过 65 ℃之后，导线的绝缘层会迅速老化、变质，直至损坏，严重时可能引发火灾。

绝缘导线的工作温度与流经的电流大小密切相关，此外还与导线的散热条件、环境温度、导线敷设方式、内芯材料有关，因此绝缘导线的载流量往往不是一个固定值。

铜芯绝缘导线的载流量可以参考国际电工协会 IEC 60364 - 5 - 523 - 1983 标准：

（1）铜导线的安全载流量约为 5～8 A/mm^2，铝导线的安全载流量约为 3～5 A/mm^2。

【例 8 - 8】　2.5 mm^2 的 BVV 铜导线最大安全载流量为 2.5×8A/mm^2＝20A。

（2）10 mm^2 以下的导线，每平方推荐电流为 5A。

【例 8 - 9】　1.0 mm^2、1.5 mm^2、2.5 mm^2、4 mm^2、6 mm^2 的导线分别可以通过的电流为 5 A、7.5 A、12.5 A、20 A、30 A。

（3）25 mm^2 每平方可以通过 4 A 的电流，35 mm^2 的导线每平方可以通过 3 A 的电流。

（4）70 mm^2、95 mm^2 的导线，每平方可以通过 2.5 A 的电流。

（5）100 mm^2 以上的导线每平方允许电流降低为 2 A。

【例 8 - 10】　120 mm^2、150 mm^2、185 mm^2、240 mm^2 的导线正常工作电流为 240 A、300 A、370 A、480 A 的电流。

（6）若导线需要经过穿管操作，或需要经过温度较高的环境，则需要将前述的安全电流乘以 0.8 或 0.9 的系数。

（7）对于裸导线，可以将安全电流乘上 1.5 的系数。

（8）铜线相比于铝线，规格可以下调一级，例如：4 mm^2 绝缘铜线的载流量相当于 6 mm^2 的绝缘铝线。

常用绝缘导线的最大安全载流量经验值可以参考表 8 - 1 中的数据。

表 8 - 1　绝缘导线最大安全载流量经验值

导线参数	安全载流量	导线参数	安全载流量
2.5 平方铝线	12 A	1.0 平方铜线	6 A
4.0 平方铝线	19 A	1.5 平方铜线	10 A
6.0 平方铝线	27 A	2.0 平方铜线	12.5 A
10 平方铝线	46 A	2.5 平方铜线	15 A
0.41 平方软铜线	2 A	4.0 平方铜线	25 A
0.67 平方软铜线	3 A	6.0 平方铜线	35 A
16 平方软铜线	5 A	9.0 平方铜线	54 A
2.03 平方软铜线	10 A	10 平方铜线	60 A

8.2.6　绝缘导线的选型

进行电气导线的型号、规格选择时，需要全面考虑电工作业现场的设备特点和用电负荷性质、容量，并结合导线的散热条件、电流密度、电压损失、机械强度等诸多指标。

1. 绝缘导线的种类选择

根据使用环境、敷设方式、规范要求、使用条件等选择绝缘导线的类型，如绝缘材料、芯线材料、软硬程度等。

水泵房、食品加工间、浴室这类比较潮湿的室内环境，以及弥漫较多酸碱性腐蚀气体的厂房空间内，主要选择塑料绝缘导线，以确保抗腐蚀能力及绝缘性。

图书馆、宿舍等比较干燥的室内环境，阳光曝晒强烈的空间中，可选择橡皮绝缘导线。电动机的室内配线，一般采用橡皮绝缘导线，如果采用地下敷设工艺，需采用地埋塑料电力绝缘导线。

电烙铁的电源线可以选择花布护套的氯丁橡皮绝缘导线。

2. 根据负荷电流确定绝缘导线的规格

绝缘导线的载流量是由芯线材料及横截面积、导线敷设条件等多方面因素共同决定的。

1) 导线载流量计算

根据电气设备的实际负载特性(功率大小)计算流过导线的最大电流，绝缘导线的最大允许载流量不得低于线路负载的最大电流值。对于长时间持续工作的电气设备，需要除以60%的系数。

① 单相纯电阻性负载电流计算公式：

$$I = \frac{P}{U} \tag{8-1}$$

② 单相感性负载电流计算公式：

$$I = \frac{P}{U\cos\varphi} \tag{8-2}$$

③ 三相纯电阻性负载电流计算公式：

$$I = \frac{P}{\sqrt{3}U_{\mathrm{L}}} \qquad\qquad (8-3)$$

④ 三相感性负载电流计算公式：

$$I = \frac{P}{\sqrt{3}U_{\mathrm{L}}\cos\varphi} \qquad\qquad (8-4)$$

式(8-1)~式(8-4)中，P 为负载功率(单位：瓦)；U 为单相电源电压；U_{L} 为三相电源的线电压(单位：V)；$\cos\varphi$ 为功率因数，是一个没有量纲单位的系数。

2) 适当修正绝缘导线的横截面积

修正绝缘导线的横截面积时，需要重点考虑的参数包括：工作环境和温度高低、导线的走向、接插件数量(存在一定的电压损失)。

此外，单根绝缘导线可以比多根并行敷设的绝缘导线取更大的载流量；采用明线方式敷设的绝缘导线可以比穿管敷设的绝缘导线取更大的载流量；铜芯绝缘导线可以比铝芯绝缘导线取更大的载流量。

3) 校验机械强度

机械强度是指导线能承受的不发生损坏的受力强度值。机械强度与导线的材料、截面积的关系紧密。当负载电流较小时，如果仍然按照最大安全载流量进行计算，得到的绝缘导线横截面积会比较小、绝缘导线较细，可能无法达到机械强度的要求，容易导致断线故障。室内配线时，线芯的最小允许横截面积参数参见表 8-2。

表 8-2　室内配线线芯最小允许截面积

用　　　途		导线线芯的最小允许横截面积(单位：mm²)		
		多股铜芯线	单根铜芯线	单根铝芯线
灯头、灯座的下引线		0.4	0.5	1.5
移动式电气设备的引线		生活用线：0.2	不推荐	不推荐
		生产用线：1.0	不推荐	不推荐
管内穿线		不推荐	1.0	2.5
固定敷设的导线支撑点之间的距离	1 米以内	不推荐	1.0	1.5
	1~2 米	不推荐	1.0	2.5
	2~6 米	不推荐	2.5	4.0
	12 米以内	不推荐	2.5	6.0

如果按最大安全载流量选择的绝缘导线横截面积低于表 8-2 中的对应数值，应选用表中的数据。

8.3　绝缘导线的连接与绝缘恢复

绝缘导线是电气设备及部件之间进行电气连接和信号传递所需的基本材料，使用前需要进行相应的预加工处理。

在进行电气配线的过程中，常常因导线太短和线路出现分支，需要把一根导线和另一根导线进行连接,这种导线与导线的连接被称为对接。除了导线对接,还可以把导线与电气设备或开关相接,所有的电气连接位置均被称为接头。

导线的连接方法很多:焊接法、绞合连接法、缠卷法、紧压连接法、螺栓连接法……需连接的导线种类、连接形式、工作场合不一样,则导线的连接的方法也有所区别。

无论采用何种方法,导线的连接均可归纳为下列的基本步骤:

(1) 剪去绝缘导线多余的部分,剥去线头的绝缘层。

(2) 对多股芯线进行捻头或搪锡处理。

(3) 导线的线芯导体连接(焊接或压接)。

(4) 恢复绝缘层。

8.3.1　剥削绝缘导线线头的绝缘层

导线线头绝缘层的剥削是基本的电工操作技能之一,是导线加工的第一步。

剥削绝缘导线时可以选择电工刀、钢丝钳、剥线钳小心地剥除绝缘导线需连接部位的绝缘层。

1. 用剥线钳剥削塑料硬线的绝缘层

无论是塑料单芯电线,还是多芯电线,线芯横截面积在 4 mm² 以下的导线绝缘层优先选用剥线钳进行操作。橡皮电线同样可采用剥线钳剥削绝缘层。

用剥线钳剥削时,先根据需要剥离的长度,把导线放入相应的刃口,用手握压钳柄后松开,导线的绝缘层即被割破自动弹出。

注意　剥线钳的刃口直径应略大于线芯的直径,如果刃口的直径选择过小,容易损伤内芯的金属导体。

2. 用钢丝钳剥削塑料硬线的绝缘层

钢丝钳同样适用于剥削线芯横截面积在 4 mm² 及以下的塑料硬线,操作步骤如下:

(1) 左手捏紧导线,右手握住钢丝钳的钳柄,在需要剥削的线头位置用钢丝钳刃口稍微用力旋转,以切破绝缘层,如图 8-3-1(a)所示。旋转过程中用力不可过大,以免划伤或切断内芯线。

(2) 用右手握住钢丝钳的钳头,左手向外拉拽导线,利用钢丝钳的刃口勒去塑料层,如图 8-3-1(b)所示。

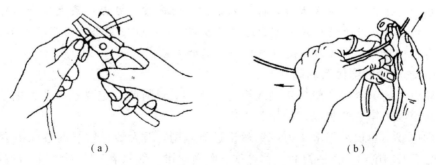

（a）　　　　　　　　　　　　　　（b）

图 8-3-1　用钢丝钳剥削塑料硬线的绝缘层

3. 用电工刀剥削塑料硬线绝缘层

对于线芯横截面积大于 6 mm² 的粗电线,一般采用电工刀来剥去电线表面的绝缘表皮。

1）电线末端绝缘表皮的剥削

电线末端的绝缘表皮剥削应用最多，操作也比较简单，如图 8-3-2 所示。

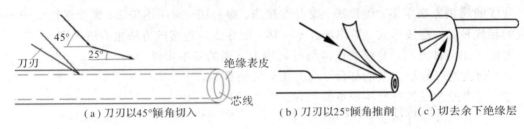

（a）刀刃以45°倾角切入　　（b）刀刃以25°倾角推削　　（c）切去余下绝缘层

图 8-3-2　用电工刀剥削电线末端绝缘表皮

（1）在带绝缘皮导线距离线头末端 10～15 cm 的位置，将电工刀刀刃以 45°角斜向切入塑料绝缘层，切忌把刀刃垂直向下对着导线绝缘层切割，因为这样容易割伤电线线芯，如图 8-3-2(a)所示。

（2）刀口接触到金属芯线后，放平电工刀刀面，使其与电线呈 15～25°左右的角度平行前推至导线的头部，削去电线上方的绝缘层，如图 8-3-2(b)所示。

（3）反方向掰动电线下面剩余的塑料绝缘层至先前的切口处，再用电工刀刀刃将弯折过来的绝缘层齐根切去即可，如图 8-3-2(c)所示。

2）电线中间段绝缘表皮的剥削

如需对电线的中间段绝缘层进行剥削，操作步骤略有不同：

（1）将电工刀刀刃以 45°夹角切入塑料绝缘表皮，如图 8-3-3(a)所示。

（2）翻开刚才剥开的绝缘表皮，用电工刀切去翻折的绝缘层，如图 8-3-3(b)所示。

（3）用电工刀刀尖刺入剩余的绝缘表皮并向外切断，如图 8-3-3(c)所示。

（4）将剩余绝缘表皮外翻，再用电工刀齐根活动的绝缘表皮，如图 8-3-3(d)所示。

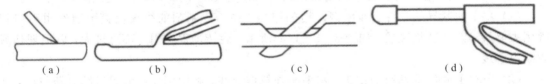

（a）　　　　　　（b）　　　　　　（c）　　　　　　（d）

图 8-3-3　用电工刀剥削电线中间段绝缘层表皮

☞提示　电工刀刀刃如果太钝，将难以切入绝缘表皮；刀刃如果太锋利，则容易损伤电线的金属内芯。刀刃的锋利程度可通过经验积累。刀刃钝可用磨刀石或油磨石进行打磨，磨好之后再将刀锋做倒角处理，使刃口出现一定的圆弧。

4. 塑料软电线的绝缘层剥削

塑料软电线的绝缘层一般采用剥线钳进行剥削。剥削前一定要选择合适的刃口，具体的操作步骤可参考第 2 章剥线钳的相关内容。

塑料软电线不建议采用电工刀或钢丝钳进行剥削，因为塑料软线的芯线由多股细铜丝组成，用电工刀剥削时，容易折断一些芯线。而钢丝钳一般只有一个剥线口，在剥削不合适尺寸的塑料软电线时，非常容易导致芯线折断。

5. 塑料护套线绝缘层的剥削

塑料护套电线包含两层绝缘材料：线体的护套层、每根芯线自带的绝缘表皮层，如图

8-3-4(a)所示。

塑料护套电线不适合采用剥线钳直接剥削绝缘表皮，一般多采用电工刀进行剥削。

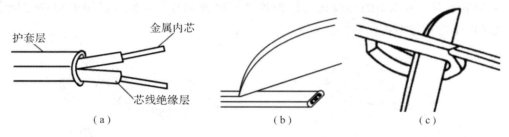

图 8-3-4　剥削护套电线的绝缘层

（1）在距离线头端部 10～15 mm 的位置，用电工刀刀尖对准护套线中间的凹槽，以 45°角倾斜切入并划开护套层，如图 8-3-4(b)所示。划线过程中，注意不要使刀尖偏离凹槽，避免损伤内部的金属芯线。

（2）反方向扳动并翻起护套层，再用电工刀齐根切去护套层，如图 8-3-4(c)所示。

（3）在距离线头 5～10 mm 的位置，用电工刀按照单股导线的剥削方法，分别剥去每根芯线的绝缘层。

6. 橡皮电线、花线绝缘层的剥削

橡皮电线的绝缘层内部还额外设置有纤维编织而成保护线，如图 8-3-5(a)所示。该线具有防拉断的功能。

橡皮电线的剥削流程如图 8-3-5(b)、(c)所示。

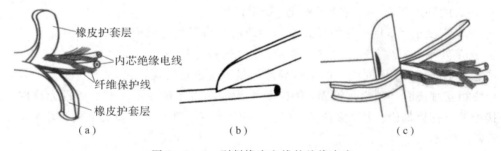

图 8-3-5　剥削橡皮电线的绝缘表皮

（1）用电工刀尖划开橡皮电线的橡皮护套层，切勿用力过大而伤及内芯电线的绝缘层。

（2）翻开橡皮护套层并用电工刀齐根切去。

（3）用剥线钳剥去内芯绝缘电线的绝缘表皮。

（4）用电工刀或剪刀割去纤维保护线。

☞**提示**　某些橡皮线的外部包裹着一层紫褐色棉纱纤维编织成的护套，俗称"花线"，剥削操这类橡皮线时，需要先将棉纱线护套向内推紧（可以不用剪掉），露出橡皮层，再用钢丝钳或剥线钳剥掉距离线头约 10～15 mm 长度的橡皮层即可。

7. 去除漆包线绝缘层

漆包线的表皮涂覆有一层致密的有机绝缘材料，只有去掉之后才能进行电气连接。企业一般使用专门的去膜液来腐蚀漆包线的表层。在一般的应用场合中，多使用细砂纸或刀片进行除漆操作：

- 直径 0.1 mm 以上的漆包线，推荐使用细砂纸来擦去漆层，如图 8-3-6(a)所示。
- 直径 0.6 mm 以上的漆包线可用刀片刮去漆层，如图 8-3-6(b)所示。
- 直径 0.1 mm 以下的漆包线可用细砂纸轻轻擦除漆层，也可以用火焰快速烧去漆层。此时由于线径过细，需要小心操作。

（a）砂纸法　　　　　　　　　　　（b）刀片法

图 8-3-6　去除漆包线绝缘层

8.3.2　导线的连接

导线连接是电工作业的基本操作工序，重要性不言而喻。由于电气线路的故障往往发生在导线的接头处，因此导线连接处的质量高低直接关系到整个线路和电气设备能否安全可靠地长期运行。

导线连接的基本质量标准及要求如下：

- 确保各根导线的连接紧密牢固，接触紧密、接触面积大、接头电阻小。
- 接头的机械强度高，原则上不低于被连接导线机械强度的 80%。
- 接头的外形美观，耐腐蚀耐氧化，稳定性好。
- 绝缘恢复正常、接头的绝缘强度与导线的绝缘强度一致或基本接近。
- 连接处不易发生打火、过热、断裂、绝缘破损等故障。

注意　不同材料、不同线径的金属导体尽量不要进行直接连接。

导线相互缠绕时必须紧密牢固，缠绕长度为线芯直径的 8～10 倍，条件允许时，建议对连接处进行搪锡加固。缠绕完成后，剪去多余的线头，挫平剪切口的毛刺，确保连接处牢固、美观、安全。

1. 导线的连接类型

（1）导线之间的连接。

（2）导线与接线柱（接线桩）的连接。

（3）压接。

（4）焊接。

2. 导线拉直

弯曲的导线在连接时容易发生松动，因此需要对其进行拉直处理，拉直导线的常用操作方法有以下两种：

- 将导线放置于地面，左手捏紧导线的一侧，右手用非光滑的圆形螺丝刀手柄压住导线来回推拉数次即可拉直导线。
- 两只手分别捏紧导线的两端，将导线绕过有圆棱的固定物体（如：桌角、椅背等），用适当的力量拖动导线沿着圆棱角往返数次也可以拉直导线。

3. 常用的导线连接方法

1) 单股导线的绞接法直连

绞合连接是将待连接的导线内芯紧密地绞合为一体。铜导线的延展性能较好，特别适用于绞合连接。

单股铜芯导线的绞接法直连步骤如下：

（1）使用剥线钳、电工刀、钢丝钳等电工工具，根据导线粗细，将两根待连接的绝缘导线剥出约 20～100 mm 的线头。

（2）将两根导线的线头用钢丝钳稍作弯曲，做 X 形交叉后相互并合，再将它们相互缠绕 2～3 圈后扳直两根线头，如图 8-3-7①、②、③所示。

（3）将其中一根金属线头（白色）在另一根金属线头（黑色）上紧密缠绕 5～6 圈后，剪去余线，使端部紧贴导线，见图 8-3-7④。

（4）将黑色金属线头在白色金属线头上紧密地缠绕 5 圈左右，剪去多余线头，平整好切口，见图 8-3-7⑤。

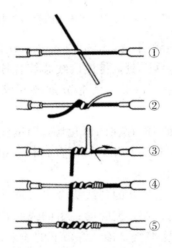

图 8-3-7　单股芯线的绞接直连

2) 单股导线的 T 形分支绞接

单股导线的 T 形分支绞接流程如图 8-3-8 所示。

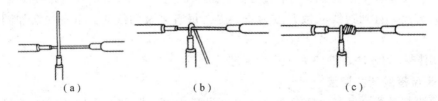

（a）　　　　　　　（b）　　　　　　　（c）

图 8-3-8　单股导线的 T 形分支绞接

（1）使用钢丝钳、剥线钳、电工刀等工具，根据支线粗细，剥出 20 mm 左右的线头。

（2）剥削干线中间约 10 mm 长度的绝缘层。

（3）支线与干线十字相交，将支线的线头在干线的芯线上紧密缠绕 5～8 圈后，剪去多余的芯线线头、钳平切口。

☞**提示**　如果干线的横截面积较小导致芯线较软，可先将支路芯线的线头在干路芯线上打一个环绕结，再紧密缠绕到干线上5～8圈后剪去余线即可。

3）多股芯线的绞接法直连

多股铜导线的直接连接操作流程如图8-3-9所示。

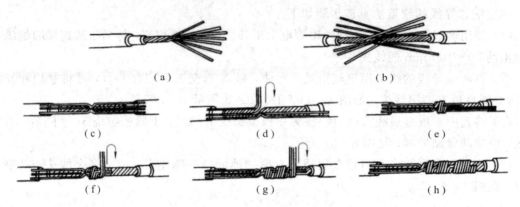

　　　　　(a)　　　　　　　　　　　　　　　　　　(b)

　　(c)　　　　　　　　　　(d)　　　　　　　　　　(e)

　　(f)　　　　　　　　　　(g)　　　　　　　　　　(h)

图8-3-9　多股芯线的直接连接

（1）剥去多股导线端头的绝缘层，露出约20～30 mm长度的金属部分。

（2）在靠近绝缘层的约1/3线芯处，将该段线芯绞合拧紧。

（3）将两根多股导线线头余下的2/3线芯分别散开成30°伞骨状，剪去中心的几股导线，如图8-3-9(a)所示。

（4）用细砂纸除去导线表面可能存在的氧化层，用钢丝钳等工具拉直导线。

（5）将两组伞骨状芯线端部正面互相对插，直到相互插嵌的导线长度达到已剥导线长度的2/3，如图8-3-9(b)所示。

（6）捏平两端对插的线头，把张开的各线头合拢，如图8-3-9(c)所示。

（7）将其中一边的线芯分为3组，扳起第一组的线芯，使之垂直于线头，如图8-3-9(d)所示。然后按顺时针方向紧密缠绕2圈，将余下的线芯向右与线芯平行方向扳平，如图8-3-9(e)所示。

（8）将第二组线芯扳成与线芯垂直方向，如图8-3-9(f)所示。然后按顺时针方向紧压着前两股扳平的线芯缠绕2圈，也将余下的线芯向右与线芯平行方向扳平。

（9）将第三组的线芯扳于线头垂直方向，如图8-3-9(g)所示。然后按顺时针方向紧压线芯向右缠绕，直到边线的散开点为止，切去每组多余的线芯，钳平线端如图8-3-9(h)所示。

（10）用同样的方法再缠绕另一边的线芯。

4. 线头与接线端的连接

除了导线与导线之间的连接之外，在电气设备内部，更多地采用了线头与接线端、接线柱、接线桩之间的连接。

1）单股芯线与固定螺钉之间的连接

将绝缘导线的内芯绕出一个线头圆圈（俗称：羊眼圈），再用压线螺钉配合垫圈将线头压紧后实现电连接，这种电气连接的方式无需额外的配件，在小功率用电设备中应用较广，如开关、插座、灯头等。

线头圆圈的制作步骤如图 8-3-10 所示。

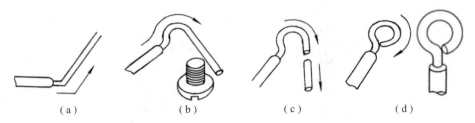

（a）　　　　　　（b）　　　　　　（c）　　　　　　（d）

图 8-3-10　单股芯线制作线头圆圈

（1）将绝缘导线末端的绝缘层剥去约为固定螺钉直径 3.5～4 倍的长度。

（2）使用无齿尖嘴钳将导线内芯在距离绝缘层根部约 3 mm 外的位置弯折成钝角，如图 8-3-10(a) 所示。

（3）用尖嘴钳加持芯线的弯折部位，按照略大于螺钉直径的尺寸，弯折成一段圆弧，如图 8-3-10(b) 所示。

（4）剪去芯线末端多余的部分，如图 8-3-10(c) 所示。

（5）用尖嘴钳修正芯线使之近似成为如图 8-3-10(d) 所示的封闭圆圈。

（6）将固定螺钉穿好合适的垫圈，从刚才弯好的线头圆圈穿入，接着拧紧螺钉，通过垫圈压紧导线，如图 8-3-11 所示。

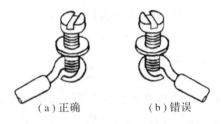

（a）正确　　　　　（b）错误

图 8-3-11　用螺钉压紧线头圆圈

羊眼圈的弯曲方向与螺钉旋紧方向一致（顺时针方向），这样才能与压紧螺钉的拧紧方向一致，如图 8-3-11(a) 所示；如果按照图 8-3-11(b) 所示的方式接入羊眼圈，在拧紧螺母时可能引起线头圆圈散开。

2）多股芯线与固定螺钉之间的连接

横截面积不超过 10 mm² 的 7 股及以下多股芯线载流量较小，同样可以按照如图 8-3-12 所示流程将线头弯折成接头圆圈后，通过压接螺钉实施电气连接。

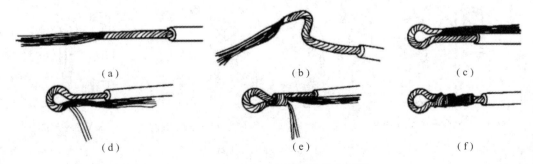

（a）　　　　　　　　（b）　　　　　　　　（c）

（d）　　　　　　　　（e）　　　　　　　　（f）

图 8-3-12　多股芯线制作线头圆圈

即使不将压线螺钉从螺孔中卸下，也可以将多股芯线以打活结的方式绕紧到螺钉，如图 8-3-13 所示。

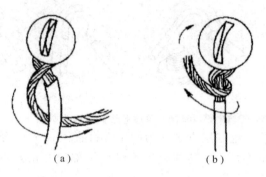

（a）　　　　　　　　　　　　　（b）

图 8-3-13　软线线头的连接

（1）适当剥去较长的一段多股芯线外部绝缘表皮。

（2）将较软的芯线沿着螺钉绕制 1～2 圈后，打一个活结，如图 8-3-13（a）所示。

（3）将穿出的芯线线头压在螺帽下方后，用螺丝刀拧紧螺丝钉、盖住芯线，如图 8-3-13（b）所示。

（4）用斜口钳剪去过多的线头，避免与周围的金属导体形成短路。

无论采用哪一种方式实现多股芯线与螺钉的电气连接，缠绕方向均需要与螺钉的拧紧方向一致；拧紧螺钉时，注意不要将导线的绝缘层压入垫圈下方；适当用力将螺丝拧紧，既能够确保良好接触，又能避免多股芯线意外散开。

3）导线通过压线鼻与接线螺钉连接

截面面积在 10 mm² 以上的单股线或截面面积在 4 mm² 以上的多股线，由于其电流载流量大，因而导线相对较粗，不易弯成规范的压接圈。此外，弯成圈后的接触面积可能小于导线本身的截面，增大了接触电阻，在进行大电流传输时，产生的热量较多，可能会形成安全隐患。因此，这类粗导线多采用压线鼻进行平压式螺钉连接的工艺。

压线鼻俗称线鼻子、接线耳、接线端子，由铜或铝制成，其外形如图 8-3-14（a）所示。由于规格从 1A 到几百安不等，因此接线鼻的外形及尺寸差异较大，压线用工具种类也比较多。实际操作时应根据绝缘导线的实际载流量，选择相应规格及形状的压线鼻。

压线鼻的应用非常广泛，电动机、变压器、电焊机等大功率电气设备的引出线基本都采用了压线鼻进行连接。即使是功率较小的家用电器、仪器仪表，其内部的电气连线也较多地使用了压线鼻来完成，例如：黄绿双色接地线的连接与固定。

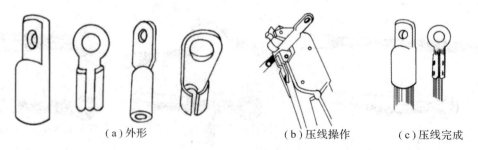

（a）外形　　　　　　　　　　（b）压线操作　　　　　　（c）压线完成

图 8-3-14　压线鼻

将绝缘导线的芯线压入接线鼻的操作如图 8-3-14(b)所示，压线完成后的压线鼻状态如图 8-3-14(c)所示，接下来将接线螺钉依次穿过压线鼻的固定孔、垫片并旋紧，固定好压线鼻，即可实现平压式螺钉的电气连接。

某些较细的多芯绝缘导线也可以采用锡焊或钎焊的方式实现与接线鼻的电气连接。

☞**提示**　有时为了使导线接触性能更好，也常常采用先压接，再对导线线头和接线鼻进行锡焊连接的双重工艺。考虑到铝材料较差的易焊性，因此铝制压线鼻与芯线线头之间、铝芯导线与铜制压线鼻之间均推荐采用压接工艺。

4) 线头与瓦形接线桩的连接

瓦形接线桩的压片类似于中国传统房屋瓦片，为了避免单芯线头从瓦形接线桩的压片下方滑出，在进行电气连接之前，需先剥去线头的绝缘表皮，除去芯线线头表面可能存在的氧化层或污垢，接着用尖嘴钳将裸露的芯线线头向内弯曲成图 8-3-15(a)所示的 U 形结构，U 形的高度约为宽度的 1.5 倍，最后剪去多余的线头。

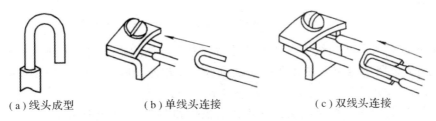

(a)线头成型　　　　(b)单线头连接　　　　(c)双线头连接

图 8-3-15　单股芯线线头与瓦形接线桩的连接

如果只有单根线头，将 U 形线头置入压片的下方，旋紧螺钉使瓦形压片压紧线头即可，如图 8-3-15(b)所示。

如果在一个瓦形接线桩上需要连接两个线头，可将两只弯曲成为相同形状的 U 形线头重合，再置入瓦形压片下方后，旋紧螺丝即可，如图 8-3-15(c)所示。

5) 线头与针形接线桩的连接

线头与针形接线桩的连接方法也被成为螺钉压接法，一般使用陶瓷接线桥（瓷接头）实现电气连接。瓷接头包括电瓷材料制成的外壳和内装的铜质接线柱、固定螺钉等几个部分组成，如图 8-3-16 所示。

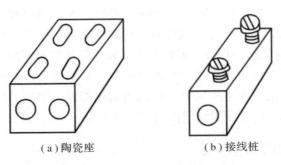

(a)陶瓷座　　　　　　　(b)接线桩

图 8-3-16　二路四眼瓷接头

瓷接头的外壳为如图 8-3-16(a)所示的陶瓷基座。陶瓷基座的两个端面开有圆形针孔，基座上方为长圆形的螺钉固定孔。

陶瓷基座内部有活动的铜质或钢质接线桩，俗称"针形接线桩"，接线桩两端开有针形的接线孔，接线桩上方各有单只或两只压线螺钉，如图8-3-16(b)所示。

　　进行电气安装操作时，首先剥出需要进行电气连接的绝缘铝导线或铜导线的线头，较细的芯线可以采用如图8-3-17(a)所示的对折方式，以增大压线时的接触面积；接着将导线线头分别插入接线桩两端的针形接线孔内；最后用螺丝刀拧紧接线桩上方的压线螺钉，即可完成金属芯线的电气连接，如图8-3-16(b)所示。对配备了两个压紧螺钉的针孔，待芯线插入后，应先拧紧近针孔口的那只螺钉，再拧紧近孔底的另外一只螺钉，如图8-3-17(c)所示。

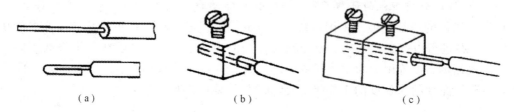

　　　　　(a)　　　　　　　　　　(b)　　　　　　　　　　(c)

图8-3-17　针孔式接线桩连接要求和连接方法示意

　　单股芯线或多股芯线的线头在插入针孔时应避免导线的绝缘层一并进入针孔而影响连接质量。此外，金属芯线应该在针孔内一插到底，针孔外裸露的芯线线头长度一般不得大于2 mm。

　　在同一个针孔中进行多个线头共线连接的操作如图8-3-18所示。

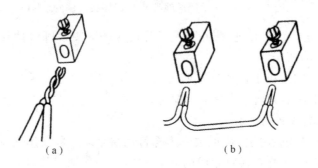

　　　　　(a)　　　　　　　　　　　　　　(b)

图8-3-18　针孔式接线桩的共线连接

　　如果是两根不同的芯线，需要将两根芯线剥去相同长度的绝缘表皮，再用力绞紧金属线头后插入接线桩的针孔后，再拧紧压紧螺钉，确保两根线受到相同的压紧力，如图8-3-18(a)所示。不要采用先压住第一根线，再插入第二根线后拧紧螺钉的操作方式。

　　如果是同一根线需要接入多个接线桩的针孔中，无需将这根电线剪断后再绞紧连接的方式，可以使用剥线钳或尖嘴钳剥掉导线中间段的绝缘层，然后对折露出芯线，并用尖嘴钳将之捏拢，插入针孔后拧紧压紧螺丝即可，如图8-3-18(b)所示。

8.3.3　导线连接处的绝缘恢复

　　导线连接完成，必须恢复绝缘层，以保证安全。恢复绝缘后的绝缘强度不得低于原导线的绝缘强度。在低压场合，主要采用对连接处包缠绝缘带的方式恢复绝缘。

　　常用的绝缘带有橡胶带、黄蜡带、黑胶布三种：黄蜡带的绝缘性能好，但没有黏性，主要作为内层的绝缘恢复；黑胶布有黏性，多用于外层的绝缘恢复。

宽度在 20 mm 左右的电工绝缘胶带使用方便，在日常的电工作业中应用较多。

1. 直线连接导线绝缘层恢复

采用黄腊管对直线连接的导线绝缘层进行恢复操作的流程如下：

（1）用黄蜡带（或橡胶带）从导线左侧完整的绝缘层上开始，向右方斜向缠绕，如图 8‑3‑19（a）所示。缠绕时，黄蜡带与导线保持约 45°的倾斜角，每圈压叠上一圈绝缘带宽度的 50%～60%；包缠 2～3 个左右的带宽后，进入芯线接头。

（2）进入芯线接头后，适当用力拉紧黄蜡带，使之能够贴紧并包裹住金属接头，如图 8‑3‑19（b）所示。

（3）到达右侧的另一根导线后，仍需继续包裹绝缘层 2～3 个带宽的长度。最里层的黄腊带管绕制完成以后，需要改变缠绕方向，自右向左缠绕第 2 层，如图 8‑3‑19（c）所示。

（4）剪断多余的黄蜡带，将黑胶带按照图 8‑3‑19（d）所示的方法接在黄蜡带的尾端，并开始沿着 45°方向倾斜裹紧黄蜡带末端，重新缠绕两层黑胶布。

（5）如果使用有黏性的黑胶带，当黑胶带到达左侧之后，撕断胶带末端即可。如果黑胶布没有黏性，可以用套结的方式扎紧黑胶布，以进行收口，如图 8‑3‑19（e）所示。

（6）绝缘恢复完成之后的导线如图 8‑3‑19（f）所示，比原先的绝缘导线略粗。

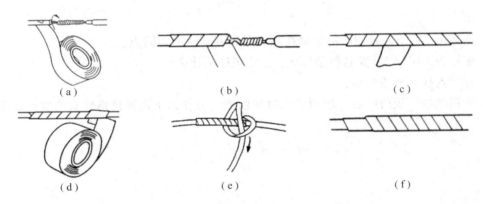

图 8‑3‑19　直线连接导线的绝缘层恢复

采用黄腊管、绝缘胶布（胶带）包缠法进行绝缘恢复的注意事项如下：

（1）对 380 V 线路的电线进行绝缘恢复时，必须先包缠 1～3 层黄蜡带或涤纶薄膜带，再在最外层包缠一层黑胶带。

（2）对 220 V 线路的电线进行绝缘恢复时，可以用黑胶带包缠 2 或 3 层即可。

（3）黄蜡带的包缠不可过于疏松，相邻两匝之间绝对不能露出芯线，以免发生触电事故或短路故障。

（4）绝缘带所在存放空间的温、湿度不宜过高，避免被油脂或粉尘污染及阳光直射，防止绝缘性能下降、黏着性变差。

2. 分支连接导线的绝缘恢复

再对出现 T 形或十字形分支的导线进行绝缘恢复时，与直线连接导线的绝缘恢复方法类似，主要差异在于拐弯处的绝缘恢复。

（1）用黄蜡带从导线左侧的绝缘层开始，按照顺时针方向进行包缠，如图 8‑3‑20（a）所示。

（2）黄蜡带包裹至分支位置时，用左手拇指顶住左侧转角处的黄蜡带带面，使其紧贴转角处的金属芯线，并向下用力，使其90°拐弯后向下方包缠，如图8-3-20(b)所示

（3）当黄蜡带包缠至支线的绝缘层后，开始反向包缠。

（4）在支线端的反向包缠并重新回到分支处，用力使带面在顶部向右侧倾斜，与被压在下边的带面呈"×"状交叉，如图8-3-20(c)所示。

（4）继续包缠黄蜡带至干线另一端的绝缘层后，剪断多余的黄腊管并接上黑胶布，再按第(2)～(4)步继续包缠黑胶布1或2层即可。

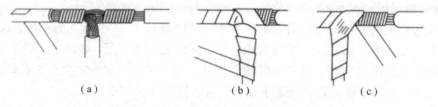

（a）　　　　　　　　　　（b）　　　　　　　　　　（c）

图8-3-20　分支连接导线的绝缘层恢复

习　题

1．比较电工刀、剥线钳、钢丝钳在进行导线剥削时的异同点。

2．型号为BLV的导线名称是什么？主要用途是什么？

3．导线连接有哪些要求？

4．常用绝缘导线的内芯一般用什么材料制成？为什么不选择价格便宜的铁丝或钢丝？

第 9 章　焊接工艺

导线与接线柱、导线与导线之间多采用物理接触的方式实现连接，在工作环境振动比较大的场合，还较多地采用了焊接工艺实现金属导体的连接。在电子线路中，导线与电路板之间更是广泛地采用了焊接工艺。

9.1　焊接的基本知识

电子焊接工艺首先通过外部集中的热量融化熔点较低的焊料成为液态金属，再将待焊接元器件的引脚与电路 PCB 的焊盘连为一体，使之形成导通电阻很低的电气连接。利用电子焊接工艺在焊盘表面形成的金属连接点习惯上被称为"焊点"。此外，元器件引脚与金属导线、元器件引脚之间均可通过电子焊接工艺形成良好的电气连接关系。

9.1.1　常用焊接工艺的分类

根据焊接过程中金属焊料所处的不同状态，可将焊接工艺分为熔焊、钎焊、压力焊和超声焊四大类。

1. 熔焊

熔焊工艺是指在不施加压力的条件下，用高温将两只待焊件的接头加热至熔化状态并发生熔合，待温度降低后，熔合部分凝结并将两只工件牢固地连接为一体。熔焊工艺主要包括电弧焊、埋弧焊、电渣焊、气焊等类型，焊接时的工作温度均比较高，无法应用于电子电路。

2. 钎焊/锡焊

钎焊过程中，母材不会熔化，焊料熔化后再固化，并由此而起到连接作用。焊料熔点高于 450℃ 的称为硬钎焊，低于 450℃ 的称为软钎焊。

电子电路的焊接多采用以锡铅合金（Sn－Pb）或纯锡（Sn）为焊料的低温软钎焊，俗称"锡焊"。

在锡焊过程中，待焊件与焊料被共同加热并升温至 400℃ 以内的焊接温度，由于焊接时间足够短，不会对大多数电子元器件造成热损坏。

以锡为主的合金焊料经熔化、冷却后固化成为焊点，具有较高的机械强度、较低的电阻率，总体导电性能良好。锡焊焊接工艺流程具有可逆性，当金属焊料熔化后可实现拆焊，而焊料冷却后完成焊接任务。此外，焊料可以经多次回收、提纯后重复使用。

3. 压力焊

压力焊是一种典型的固相焊接工艺，在焊接过程中，焊料与待焊件在整体外观上均不会发生熔融，而是通过压力或局部熔化后，使待焊部位形成紧密接触。

4. 超声焊

超声焊首先将工频电转换成千赫兹级的高频电能，再通过超声波高频换能器转换为同频的机械振动，振动能量通过摩擦方式转换成热能，熔化热塑性硬塑料并成焊接。

超声焊接工艺被广泛用于电源外壳等塑料部件的焊接。

9.1.2　锡焊的原理及基本条件

锡焊是将焊料、待焊件同时加热到最佳焊接温度后，让焊料在不同金属表面（焊盘、引脚）之间相互浸润、扩散后形成合金层。锡焊工艺对生产设备的要求很低，焊接技术也容易掌握，是进行电子电路焊接的首选。

1. 锡焊的基本原理

从焊料（焊锡丝）到最终的锡焊点，需要经历下列两个基本阶段。

（1）浸润。

加热后的液态焊料具有流动性，当焊料的表面张力较小、焊盘表面清洁且无氧化时，液态焊料将沿着金属焊盘表面向周边扩散开，这个过程被称为浸润。

（2）扩散与结合。

焊接过程中，液态焊料和金属焊盘、金属引脚表面的温度均比较高，各自的原子将会因相互扩散而在交界面上形成新的合金层（结合层），在结合层的作用下，焊料和待焊件结合成一个连续的整体，最终实现金属与金属之间低导通电阻的电气连接。

2. 形成良好锡焊的条件

为了在锡焊时形成良好锡焊、得到优质焊点，需具备下列基本条件：

（1）待焊件须具备较好的易焊性。

在合适的温度条件及助焊剂的辅助下，待焊金属材料（焊盘的铜箔、元器件的引脚）与焊料（锡铅合金、纯锡）之间能否生成结合良好、内阻率较低的合金，被定义为"易焊性"。金、银、镍、锡、铜及其合金材料具有良好的易焊性，在电子产品中应用广泛。铁、铝、不锈钢这些常用金属材料的易焊性很差，多采用压力焊、压接工艺实现电气连接，有时也可在某些特殊助焊剂辅助下实施锡焊，技术难度较大且具有一定腐蚀性。

（2）保持待焊件表面清洁。

为了让熔化的焊锡良好地浸润待焊件表面、使焊料和焊件形成良好结合，待焊件表面须保持清洁。即使是易焊性能很好的铜，氧化后的易焊性也会明显变差，如：放置时间太长的 PCB 往往难以焊接，正是由于铜质的焊盘表面被氧化所致。此外，焊盘或元器件引脚如果沾染油污后，也容易引发焊点虚焊等故障。

对于已经出现氧化的 PCB 焊盘、元器件引脚，可以使用细砂纸、小刀、镊子、硬橡皮轻柔地打磨或刮擦，然后再向其表面镀锡以避免二次氧化。

如果焊盘或引脚的氧化程度非常严重，可以采用弱酸性溶液快速清洗后再搪锡进行保护。

沾染油污的焊盘或引脚用湿布或酒精棉擦拭、清洗后及时晾干即可。

（3）焊接温度适中。

焊接时，焊料中的锡、铅原子需要获得足够能量，才能渗透到待焊件表面形成合金；只有焊接温度适中，才能获得优质的焊点：

- 过高的焊接温度容易氧化焊料，加快助焊剂挥发，并可能导致焊盘脱落；
- 过低的焊接温度无法充分熔化焊料，容易造成虚焊，影响焊接质量。

电烙铁通电后一般会很快达到热平衡状态，此时烙铁头温度将近似保持稳定。烙铁头的最高温度由电烙铁额定功率及环境温度共同决定。调温型电烙铁可以在一定范围内对烙铁头温度进行设定。

【例 9-1】　由于手工焊接时间一般比较短，烙铁头温度建议比焊料熔化温度高 50℃～100℃；锡铅焊料的焊接温度可以控制在 260℃～320℃，无铅焊料的焊接温度则需要上调至 350℃～370℃；焊点越大，则焊接温度需相应提高。

（4）焊接时间适中。

焊接温度基本确定之后，合适的焊接时间对焊点的影响同样关键。焊接时间的长短主要根据焊料材质、被焊件大小、焊盘尺寸、焊盘所连接 PCB 铜箔的面积等内容确定。

焊接时间包括电烙铁加热待焊件使之达到焊接温度所需时间 t_1、焊料熔化时间 t_2、焊点合金形成及固化时间 t_3，每段时间均比较短。针对不同的待焊接电路板及元器件，应选择不同的焊接时间：

- 从覆铜板的结构及生产工艺可知，单层板的焊盘与绝缘基板表面之间由树脂粘接而成，在对某个焊点进行长时间焊接时，会因为热量累积而造成局部温度升高，直至破坏树脂的粘接稳定性，从而引起焊盘翘曲、脱落，故单层板每个焊点焊接时间一般不宜超过 2 s。
- 双层及多层 PCB 的焊盘采用金属孔化工艺，容易散失烙铁头热量，为了避免虚焊，焊接时间可适当延长 1～2 s。
- 集成芯片、小体积传感器的焊接时间不应超过 2 s，焊接时尽量采用镊子夹住引脚，以起到局部散热的效果。
- 注塑接插件这类对温度非常敏感的元器件，会因为焊接时间过长而发生变形，故焊接时间不得超过 1 s，同时烙铁头的温度还需要适当降低。

出于生产效率的考虑，每个焊点在焊接过程中原则上均要求做到一次成型，无需修补。如果某次焊接后的焊点质量未能达到预期的工艺要求时，需要等到焊点冷却后再进行适当的修整或补焊。

另一方面，如果焊接时间太短容易引起焊锡不能充分熔化，造成焊点颜色灰暗、焊点表面不光滑等现象，严重时甚至可能引起"虚焊"故障。

9.2　常用的手工焊接工具及材料

焊接工艺的难度并不高，开展手工焊接所需要的工具、材料数量也相对较少。

9.2.1　电烙铁

电烙铁是进行手工焊接的主要工具。选择合适的电烙铁、采用正确的操作步骤，是保证焊接质量、提高焊接效率的前提。

常见的电烙铁包括直热式电烙铁、外热式电烙铁、感应式电烙铁、吸锡电烙铁、恒温式电焊台等多种类型。此外，还有适合野外操作、无需耗电的气体燃烧式烙铁。

1. 直热式电烙铁

直热式电烙铁向电热芯直接通以 220 V 的交流电，并利用电热芯通电后产生的高温加热烙铁头，以实施焊接。

1）直热式电烙铁的分类

直热式电烙铁可分为外热式、内热式两大类。电热芯体包覆在烙铁头外部电烙铁为外热式，烙铁头包覆电热芯的电烙铁为内热式。

（1）外热式电烙铁。

外热式电烙铁的烙铁头安装在电热芯内，电热芯内部的电热丝通电后产生的热量传送到烙铁头使烙铁头温度升高。

外热式电烙铁的外形及内部结构如图 9-2-1 所示。

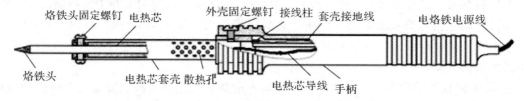

图 9-2-1　外热式电烙铁

外热式电烙铁的电热芯套壳靠近手柄处设计有若干均匀排列的小孔，在焊接过程中能够起到很好的散热作用，避免电热芯产生的热量积聚而造成手柄发烫、变形。

技巧　外热式电烙铁的烙铁头长短可以经固定螺钉进行调整：烙铁头伸出电热芯套壳的长度越小，烙铁头的温度相应也就越高。

（2）内热式电烙铁。

内热式电烙铁的外形结构如图 9-2-2 所示，与外热式电烙铁基本类似。这两种电烙铁的主要区别在于电热芯与烙铁头的相互位置。

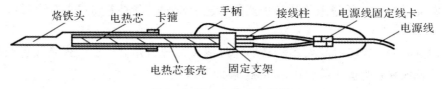

图 9-2-2　内热式电烙铁

从图 9-2-3 所示的电烙铁前端结构可以看出，内热式电烙铁的烙铁头将电热芯包裹起来，与外热式电烙铁电热芯在烙铁头外部的结构恰好相反。

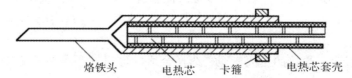

图 9-2-3　内热式电烙铁的前端结构图

在功率相等的条件下，内热式电烙铁的传热速度比外热式电烙铁快，体积与质量更小，能量转换效率更高。但由于内热式电烙铁的电热芯内部热量较为集中、散热效果不佳，容易产生局部过热的现象，因而内热式电烙铁的使用寿命一般不及外热式电烙铁。

一般而言，电烙铁的功率越大，单位时间内产生的热量越多、烙铁头温度越高。常用的内热式电烙铁的工作温度如表 9-1 所示。

表 9-1 常用内热式电烙铁的工作温度

烙铁功率/W	20	25	45	75	100
烙铁头的近似温度/℃	350	400	420	440	455

电烙铁的功率选择应适度，过高的功率与过小的功率均不利于焊接过程的开展：

• 电烙铁的额定功率过大，容易在焊接过程中烫坏待焊接元器件，或者使印制电路板（PCB）的焊盘从敷铜板中脱落。

• 电烙铁的功率太小，则无法使焊锡充分、快速地熔化，导致完成的焊点不光滑、连接不够牢固，容易出现虚焊等故障。

☞**提示** 焊接集成芯片、传感器等相对较为脆弱的元器件时，建议选择 20 W 的内热式电烙铁。焊接时间过长也会因热量积聚而造成元器件烧坏，每个直插式焊点通常需要控制在 1.5～3 s 之内完成。

2）直热式电烙铁的组成

直热式电烙铁的生产厂家较多，额定功率也具有不同的规格，使得常见的电烙铁外形差异较大，但组成部件基本相同，主要包括电热芯、烙铁头、电源线、手柄、电热芯套壳等单元，个别电烙铁还增加了电源指示灯。

（1）电热芯。

电烙铁内部的电热芯是将电能转换为热能的关键部件，如图 9-2-4 所示。电热芯属于标准化批量生产的产品，普通电热芯损坏后一般均直接更换，不建议进行维修。

（a）外热式电热芯　　　　　（b）内热式电热芯

图 9-2-4 电热芯

• 外热式电烙铁的电热芯采用开放式结构，将镍铬电热丝在陶瓷管、云母片等绝缘耐热材料上绕制成螺旋状后，经固定而成，如图 9-2-4(a)所示。

• 内热式电烙铁的电热芯则是将绕制紧密的电热丝放置在陶瓷材料内部后经高温烧结而成，只留出两根电源连接线，看不到螺旋状的电热丝，如图 9-2-4(b)所示，

高温状态下，电热丝的热应力较为集中，如果发生剧烈或高频率的振动，容易发生折断，因此不论何种电烙铁，在加热焊接过程中应避免敲击和磕碰。

（2）烙铁头的分类及选型。

烙铁头俗称"焊嘴"，是电烙铁的热量传递部件，也是焊接工艺中的施焊点。

早期的普通烙铁头用热传导性能很好、且容易沾锡的紫铜材料制成，焊接效果较好。但紫铜烙铁头容易因氧化或烧蚀而造成烙铁头表面受损，需频繁地进行修整甚至更换，工作时间一般不会太长。

近年来的烙铁头更多地采用了长寿型烙铁头，俗称"合金烙铁头"。长寿型烙铁头是在铁制或其他金属材料烙铁头的表面电镀上一层铁镍合金，使烙铁头表面在 500℃ 以内均具有了很好的抗烧蚀与抗氧化能力，工作时间大大延长。

需要注意的是，长寿型烙铁头的沾锡特性比传统的紫铜烙铁头略差，且不能用锉子或砂纸对烙铁头的表面进行修整或打磨，以免破坏烙铁头表面的铁镍合金镀层。

两类烙铁头均不建议在酸性较强环境下进行焊接作业。

在电子电路的焊接中，需要根据待焊点处的焊盘尺寸、元器件引脚的粗细及导热性选择合适的烙铁头。烙铁头端部一般不得大于焊盘面积，端部过大的烙铁头，在焊接的接触过程中可能会把较多的热量传递到待焊点，容易造成 PCB 焊盘或元器件烫坏。

无论是外热式电烙铁，还是内热式电烙铁，烙铁头都属于易损件，需要经常更换。在复杂系统中，如果涉及的待焊点种类较多，为满足不同焊接对象的实际需求，可以选配多种形状、规格的烙铁头。常见烙铁头的形状如图 9-2-5 所示。

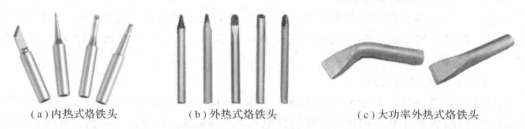

(a) 内热式烙铁头　　　　　(b) 外热式烙铁头　　　　(c) 大功率外热式烙铁头

图 9-2-5　常见烙铁头的形状

图 9-2-5 中常见烙铁头的实际应用场合可参见表 9-2。

表 9-2　常见烙铁头的应用场合

烙铁头形状	主要应用场合
○ ╱	马蹄形烙铁头沾锡面积较大，作为通用型烙铁头，是初学者练习焊接工艺的首选
◎ ╱	马蹄形烙铁头的背面也按照马蹄形锉削后得到凿式烙铁头，适用于较长的直插式焊点
⊙ ◁	尖圆锥式烙铁头特别适用于焊接贴片型(SMT)元器件、间隔很小的密集焊点
◿	刀形烙铁头是近几年快速发展的新型烙铁头，直插、贴片焊点均能胜任，特别适用于拖焊
⌐	弯头烙铁头主要用于 100 W 以上的外热式电烙铁，适用于大体积或散热较快的待焊件

（3）普通烙铁头的修整。

紫铜型普通烙铁头在高温下容易被氧化而影响沾锡的效果，如果在酸性助焊剂环境下，腐蚀的速度会进一步加快，使烙铁头表面变得凹凸不平。烙铁头表面的黑色氧化层及凹坑需要频繁地进行修整、打磨，以保证烙铁头能够较好地沾锡、焊接。

【例 9-2】　以马蹄形烙铁头为例，正确的烙铁头的修整步骤及维护措施如下：

①　拔掉电烙铁电源，令其自然冷却至室温；

②　取下烙铁头，装夹在小型台虎钳的钳口内，需要修整的烙铁头表面水平向上；

③　用细锉按照相同方向水平地打磨出现损伤的烙铁头表面；

④　当整个烙铁头的马蹄形表面全部露出光滑、平整的红色铜材后，停止打磨；

⑤　将烙铁头装回电烙铁并重新插上电源，待烙铁头温度升高后，将其插入松香（水）中；

⑥　观察烙铁头的松香烟雾变浓后，用焊锡涂抹烙铁头表面，形成一层均匀的锡膜，可以避免烙铁头中的铜被高温氧化而生成沾锡性能较差的黑色氧化层，方便下次的焊接操作；

⑦　电烙铁在随后的使用过程中，应随时检查烙铁头表面有无充足的焊锡保护层；

⑧　对于使用完毕的电烙铁，一定要及时拔掉电源线，避免烙铁头在长时间通电后出现"烧蚀"的现象：虽然烙铁头温度很高，却无法顺利粘锡。

（4）手柄。

电烙铁的手柄需要具有很好的隔热性与绝缘性，主要采用耐热性较好的塑料制成，质量较好的电烙铁手柄底端还加装了一层半透明的硅胶护套。

大功率电烙铁发热量较高，因而多采用胶木、电木等耐高温的复合材料制成。

（5）电源线。

电烙铁的电源线一般采用塑料线，容易被烙铁头烫伤，而且在气温较低的环境中，电源线容易发硬、打结。条件允许时，建议选择暗紫红色的纱线橡胶线或硅胶橡皮线作为电烙铁的电源线，表皮不容易被烫伤。

内热式、外热式电烙铁一般都使用了两脚的电源插头，无法有效地消除静电感应。在焊接集成电路、传感器芯片等对静电非常敏感的元器件时，安全性不高。电烙铁手柄内部有一只接线柱，与电热芯金属套壳相连，如图 9－2－1 所示。从这只接线柱引出一根绝缘皮电线，插入三脚电源插座的地线孔，即可消除焊接时的感应电势。

3）新电烙铁的使用

一把新的电烙铁在初次使用，应使用万用表电阻挡测量电烙铁内部电热芯的内阻 R_L 是否在正常范围内：

$$R_L = \frac{U_Z^2}{P_E} \tag{9-1}$$

式（9－1）中，U_Z 为电烙铁所接入电网的电压有效值，分为 100 V、120 V、220 V 等多种规格，P_E 为电烙铁的额定功率。

【例 9－3】　电烙铁的额定功率越大，电源插头之间的电阻值越低。常见的 20 W 非调温型普通电烙铁的电阻值约为 2.4 kΩ，30 W 电烙铁的阻值约为 1.6 kΩ，35 W 电烙铁的电阻值为 1.3 kΩ 左右。

如果使用万用表电阻挡测出的内阻值过小，则说明电热芯内部存在电热丝局部短路故障；如果测出的内阻值过大，则说明电热芯可能存在变质现象；如果测得的内阻值为∞，则说明电热芯内部开路或者电源线与电热芯之间的连接脱落；如果测得的内阻值时有时无，则说明电热芯内部或电烙铁内部的电气连接存在接触不良的故障。

除了测量电烙铁的内阻，从安全性的角度考虑，还可以用万用表高阻（200M 或 R×10 k）

挡对电烙铁电热芯金属套壳与两只电源插头之间的电阻值进行测量,以确定有无碰壳短路或绝缘电阻偏低的故障。质量正常的电烙铁所测出的电阻值应该趋近于∞。

　　4)电烙铁额定功率的选择

　　电烙铁的规格一般用额定功率进行表示,常用功率包括20、25、30、35、50、60、75、100、200、300(单位:W)等多种。在实际的焊接工艺流程中,操作者应根据待焊件的焊点大小、引脚尺寸对电烙铁的功率进行合理选择,不能期望用一把电烙铁完成所有的焊接任务。

　　针对不同焊接对象进行电烙铁功率选择时,可以参考表9-3。

表9-3　电烙铁的功率选型参考

待　焊　件	烙铁功率/W
塑料绝缘皮电线、排针、排插、传感器	≤25
集成芯片	25、30
电容、电位器、电阻及小功率晶体管	35
大电流电感、金封晶体管、散热片	50～75
金属板	≥100
野外焊接	≥350

　　如果选择了额定功率较低的电烙铁,则焊锡熔化的速度较慢,从而会影响焊接速度,甚至可能会因为烙铁头的温度过低而根本无法熔化焊锡。

　　如果选择额定功率较大的电烙铁,容易因焊接过程中热量积累而产生的高温烫坏待焊接元器件或PCB焊盘。

　　5)估测烙铁头温度

　　烙铁头温度与焊接质量密切相关,用烙铁温度计可以准确地测出烙铁头的焊接温度,如果缺乏专业的测温装置,也可以根据烙铁头涂抹松香后产生的烟雾状态粗略地进行温度估计。

　　【例9-4】　电烙铁通电升温并处在温度平衡状态之后,插入松香中,然后将烙铁头朝上,根据松香的烟雾状态,对烙铁头当前温度进行粗略估计,如表9-4所示。一般来说,松香烟雾越白、越浓,散去越快,则说明烙铁头温度越高。

表9-4　观察法估计烙铁头温度

烟雾状态	烟细长且薄	烟较大,持续时间较长	烟雾较浓,持续时间3～5 s	浓烈白烟,持续时间<2 s
估计温度	<200℃	230℃～250℃	300℃～350℃	>350℃
焊接能力	尚无法焊接,可用于剥去塑料电线的外皮	小型焊点	正常的焊接温度	粗导线、大焊点

　　☆**技巧**　外热式电烙铁靠近手柄处的金属套管开有均匀的散热孔,使用者可以将散热孔靠近鼻孔,通过呼吸散热孔附近的热气,并根据经验积累也可对烙铁温度粗略地估测。

2. 恒温电焊台

间热式电烙铁与直热式电烙铁的主要区别在于电热芯的连接方式。直热式电烙铁的电热芯直接连到市电电压，容易产生感应电压；而间热式电烙铁的电热芯则一般通过变压器再连接至市电，与电网的隔离程度较高。

恒温电焊台是一种先进的间热式电烙铁，其电热芯工作在较低的电压状态下，具有焊接温度可按需设定、焊接时烙铁头的温度基本保持恒定等优点。

1）外形结构及面板功能

恒温电焊台由主机和烙铁手柄两部分构成，手柄一般插在专用焊台烙铁架中，如图9-2-6所示。

图 9-2-6　恒温电焊台

（1）恒温电焊台主机面板中有一只尺寸较大的温度调节旋钮，顺时针方向可以设定更高的烙铁头温度，在相邻的两个温度值中，数值较小的为摄氏度（℃），数值较大的为华氏度（℉）。

（2）面板左下角的五芯插孔是焊台手柄"电热芯＋热电偶"的接插件，该插孔为防呆设计，手柄插头只能由一个角度插入。

（3）面板左侧中部是一只温度状态显示 LED，常用的状态信息为：长亮→正在升温，闪烁→恒温状态，熄灭→焊台未通电。

（4）面板中下方有一个小孔"CAL"，可用来与专用温度计配合，进行烙铁头温度的校准。

（5）面板右下角标注有"ESD SAFE"，表明该焊台采用低压供电，并采取了一些措施防护静电损坏，因而可用于焊接对静电敏感的元器件。

2）内部结构框图及工作原理

恒温电焊台的电路结构框图参见图9-2-7。

恒温电焊台内部的主体是一只较大功率的降压变压器 TF1，因而焊台整体较普通电烙铁更重、体积更大。变压器 TF1 将 220 V 的电网电压降低到 24 V 左右的较低电压，然后通过晶闸管（或大功率 MOSFET）向电热芯供电。温控装置是恒温电焊台内部的工作核心，将温度设定电位器对应的等效温度 t_s 与毗邻烙铁头热电偶所检测出的等效温度 t_m 进行比较，产生控制晶闸管 T 导通角的控制信号（或者产生一个控制 MOSFET 通断的 PWM 信号），维持基本稳定的烙铁头温度。

恒温电焊台采用了长寿烙铁头，烙铁头形状包括细尖圆锥头、小马蹄头、刀头等，烙铁头尖部的热量较为集中。恒温电焊台主要作小功率焊接使用，电热芯产生的热量有限，不宜用于高温、大焊点的焊接任务。

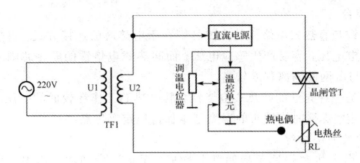

图 9-2-7 恒温电焊台的电路结构框图

3）焊接温度的设定

通过设定不同的焊接温度，恒温焊台才能在保证焊接效率的同时，又不至于损坏待焊件。表 9-5 提供了一个针对不同焊接对象时的焊接温度设定范围参考。

表 9-5 对不同待焊件施焊时的建议温度设定范围

待焊件类型	建议温度范围
塑料绝缘皮电线	240℃～250℃
排针、排母等小功率接插件、贴片 LED、注塑元器件	250℃～280℃
贴片型集成芯片、贴片电阻、电容、晶体管、二极管	270℃～300℃
直插型集成芯片、电阻、电容、电感、晶体管、电位器	280℃～320℃
无铅环保型元器件	310℃～350℃
大电流电感、焊板式变压器、散热片	330℃～400℃

在使用焊台进行焊接操作时，尽量从较低的焊接温度开始进行反复摸索、试验，以得到与自身焊接操作习惯匹配的焊接温度经验值。

3. 感应式电烙铁

感应式电烙铁是另外一种间热式电烙铁，电路原理及外形结构如图 9-2-8 所示。其核心单元是一只次级匝数很少的降压变压器 TF1，具有加热速度快的特点。

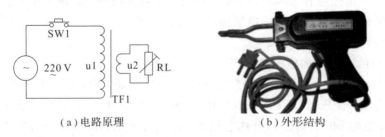

（a）电路原理 （b）外形结构

图 9-2-8 感应式电烙铁

图 9-2-8 中的自复位点动按钮 SW1 与变压器 TF1 的初级绕组串联。未按下 SW1 时，电烙铁无功率输出；当 SW1 被按下时，变压器 TF1 的次级感应电压向电热芯 RL 供电，与加热体相连的烙铁头迅速升温到焊接温度。

由于次级绕组及导线的内阻值均比较低，而电热丝的内阻 RL 略大一些，因此产生的热量主要集中在 RL，故感应式电烙铁的热效率较高。感应式电烙铁通电几秒钟即可达到焊接温度。需要注意的是每次点动 SW1 产生的电烙铁通电时间不宜过长，以免电烙铁因过热而损坏。

4. 调温型电烙铁

调温型电烙铁是近几年才发展起来的电烙铁新品种，其外形结构如图 9-2-9 所示。

图 9-2-9　调温型电烙铁

调温型电烙铁参考恒温焊台的控温原理进行了简化设计，而在外形上则与普通型电烙铁非常接近，价格也比较适中。调温型电烙铁的手柄内部设置了一块细长的调温电路板，通过将调温旋钮设定的电压值与烙铁头末端热电偶检测出温度的等效电压值进行比较，然后产生相应的控制波形驱动晶闸管的导通或截止，最终将烙铁头的实际温度控制在一个较小的波动范围之内，实现较好的控温效果。调温型电烙铁的调温范围为 200℃～450℃。

在焊接操作时，不要将电烙铁的调温旋钮转到尽头的高温挡位，以避免温度过高而导致烙铁头严重烧蚀。此外，调温型电烙铁属于直热式电烙铁，其电热芯与 220 V 电网电压直接相连，在焊接对静电敏感的元器件时，一定要接上烙铁配备的接地线，以消除静电感应。

5. 烙铁架及高温焊接海绵

电烙铁工作温度较高，在进行焊接操作时，一般需要将其插入合适的烙铁架中，以避免烙铁头烫坏其他物品及自身的烙铁电源线而引起短路或触电事故。电烙铁在焊接操作的间歇应放置到烙铁架中，既保证操作安全，同时又具有辅助散热的功能，防止烙铁头被烧蚀。

烙铁架主要由三部分组成：基座、托盘、插架，如图 9-2-10(a)所示。

（a）装有高温海绵的烙铁架　　　　　（b）焊接用高温海绵

图 9-2-10　烙铁架及高温海绵

- 烙铁架的基座一般采用较重的铸铁材料制成，以避免插入烙铁后引起烙铁架倾覆。
- 插架用于容纳电烙铁温度较高的电热芯金属套管，与水平的基座具有 45°～60°的倾斜夹角。夹角过大，容易造成电烙铁手柄温度过高；夹角过小，不方便电烙铁的插、取。插架一般采用不锈钢钢丝或镀镍钢丝按照螺旋圆台的形状绕制而成，也有的插架采用带散热孔的薄壁不锈钢钢管制成。
- 基座上表面设计有较浅的方形或圆形托盘，主要用来盛装焊接用高温海绵或者松香助焊剂。

• 高温纤维海绵比普通海绵更加致密，不易被高温烫坏，如图9-2-10(b)所示。高温海绵的颜色一般为黄色，也有少量蓝色品种。失水后的高温海绵质地较硬，不能用来清理烙铁头。充分吸水后的高温海绵体积将膨大2～3倍。

烙铁头上多余的焊锡，可以借助高温海绵进行清除：烙铁头与高温海绵的水平表面成30°倾角并压在吸水海绵的表面，然后按照相同方向将烙铁头在海绵表面进行擦拭，即可去除多余的焊锡，并使烙铁头端部保持光亮。

如果烙铁头表面出现氧化变色，也可以通过在高温海绵表面进行擦拭的方式去除。但是对于已经烧蚀严重、发黑的烙铁头，则需要采用细砂纸或细锉进行打磨去除。

△警告　沾锡过多的烙铁头禁止在烙铁架金属基座上敲击、抖落，以免损坏电烙铁内部的电热芯及烙铁头表面的合金镀层。

9.2.2　焊料

焊料用熔点温度远低于待焊件的金属材料制成，当焊料被加热熔化后，会在被焊金属的表面形成具有导电性能的合金物质。了解各种焊料的特性，是合理选择焊料的基本依据。

常见的焊料包括锡铅焊料、纯锡焊料、锡铅银焊料等多种类型。在焊接电子电路时，常用锡铅焊料(俗称：焊锡)与纯锡焊料。

纯锡(Sn)的价格较高、熔点较高(232℃)、液态锡的流动性差，但在常温下的抗氧化能力较强；纯铅(Pb)的熔点更高(327℃)、机械性能更差，但可塑性却比锡好。从参数及性能上看，纯锡或纯铅显然不太适合直接作为焊料使用。

1. 锡铅焊料的特性

工程上更常用的焊料是锡铅合金，俗称焊锡。锡铅合金焊料将锡与铅按照一定的比例制成，具有纯锡和纯铅不具备的优异性能。

1) 熔点相对较低

按照不同比例制成的锡铅合金的熔点如图9-2-11所示，均低于327℃的纯铅熔点，对焊接工艺有利。当锡、铅的占比分别为61.9%、38.1%时，锡铅合金的熔点降至最低的183℃，这个比例值在生产焊锡丝时被广泛采用。

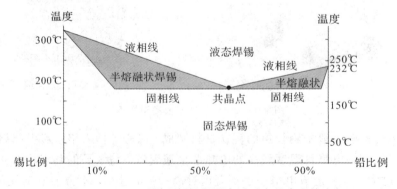

图9-2-11　不同比例锡铅混合后对应的合金熔点

市场上销售的锡铅焊锡的含锡量多在50%～63%之间，熔点较低。锡含量越高，相应的价格也就越高。

2）机械强度较好

锡铅合金的机械强度优于纯锡或纯铅。

3）熔融时的流动性较好

锡铅合金的黏度下降，液态时的流动性得到改善。

4）抗氧化性较强

锡铅合金焊料在熔化时不易发生氧化反应。

2. 锡铅焊锡丝

为了易于收纳及方便焊接操作，手工焊接时多采用绕制在空心线轴上的圆管状焊锡丝，如图 9-2-12(a)所示。管状焊锡丝的内孔填充有含松香成分的助焊剂，如图 9-2-12(b)所示。常用的焊锡丝直径主要有 0.5 mm、0.6 mm、0.8 mm、1.0 mm 等规格，单卷焊锡丝的重量一般为 450 克或 900 克。

（a）整卷的焊锡丝

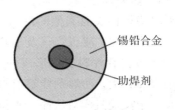
（b）焊锡丝横截面结构

图 9-2-12 焊锡丝

锡在地球中的储量并不丰富，其价格远远高于廉价的铅。凭借价格优势，再生锡铅焊丝近年来在市场上逐步走俏。这些廉价的劣质焊锡丝大多采用废旧电路板中回收提炼的焊点废料制成，锡含量严重不足，转而用铅进行替代，此外还包含铝、铁、磷、砷等其他金属杂质，这都会对锡焊性能产生很大影响。主要表现为：焊锡丝外壁颜色发暗，加热熔化温度很高，完成的焊点呈豆腐渣状。某些再生焊丝为提高易焊性，添加了酸性助焊剂，使焊盘、引脚甚至烙铁头很快出现明显的腐蚀痕迹，应尽量避免使用此类产品。

3. 无铅焊锡丝

出于环保因素的考虑，日本及欧美发达国家制定了严格的法律，控制有铅焊锡丝的使用，转而全面推广无铅（Pb-Free）焊料，以消除重金属铅对环境及人体健康的不利影响。

无铅焊锡丝的主要成分包括锡（Sn）、银（Ag）、铜（Cu）等，最常用的无铅焊锡丝成分比例为：Sn 99.3%、Cu 0.7%，生产成本较高。无铅焊锡丝的熔点为 227℃，合适的焊接温度接近 350℃。但无铅焊锡丝的润湿性相比铅焊锡丝更差，焊接的工艺难度大于有铅焊接，因此无铅焊接工艺造成的电路产品废品率明显高于有铅焊接。

无铅焊锡丝的表面一般能够找到图 9-2-13 所示的环保标记，以便于识别。

图 9-2-13 无铅焊接的环保标记

9.2.3　助焊剂

电子电路焊接所涉及的金属铜、锡、铅表面长期暴露在空气中，或多或少都会生成一层氧化膜。暴露在空气中的时间越长、湿度越大，则氧化越严重。氧化膜会阻止液态的焊锡在待焊接金属表面的润湿及流动，影响焊接质量。对此，可以通过助焊剂这种的专用化学材料在锡焊工艺中有效地克服上述问题。

1. 助焊剂的基本功能

助焊剂在焊接操作中的主要功能包括：保证焊锡浸润良好、减小待焊件表面张力、清除待焊件金属表面氧化膜、阻止焊点在高温下的二次氧化等。

（1）清除氧化膜。助焊剂内部的化学物质与待焊件表面的氧化物发生还原反应，可以清除氧化膜。

【例 9-5】　如果焊盘与元器件引脚仅仅属于轻度氧化，助焊剂在焊接时即可同步清除，但无法去除待焊件表面其他的污垢及多余的焊锡渣。

（2）阻止二次氧化。液态焊锡及加热的待焊件表面因温度较高，在空气中容易被氧化。而熔化后的助焊剂浮在焊料表面形成一层隔离膜，可以缓解上述氧化进程。

（3）减小表面张力。助焊剂能够有效减小熔融状态下锡铅焊料的表面张力，增强焊料的流动性，有利于浸润过程，从而改善待焊件的易焊性、加快焊接进程。

（4）使焊点美观。在焊接过程中，助焊剂具有修整焊点形状、光滑焊点表面的作用。

2. 助焊剂的分类

助焊剂种类较多，大体可分为有机、无机和树脂三大系列。在选择助焊剂时，应紧密贴合实际的焊接工艺，同时兼顾待焊件及焊料的金属成分。

1）松香

松香是电子焊接中最为流行的树脂型助焊剂，是一种"万能"助焊剂，多数中性助焊剂通常都包含松香成分。松香的焊接残留物在短时间内不具有腐蚀作用，是初学者进行手工焊接的首选。常见的松香助焊剂如图 9-2-14 所示。

图 9-2-14　焊接用松香

松香以松树的松脂为原料制成，主要成分为树脂酸、松脂酸酐及少量脂肪酸，熔点为127℃。常温下松香的化学活度很弱，在被加热到熔化状态时，开始表现出助焊活性，通过化学反应除去金属氧化膜，同时形成保护层漂浮在液态焊锡的表面，防止焊锡表面被氧化。此外，松香能够有效地减小液态焊锡表面张力，增强流动性。焊点完成焊接并降至室温后，松香恢复为稳定的固体，无腐蚀性，不导电。

【例 9 - 6】 采用松香作为助焊剂时，电烙铁的最佳焊接温度为 260℃～280℃，如果温度过高或者被反复加热，松香将会出现碳化现象（发黑、松脆），失去助焊剂的作用，碳化后的黑色松香应及时剔除，以免影响后续的焊接质量。

初学者在进行焊接时，由于焊锡丝中已经包含一定的松香成分，因此不建议频繁使用松香，避免松香在焊点附近形成大量固态残留，影响 PCB 美观；另外，如果松香粘附在PCB 表面的时间过长，将会表现出一定的弱酸性，影响焊点的牢固性。

【例 9 - 7】 焊接电子元件时，一般采用有松香芯的焊锡丝，这种焊锡丝熔点较低，而且内含松香助焊剂，使用极为方便。

2）有机、无机助焊剂

工业助焊剂在松香的基础上添加了酸性物质、树脂、活性剂、有机溶剂等成分，对焊接质量的改善具有更好的帮助，分为有机助焊剂和无机助焊剂两大类。

- 无机助焊剂的活性很强，常温下即可去除金属表面较为严重的氧化膜，但是无机助焊剂的强酸性也容易造成焊点、焊盘、引脚被腐蚀损伤，故原则上不能用于电子电路的焊接。
- 有机焊剂的助焊性较好，但同样表现出了一定的腐蚀性；焊接过程中产生的挥发烟雾对人体的危害较大。

【例 9 - 8】 对于铝、铁、不锈钢等难以上锡、易焊性很差的待焊件，应优先选择酸性的无机助焊剂，如：锡焊膏。普通焊锡膏的酸性较强，焊接时起到了表面活性剂的作用，能够强力去除金属表面的氧化物。同时，焊锡膏能够增加毛细作用，提高焊接表面的润湿程度，改善被焊件的易焊性。但是，焊锡膏对被焊点具有强烈的腐蚀作用，使用后必须进行严格清洗，避免助焊剂残渣对待焊件产生严重的腐蚀。

3. 选择助焊剂

助焊剂的选择比较简单，可参照下列原则进行：

（1）助焊剂熔点应低于焊料的熔点。

（2）助焊剂的表面张力、黏度、密度均不得大于焊料的相关参数。

（3）助焊剂残渣易清除，避免腐蚀电路焊点，同时也不会影响电路 PCB 外观。

（4）助焊剂对被焊接母材的腐蚀性不得太强。

【例 9 - 9】 酸性太强的助焊剂用于焊接时，在除去氧化层的同时也会损伤元器件引脚、PCB 焊盘的金属材质。如果因工艺要求确实需要使用酸性较强的助焊剂，应严格做好后续的清洗、干燥、介质涂覆等处理工序。

（5）助焊剂应尽量减少有害烟雾（气体）、刺激性气味的生成。

9.3　手工焊接工艺

手工焊接技术是一项重要的基本技能，即使当前回流焊、波峰焊等批量焊接技术已经被广泛采用，但在电路设计方案的调试阶段、电路系统的返修阶段，手工焊接技术依然显得必不可少。

手工焊接工艺的入门难度并不大，但焊接质量的高低将直接决定最终完成电子产品的可靠性及质量水平，因此，在初步掌握焊接技术的基础上往往还需要反复练习，以提高熟练程度。

9.3.1 焊接的动作姿态

对于习惯使用右手的操作者而言，手工焊接时一般是左手送锡丝、右手握烙铁，如图 9-3-1 所示。而对于习惯使用左手的操作者而言，可交换左右手，完成与图 9-3-1 类似的操作。

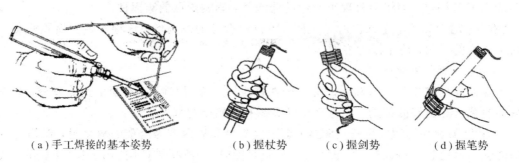

(a) 手工焊接的基本姿势　　(b) 握杖势　　(c) 握剑势　　(d) 握笔势

图 9-3-1　手工焊接

电烙铁在手中的握持姿势可以分为图 9-3-1(b)、(c)、(d) 所示的三种类型。

· 使用比较笨重的大功率电烙铁进行焊接时，建议采用握杖势或握剑势，即使进行长时间的焊接操作，也不容易疲劳。

· 小功率电烙铁、焊台多采用与现代人书写习惯基本一致的握笔势，很容易上手。在进行小批量的焊接操作时，烙铁手柄一般靠住食指的第三关节，如图 9-3-1(d) 所示；当焊接工作量较大时，建议将手柄靠着虎口。在进行间距较小、焊点密集的电路焊接时，还可采用与中国传统毛笔书写方法一致的握持方法，在烙铁尖竖直状态下进行焊接。

用拇指与食指捏住焊锡丝向待焊点推送锡丝的姿势如图 9-3-2 所示。如果焊锡丝捏持位置与待焊点的距离过长，容易造成焊点过大、影响焊接质量，同时引起材料的浪费；而距离过短，则容易烫伤手指，若焊点用锡量过少而无法完整覆盖整个焊盘时，可能会有埋下虚焊的隐患。

在图 9-3-2(a) 中，焊锡丝被压在手掌下方，适用于小段零散焊锡丝的手工送锡；图 9-3-2(b) 所示的操作比较适用于大批量的焊接操作，将焊锡丝卷悬挂于工作台左上方的转轴上，左手拖动焊锡丝末端进行手工送锡。

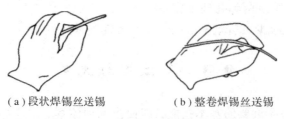

(a) 段状焊锡丝送锡　　　　　(b) 整卷焊锡丝送锡

图 9-3-2　握持焊锡丝向待焊点送锡

9.3.2 焊接的基本操作

采用手工方式对焊盘、接线柱进行焊接的基本操作流程可以分解为如图 9-3-3 所示的 5 个步骤。

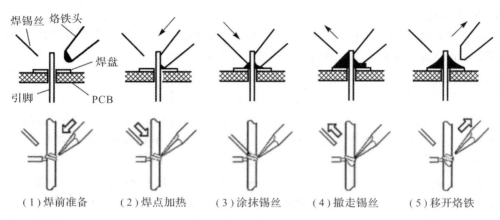

（1）焊前准备　　（2）焊点加热　　（3）涂抹锡丝　　（4）撤走锡丝　　（5）移开烙铁

图 9 - 3 - 3　　手工焊接的分解步骤图

1. 焊前准备

焊接前的准备工作较多，主要包括烙铁及烙铁头的选择、待焊接元器件引脚的清理及成型、引脚镀锡、印制电路板中的焊盘清洁等。

这里以电阻器为例，简要介绍焊前的准备工作：

（1）小功率电阻器的引脚较细、焊盘较小，选择 20～35 瓦的内热式或外热式电烙铁均能满足需求，电阻器的圆焊盘采用各种形状的烙铁头均可。

（2）用镊子、刀片或细砂纸去除电阻引脚表面氧化层及油污，使其具有金属光泽，新电阻则无需本步骤。

（3）（可选）将电阻的引脚放在松香上，用蘸锡的烙铁头为引脚镀上一层薄锡（俗称：搪锡），以改善引脚的易焊性。

（4）（可选）用细砂纸或硬橡皮清洁印刷电路板表面的待焊焊盘，涂上一层松香酒精溶液（将松香小块溶解到无水酒精中调制得到流动性较好的溶液）。

（5）用镊子或尖嘴钳将电阻的两只引脚向同一侧弯曲成直角，引脚弯折的位置距离电阻体的根部可以适当留出少量距离，如图 9 - 3 - 4 所示。

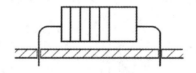

图 9 - 3 - 4　元器件的引脚弯折

（6）将元件管脚插入电路板的焊盘孔。大功率电阻为避免因受热而造成损坏，应与电路板顶层适当保持距离。

（7）按实际焊接所需的引脚长度，剪去多余的引脚。

2. 焊点加热

将烙铁头同时接触 PCB 中的焊盘与引脚，对其进行均匀加热。

烙铁头传递给待焊点的热量与烙铁功率、接触面积密切相关，烙铁头与焊点之间的压力对加快焊接速度并无帮助，反而在有些情况下可能损伤待焊件或焊盘。

3. 涂抹锡丝

当待焊件被加热到足以熔化焊锡丝的温度时，在升温后的焊盘表面涂抹焊锡丝使之熔化，熔化后的焊锡迅速向焊盘周围流动并形成一个锥形的焊点。

4. 撤走锡丝

当焊锡丝熔化后形成焊点的尺寸合适后，将焊锡丝向上按照45°角回撤并移开。从涂抹焊锡丝到撤走焊锡丝的时间很短，基本是一气呵成。如果时间过长，焊锡丝熔化量较大，将使焊点体积过大而成为椭球形甚至圆球形，造成焊锡过多的不良外观，影响焊接质量。

5. 移开烙铁

当焊锡扩散并全部覆盖焊盘，助焊剂覆盖在焊点表面形成膜状物质并尚未完全挥发时，焊锡的流动性最强，此时如果迅速移开电烙铁，则得到的焊点表面光泽度最佳。

烙铁头如果以大于45°角向上移开，得到的焊点圆滑、锥体略微偏鼓；如果烙铁头沿较小角度移开时，烙铁头会带走部分焊锡，使焊点的锥体高度降低，但可能会出现拉尖的现象。

6. 焊接技术要领

焊接技术掌握起来并不复杂，要想尽快达到较高的焊接质量，需要在焊剂的用量、焊料掌握、焊接温度、焊接时间等细节上多实验、多摸索、多总结。

1）焊剂的用量要适当

使用焊剂时，除了必须选用焊剂的种类外，还必须根据焊接面大小和表面情况选择适量的用量（目前有些焊料中加了适量的焊剂，这时不再加焊剂）。

2）焊料的掌握

焊料的用量应根据焊点大小来确定。对于初次焊接者来讲，一般采用先将焊料放在焊点处，再将电烙铁放在焊点上，待焊点受热熔化后，先拿走焊料，将电烙铁从下向上提，拿起电烙铁，这样能保证焊点光亮、圆滑；若焊接技术已基本掌握也可以采用电烙铁头蘸取适量焊锡再蘸取焊剂后，直接放在焊点上进行焊接。

【例 9-10】每一个焊点都是被焊料包围的接点，焊接过程中，焊料用量不同、焊接时间不同，均会造成焊点形状及质量出现差异。基本的评判原则是：焊锡用量适中、焊点外形较好且具有较高的机械强度，如图 9-3-5 所示。

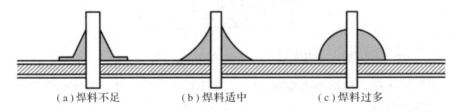

　　　　(a)焊料不足　　　　　(b)焊料适中　　　　　(c)焊料过多

图 9-3-5　焊点锡量的控制及掌握

3）焊接的时间与温度的要求

在焊接时，为使被焊接元件达到适当温度，使固体焊料迅速融化，产生湿润，就要有足够的热量和温度。焊接的时间可根据被焊元件的形状大小不同而有差别，但总的原则是看被焊元件是否完全被焊料湿润的情况而定。通常情况下烙铁头与焊接点接触时间是以使焊点光亮、圆滑为宜，如焊点不亮并形成粗糙面，说明温度不够，时间短。焊接时间也不可过长，否则容易导致元器件的损坏或焊接处铜箔脱落。手工焊接每个焊点的整个时长一般应控制在 3 s 以内；大焊点或焊盘具有大面积铜箔相连时，手工焊接的耗时也不宜超过 5 s。

　　4）焊接过程注意事项

　　焊接流程需要操作者进行反复的实践练习并不断总结规律，才能养成良好、规范的焊接习惯，确保焊接效率与焊接质量二者兼得。

　　• 焊接时被焊件要扶稳，否则会造成虚焊。

　　• 焊接时烙铁头与引线和印制铜箔同时接触。

　　• 在焊锡凝固之前，待焊接元器件位置不能移动，以免影响焊点质量。

　　• 焊接完后要将漏在印制电路板面上的多余引脚剪去，并检查电路有无漏焊、错焊、虚焊。

9.3.3　焊点的质量

　　焊点在电路中对焊盘与引脚起到电气连接与固定的作用，焊接水平及焊点质量的高低直接关系到最终完成的电子产品能否正常工作。

1. 焊点的质量要求

　　每个合格的焊点均需要具有稳定可靠的电气连接、较高的机械强度、整齐光滑的外观形态。规范焊点的剖面结构如图 9-3-6 所示。

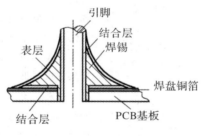

图 9-3-6　焊点剖面图

　　一个合格焊点首先要将整个焊盘填满。其次，焊点的立体结构呈近似的圆锥体形状。由于锡铅合金具有热胀冷缩的性质，因而冷却后的焊点圆锥表面将出现略微的凹陷。焊锡与元器件引脚、焊盘铜箔之间表现为自然、平滑的连接状态，接触角很小。焊点圆锥体表层光滑，金属光泽较好。

2. 不良焊点的典型特征

　　初学者练习手工焊接工艺时，完成的焊点可能无法达到图 9-3-6 所示的效果，存在一定的焊接缺陷。除了基本的焊接操作手法之外，元器件引脚及 PCB 焊盘的质量、焊锡丝、助焊剂、电烙铁及烙铁头均可能是造成焊点存在缺陷的原因。

　　虚焊是焊点处只有少量锡焊住，造成接触不良，时通时断。假焊是指表面上好像焊住了，但实际上并没有焊上，有时用手一拔，引线就可以从焊点中拔出。这两种情况将给电子制作的调试和检修带来极大的困难。只有经过大量的、认真的焊接实践，才能避免这两种情况。

　　焊接点表面要光滑且有光泽，焊接点的大小要均匀。在焊接中应避免虚焊、夹生焊等现象的出现。所谓虚焊就是焊料与被焊物的表面没有互相扩散形成金属化合物，而是将焊料依附在被焊物的表面上，这一现象的出现与焊件表面不干净、焊剂用量太少有关。所谓夹生焊就是焊件表面晶粒粗糙，锡未被充分溶化，其原因是烙铁温度不够高和留焊时间太短。

初学焊接时，焊点表面可能容易出现尖刺，这是由焊锡未完全熔化、烙铁头撤离时间过长等多种因素所造成的，需要反复练习以消除这类不良焊点。

焊接电路板时，一定要控制好时间，时间太长，电路板将被烧焦，或造成铜箔脱落。

3. 常见缺陷焊点的外形特征及其产生原因

常见缺陷焊点的外观特征、存在的隐患或危害、可能的产生原因如表 9 - 6 所示。

表 9 - 6　常见焊点缺陷及分析

示意图	外观特征	产 生 原 因
虚焊	· 焊锡与焊盘铜箔、引脚之间存在明显的边界 · 焊点颜色灰白 · 元器件引脚松动	· 焊接质量太差 · 元器件引脚、焊盘存在较为严重的氧化、油污 · 焊锡丝质量不好、焊锡丝未能充分熔化 · 焊接时间过短、焊接温度不够高 · 焊锡冷却过程中，元器件引脚发生了晃动 · 元器件引脚浸润较差
焊料用量不合适	· 焊锡量过多，焊点表层突出，呈球形或圆台形 · 焊点表层圆锥面凹陷严重，没有形成光滑的过渡面	· 焊锡丝过粗 · 焊锡丝的撤离时间太晚或太早 · 焊锡丝质量不好、流动性差 · 助焊剂不足或质量不好 · 焊接温度过低
焊点夹渣	· 焊点中夹杂松香渣或气孔	· 助焊剂使用过多 · 松香已经炭化、失效 · 焊接加热的时间不足 · 引脚或焊盘表面有氧化膜或油污 · 双层板焊接时间过长，焊盘孔内空气膨胀后未及时排出 · 元器件引脚与焊盘孔的间隙过大
焊点氧化	· 焊点表层粗糙 · 焊点无金属光泽 · 焊锡与焊盘之间的接触不平滑	· 助焊剂不足或失效 · 电烙铁功率过大 · 焊接加热时间过长
不对称	· 焊点在焊盘表面分布不均匀 · 焊锡未能填满焊盘	· 焊锡的流动性较差 · 助焊剂不足或失效 · 焊接的加热时间不足

续表

示意图	外观特征	产 生 原 因
拉尖	• 焊点表面出现尖刺	• 助焊剂不足或失效 • 焊接的加热时间太短 • 电烙铁的烙铁头撤离的角度不合适
桥接	• 相邻两个焊盘被同一段焊锡相连	• 焊接时焊锡使用量过多 • 烙铁头撤离的角度不合理 • PCB 中相邻焊盘的安全间距设置过小
焊盘脱离	• 焊盘铜箔从 PCB 表面翘曲、剥落	• 烙铁头温度过高、电烙铁功率过大 • 焊接加热的时间太长 • PCB 为质量较差的基板材质 • PCB 存放时间过长

9.3.4 焊接的安全注意事项

（1）手工焊接过程中，熔化焊锡时产生的含铅烟雾、助焊剂受热挥发出的化学物质对人体健康将会造成不良影响，在使用电烙铁进行焊接操作时，烙铁头距离头部不要低于 20 cm，以免吸入过多的有害气体。建议佩戴口罩后再进行焊接作业。条件允许时，焊接场地中最好配备换气扇、吸烟仪等通风装置。

（2）绝大多数焊锡中含有较高比例的重金属铅，对人体健康的影响较大，建议配戴手套进行焊接作业，焊接操作完成后需立即洗手，禁止边焊接、边进食。条件允许时，可以优先选择无铅焊锡。

（3）电烙铁必须配套使用烙铁架，烙铁架一般放置在工作台的侧前方。电线、手或衣物不要碰到插入烙铁架的烙铁头或烙铁架的金属部位，避免短路或烫伤事故发生。

（4）电烙铁在每次通电之前都需要仔细检查电源线表皮有无破损、露铜，及时向表皮破损处缠紧绝缘胶带后，才能继续使用电烙铁。

（5）焊接集成芯片、传感器等比较脆弱的元器件时，建议将电烙铁内部与电热芯套壳相连的接线柱引出一根接地线并可靠接地。

（6）对于氧化严重而不易沾锡的烙铁头，需要及时打磨清理，因为这类烙铁头不容易较快地完成焊接，随着焊接时间的加长、热量的积累，容易烫坏元器件或焊盘。

（7）烙铁头粘上过多的焊锡后，可以在润湿的高温海绵上擦拭后去除，不能以甩动电烙铁的方式去掉焊锡，这种操作方式可能会甩出锡珠而烫伤旁人或烫坏化纤衣物。

9.3.5 拆焊工艺

当焊接工艺流程中出现元器件插装错误或发生损坏时，往往需要进行拆焊工艺处理。此外，在进行电路的调试或维修时，可能需要对某些疑似的故障元器件或参数不合适的元器件进行检测、更换，元器件的拆焊工艺自然也是电子从业人员的必备技能。

在进行拆焊工艺操作时，电烙铁、镊子等基本的焊接工具仍然需要；其他常用拆焊工具及配件还包括一字螺丝刀、不锈钢空芯针、铜制吸锡编织带、吸锡电烙铁等。基本的拆焊工艺类型包括：手工逐点拆焊、毁坏式拆焊、局部集中加热拆焊等。

1. 毁坏式拆焊

对已确定损坏的元器件，可先将元器件的引脚全部剪断后取走，然后再用电烙铁配合镊子去掉焊盘中的残余引脚即可。

2. 直拆

电烙铁对焊接在电路板中的元器件进行直拆操作，主要针对单层 PCB 板、元器件的引脚数目不多、焊盘孔大而引脚细的元器件。

电烙铁直拆工艺的基本步骤：将发热的烙铁头贴紧焊点，待焊点中的焊锡熔化后，将元件的引脚从焊盘孔中拔出。

直拆工艺比较简单，但在操作时容易发生元器件引脚折断或 PCB 焊盘脱落等故障。

1）引脚数较少的元器件拆焊

拆卸电阻、电容、二极管、无源晶振等双引脚元器件时，工艺难度不大，可以使用普通电烙铁直接完成：

（1）将电路 PCB 翻转后放置在工作台表面，斜向上露出底层的焊接面。

（2）用烙铁头熔化待拆卸元器件其中一个焊点的焊锡。

（3）待焊锡熔化后，用镊子轻轻撬动元器件本体，使元器件的引脚从 PCB 的焊盘孔中脱离。

（4）用相同的方法拆去另一个焊点，元器件即从 PCB 中拆出。

2）引脚数略多的元器件拆焊

对于三极管、电位器、接插件、继电器、8 脚以内的集成芯片等引脚数目不太多的元器件，也可以采用电烙铁直拆工艺，将连接、固定焊盘与元器件引脚的所有焊锡全部除去之后，对元器件进行拆除：

（1）用烙铁头交替加热、熔化待拆焊元器件的焊点。

（2）用镊子从 PCB 顶层均匀撬动待拆卸元器件，使元器件引脚略微翘起并离开焊盘孔。

（3）上述操作反复多次，使全部引脚脱离焊盘孔。

如果元器件的引脚数目较多，逐点拆焊法的工艺难度及工作量均比较大。特别是对于双层 PCB 而言，由于焊盘为金属孔化结构，焊盘孔内壁的焊锡不容易被完全清除，这种工艺极易导致元器件损坏，因此在操作时需要格外谨慎。

3. 吸锡电烙铁拆焊

吸锡电烙铁拆焊工艺与电烙铁直拆工艺的原理基本一致，也是逐点去除待拆元器件每只引脚与 PCB 之间的焊锡连接关系后，拔除待拆卸元器件。但吸锡电烙铁拆焊工艺是将焊点上的焊锡全部除去，不同于直拆工艺仅仅熔化焊点的焊锡，总体拆焊质量较高。

吸锡电烙铁主要的功能是利用负压吸走 PCB 中贯穿式焊点表面与焊盘孔内部的锡铅焊料，使元器件引脚相对焊盘处于自由活动状态，然后用一字螺丝刀或镊子轻轻撬动元器件来完成拆卸工作。吸锡电烙铁的工作模式不尽相同，外形及价格差异也非常大，常用的 4 种吸锡电烙铁外形结构如图 9 - 3 - 7 所示。

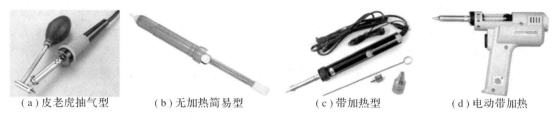

（a）皮老虎抽气型　　　　（b）无加热简易型　　　　（c）带加热型　　　　（d）电动带加热

图 9 - 3 - 7　吸锡电烙铁外形结构

1）皮老虎抽气型吸锡电烙铁

皮老虎抽气型吸锡电烙铁是工作原理最为清晰的吸锡工具，皮老虎（俗称洗耳球）通过空心金属管与普通型电烙铁的空心烙铁头相连。

进行吸锡操作时，首先捏扁皮老虎，然后利用烙铁头对焊点进行加热直至整个焊点的焊锡熔化，接着松开皮老虎，利用皮老虎恢复原态时产生的瞬间负压吸走处于熔化状态的焊锡。

2）无加热简易型吸锡器

简易型吸锡器没有提供电加热功能，还需要配合额外的电烙铁进行吸锡操作。

进行吸锡操作时，首先压下电烙铁末端的弹簧活动杆，使电烙铁手柄内部的气囊处于压缩状态、实际容积大幅减小，然后通过外接的电烙铁对焊点进行加热直至焊锡熔化，最后按下吸锡按钮，利用内部气囊恢复原态时的瞬间负压吸走焊点中多余的焊锡。

3）两用型吸锡电烙铁

两用型吸锡电烙铁在普通外热式电烙铁的基础上，增加了与简易型吸锡器类似的负压气囊后制成。为了具有吸锡的功能，两用型吸锡电烙铁的烙铁头与电热芯套管均为中空结构，末端与负压气囊相通。

两用型吸锡电烙铁的操作与简易型吸锡器的基本类似，但更方便。冷却的焊锡容易粘覆在空芯吸锡管的内部，为了保证气泵的正常工作，需要经常使用不锈钢通针进行吸锡气道的疏通与清洁，如图 9 - 3 - 7（c）所示。

4）电动式吸锡电烙铁

上述三种气囊型吸锡电烙铁在除去 PCB 单层板焊盘表面焊锡时具有很好的效果，对于孔壁充填有焊锡的双层板而言，吸锡效果不很理想。此时可以采用图 9 - 3 - 7（d）所示的枪式电动吸锡电烙铁。

电动式吸锡电烙铁采用了电机持续抽取真空的方式吸走熔化后的焊锡，吸力强劲。在进行吸锡操作时，首先利用升温后的烙铁头熔化焊盘表面及焊盘孔内的焊锡，然后用食指点动枪柄上方的吸锡按钮，启动电机进行持续的抽气吸锡。这种吸锡电烙铁的吸锡效果很好，但生产成本及售价较高。

4. 局部集中加热拆焊

局部集中加热拆焊工艺是将所有焊点进行整体加热熔化后，对待拆卸元器件进行操作并使之脱离 PCB 焊盘孔，这种拆焊工艺效率高，但是加热功率较大，容易损坏待拆焊元器件。

1）补锡拆焊工艺

虽然转换开关、接插件、多刀多掷继电器元器件的引脚数目较多，但引脚之间的距离却比较近，可以用焊锡丝对所有焊点进行补焊，使之尽量连为一体，以利于热量传递；然后在 PCB 顶层撬动待拆焊元器件，并对这个超大型焊点进行加热；当焊点熔化后，用镊子或一字螺丝刀撬动待拆卸元器件，待其松动后即可拆下。

补锡拆焊法省时、高效，操作手法也比较简单，反复练习几次即可掌握拆焊要领。

2）锡锅拆卸法

锡锅是一种特殊的加热容器，将锡块或锡渣放入容器内，加热后使其熔化，然后将需要拆卸的元器件引脚整体浸入液态焊锡表面，然后用镊子或钳子拔出待拆卸元器件，即可完成拆焊操作。

锡锅拆卸的成本高、功耗大，主要用在规模化的电子元器件回收行业。

5. 拆焊工艺的特点

正所谓"上山容易下山难"，相对于元器件的焊接工艺，拆焊工艺的难度较大、元器件容易发生的损坏率较高，而拆卸一个元器件的工作量也明显超过焊接相同元器件的工作量。

1）拆焊操作中容易引发的故障种类

拆焊过程中容易发生的故障种类较多，常见的拆焊故障现象包括下列几类：

（1）拆焊时间过长，引起待拆卸元器件(LED、电解电容、传感器等)因过热损坏。

（2）拆焊时间过长，造成元器件引脚所在的焊盘及铜箔翘曲、脱落。

（3）对于引脚数目较多的元器件，如果其中某只引脚的焊锡未能有效清除干净，在撬动、拔下该元器件的过程中，容易造成引脚与元器件脱离的严重故障。

2）拆焊操作时的注意事项

拆焊工艺的难度较大，实际操作时，为避免损坏待拆卸元器件，需重点关注以下几个方面。

（1）拆焊操作的动作要快，尽量减少烙铁头与元器件引脚、PCB 焊盘的加热接触时间。

（2）拆焊所用电烙铁的功率比正常焊接时的电烙铁功率应适当增大。

（3）拆焊的操作时间、烙铁头温度比正常焊接时更长/高，需要严格控制拆焊的温度与时间。

（4）处在高温状态下的元器件封装强度会出现显著下降，特别是注塑元器件、玻璃端子，因此在使用镊子或一字螺丝刀撬动元器件时，动作应轻柔，以避免元器件本体受损。

（5）拆焊操作时尽量避免镊子、螺丝刀等工具损伤 PCB 及元器件。

（6）拆焊操作时不要对烙铁头用力过大，以保护焊盘不受损伤。

习　题

1. 比较 SMT 贴片元器件与传统直插式元器件在焊接及拆焊过程中的特性差异。

2. 造成球状焊点的主要因素包括哪些方面？

3. 拆焊单层 PCB 板、双层 PCB 板中的直插式元器件，哪一个更困难？主要原因及解决措施有哪些？

第 10 章　室内电气线路的安装与检修

室内电气线路的安装主要包括灯具的安装、墙壁插座的安装、电能表的安装、漏电保护器的安装等内容，是初、中级电工必须掌握的基本技能之一。对于一些简单的电气安装内容，普通人员经过系统培训之后，也可以在较短时间内掌握基本的规范操作。

图 10-0-1 给出了一个室内电气线路示例，涉及室内电气线路常用的空气开关、熔断器、闸刀开关、电能表等低压电器，此外还涉及计数式开关、单联开关、双联开关、白炽灯、日光灯、墙壁插座等灯具及控制电器。

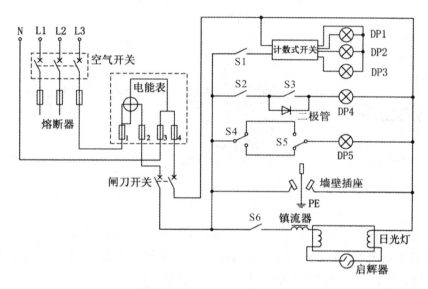

图 10-0-1　室内电气线路示例

10.1　照明电路的安装

随着技术的不断进步，近年来照明灯具的品种出现了井喷式的增长，灯具外形也是千姿百态、各具特色。但从总体来看，照明灯具的安装操作并不复杂，一般仅需引出电线连接至灯具开关及零线。

10.1.1　照明灯具的基本组成

照明灯具主要由灯座、灯罩、灯架、开关、引线等单元组成，灯具的安装方式可分为吸顶灯、吊线灯、吊链灯、壁灯等类型。

1. 灯座

灯座是供普通照明用白炽灯泡和气体放电灯管与电源连接的一种电气装置。灯座的种类很多，分类方法也有多种。

　　按照灯座与灯泡的连接方式，灯座分为螺口式、卡口式两种，这是灯座的首要特征分类。灯座按照安装方式又可分为悬吊式、平装式、管接式等类型。此外，某些灯座还具有专用特征，如：防水式、防爆式、带开关等。小功率灯座一般采用塑料外壳，较大功率的灯座多采用陶瓷外壳。

　　常用的灯座外形如图 10-1-1 所示。

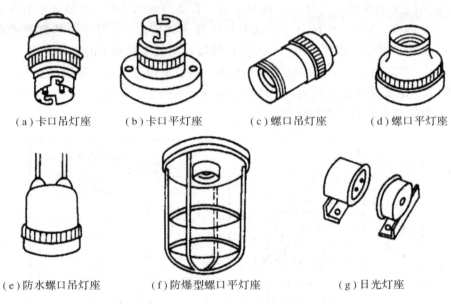

（a）卡口吊灯座　　　（b）卡口平灯座　　　（c）螺口吊灯座　　　（d）螺口平灯座

（e）防水螺口吊灯座　　　（f）防爆型螺口平灯座　　　（g）日光灯座

图 10-1-1　常用灯座的外形

2. 灯罩

　　灯罩可以反射灯具发出的光线，提高照明效率。有些灯罩则具有遮盖灯具的作用，能够使照明灯具更加美观、透射的光线更加柔和。灯罩的材料类型很多，早期的灯罩较多采用了玻璃、搪瓷等材料，近年来的灯罩则广泛采用塑胶、铝合金等材料。

3. 灯具开关

　　灯具开关是用来控制灯具亮灭、调节灯光亮度的器件，分为机械控制（倒扳式、拉线式、琴键式）、定时控制、声光控制、触摸控制、调光控制、计数式、感应式、智能控制等类型，外形差异较大，如图 10-1-2 所示。

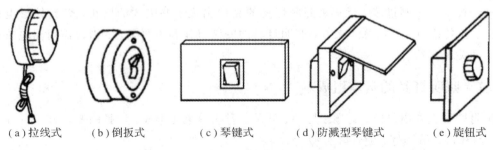

（a）拉线式　　　（b）倒扳式　　　（c）琴键式　　　（d）防溅型琴键式　　　（e）旋钮式

图 10-1-2　常用灯具开关

进行灯具开关的选择时，需要考虑以下因素：

1）额定电压、额定电流

家用灯具开关的额定电压为 250 V，额定电流需要参照所控制负载的电流大小来决定，家用灯具开关的常用规格包括 2.5 A、4 A、5 A、10 A 等。

2）开关控制区域的功能和场景要求

在家庭的洗手间、浴室、厨房应选择防溅型开关；室外场所优先选择防水开关；灯具开关材料应该具备阻燃特性；在易燃、易爆等特殊场所，需要使用防爆型或密闭型开关。

3）其他考虑因素

选择灯具开关时需要考虑的其他因素包括安装尺寸、按键面板大小、面板材质、品牌声誉、美观程度以及价格因素。

10.1.2　灯具的种类及选择

家庭及办公场所中最常用的灯具包括白炽灯、日光灯、节能灯、卤素灯等。

1. 白炽灯

白炽灯是典型的热辐射光源。当较大的电流通过灯丝时，电流的热效应将促使灯丝温度迅速上升至 3000℃ 而进入白炽状态，灯丝即发出较亮的光线。220 V 白炽灯的最小功率为 15 W，常见规格包括 25 W、40 W、60 W、100 W 等。灯泡内部的灯丝越粗，相应的功率也就越大。

白炽灯的特点是结构简单、安装及更换方便、使用寿命也很长，但是白炽灯的能量转换效率很低，仅有 2%～4% 的电能被转换为人眼能够感受到的光。

☞提示　根据《中国逐步淘汰白炽灯路线图》的要求，从 2016 年 10 月 1 日起，国内将禁止进口和销售 15 瓦及以上的白炽灯。

白炽灯泡由灯丝、耐热玻壳、管柱、导线、灯头等部分组成，如图 10-1-3 所示。

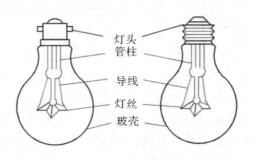

图 10-1-3　白炽灯泡的内部结构

灯丝用高温特性较好的金属钨（W）材料制成，比头发丝还细。钨丝做成螺旋状，以保证灯丝具有足够的长度，从而能够达到合适的热态电阻值。

40 瓦以下的白炽灯泡在生产时，玻壳内部被抽成了真空，功率在 40 瓦及以上的白炽灯泡还需另外补充氩气、氮气等保护性气体，缓解高温下钨丝的升华、挥发。

白炽灯泡内部的喇叭形玻璃支架被称为管柱，管柱与玻壳相连，除了具有固定灯丝及导线的作用之外，管柱内部的排气管还用于抽走玻壳内的空气、注入保护性气体，最后将管柱上方的管口熔融密封后，灯泡的玻壳内部就不再漏气。

白炽灯的种类较多，按灯头结构可分为卡口式、螺口式两大类：

- 螺口式白炽灯还包含多种参数尺寸，家庭中使用最多的是 E27 与 E14 两类。
- 卡扣式白炽灯的主要优点在于其可以有效避免灯头与灯座因振动而发生的电气连接松动。

白炽灯的额定电压主要包括 6.3 V、12 V、24 V、36 V、110 V、220 V 等规格，36 V 以下的低压白炽灯主要用于局部范围内的安全照明，例如：冰箱冷藏室照明灯、汽车车灯、机床照明灯等，功率一般不会超过 100 瓦。220 V 的普通白炽灯泡主要作照明用。不同额定电压的白炽灯泡外形及灯头均比较接近，因此在安装使用白炽灯泡时前，应注意检查灯泡的额定电压是否与线路电压一致。

2. 日光灯

日光灯也称为荧光灯，是一种冷辐射光源。日光灯依靠汞蒸气放电时辐射出的紫外线去激发灯管内壁的荧光粉，使其实现类似于太阳光照的效果，日光灯也由此而得名。

日光灯具有光色好、发光效率高、使用寿命长、耗能低、照射范围宽等优点，但相对白炽灯而言，日光灯的结构复杂、配件多，故障率较高。

1）日光灯照明系统的组成

日光灯照明系统由日光灯管、镇流器、启辉器等单元组成。

（1）日光灯管。

日光灯管由玻璃管、灯丝、灯头、灯脚组成，如图 10 - 1 - 4 所示。玻璃管的内壁涂有一层荧光粉，管内抽成真空并充入少量的氩气和水银（学名：汞，Hg）蒸气。日光灯管两侧各设置了一根涂有电子粉的灯丝作为电极，每根灯丝经 2 只灯脚引出，灯丝电极的作用是发射电子。

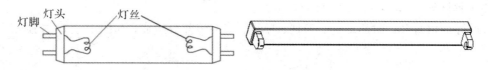

图 10 - 1 - 4　日光灯管及专用灯座

日光灯电路上电并开始工作后，电流流经灯丝而使其发热，灯丝表面的自由电子获得足够的能量后被激发，激发后的电子轰击灯管内部的水银蒸气时，产生肉眼不可见的紫外光，当紫外光照射到灯管管壁的荧光粉时，即可发出类似日光效果的可见光。日光灯管内充填的氩气有助于启辉，同时也有保护灯丝、延长灯管寿命的作用。

日光灯管的常用规格有 6 W、8 W、12 W、15 W、20 W、30 W、40 W 等，除了常见的直线形灯管，还有较为紧凑的环形灯管、U 形灯管。

日光灯专用灯座一般分为开启式、弹簧式、旋拧式三种，灯座、镇流器、启辉器一般都需要固定在灯架上。灯座中的弧形弹簧铜片通过卡住灯管两头的灯脚以便接通电源。此外，灯座还具有支撑灯管的作用。

（2）启辉器。

启辉器的外壳一般用铝或塑料做成圆筒型，其内部结构如图 10 - 1 - 5 所示，包括氖泡、电容器、接线柱等单元。

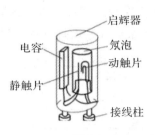

图 10-1-5　启辉器与启辉器座

启辉器俗称"跳泡"，其本质上是一只自动开关，仅在日光灯点亮的瞬间工作。启辉器的核心单元是内部的氖泡。氖泡内部安装有一只双金属片制成的 U 形动触片和一只固定的静触片，动触片和静触片之间处于常开状态，二者之间的小缝隙大约为 0.5 mm。

日光灯电源接通后，高电压加载至启动器的动、静触片之间，氖泡内部的氖气放电而发出辉光，辉光产生的热量使动触片膨胀变形，与静触片接触后，接通电路。电路接通后，电压下降，氖气停止放电，动触片冷却后脱离静触片并恢复原状。

220 V 市电条件下，常用的日光灯启辉器型号有 S10、C10、S10-C，分别适用于 4～40 W、4～65 W 的单/双管日光灯管。

放置启辉器的启辉器座，常用塑料或胶木制成。

氖泡的动触片与静触片之间并联了一只电容器，该电容可以消除动、静触片断开瞬间所产生电火花对附近无线电或通信设备的干扰。

（3）镇流器。

与启辉器配套使用的镇流器一般为电感式。电感镇流器由绕制在硅钢片铁芯上的电感线圈构成，内部结构及外形与变压器类似，但大多数电感镇流器只有两根引出线，如图 10-1-6 所示。

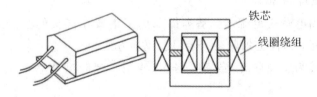

图 10-1-6　镇流器的外形及内部结构

电感式镇流器具有两个作用：
- 与启辉器配合，启动时产生瞬时高压、启辉灯管。
- 灯管点亮后，限制日光灯的电流，延长日光灯的使用寿命。

镇流器的功率必须与日光灯管的功率及启辉器的规格一致，否则容易损坏。

2）日光灯的工作原理

日光灯电路如图 10-1-7 所示。

当开关闭合后，220 V 交流电压并不会立即点亮日光灯，电源电压通过镇流器和灯管两端的灯丝后，全部加在启辉器内部氖泡的动、静触片之间，引起氖气发生辉光放电，放电电弧加热动触片的双金属片，使其向外伸开并与静触片接触，从而接通灯丝电路，电流经过灯丝而得到加热，灯丝表面的自由电子获得能量后开始向灯管内发射。

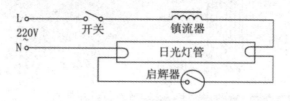

图 10-1-7　日光灯电路

启辉器氖泡内部的两只触点闭合后，电压降为零，闭合点的热量很少，双金属片冷却并使动、静触片分断，切断灯丝回路。

回路中的电流突然中断，镇流器两端感应出较高的自感电势，与电源电压叠加后，约500 V 的高电压被加到灯管两端，使灯丝产生的自由电子开始加速移动，与灯管内水银蒸气碰撞电离，产生辉光放电，放电产生的紫外线激发管壁涂覆的荧光粉发光，日光灯管正常点亮。

日光灯点亮后，管内气体导电形成电流，灯管两端电压迅速降至 50～100 V，电源电压大部分落在镇流器两端，启辉器也就不再发挥作用。

3. 节能灯

节能灯的专业名称为"自镇流荧光灯"，具有光色柔和、发光效率高、节能等优点，被广泛应用于家庭、办公场所。

节能灯的发光原理与日光灯基本一致。节能灯灯管内涂覆的是稀土三基色荧光粉，发光颜色除了传统日光灯的白色（冷光）外，还有黄色（暖光）。节能灯的发光效率比普通荧光灯提高 30% 左右，是白炽灯的 5～7 倍。通常节能灯比白炽灯节能 80%，平均寿命延长 5～8 倍，热辐射仅有白炽灯的 20%。

节能灯没有使用电感式镇流器，基本都采用了集成在灯头的电子式镇流器进行工作，并省掉了启辉器单元，结构更加紧凑，使用也更加方便。

节能灯灯管一般为 U 型（2U 或 3U 居多）直管、螺旋型弯管两大类，如图 10-1-8 所示。

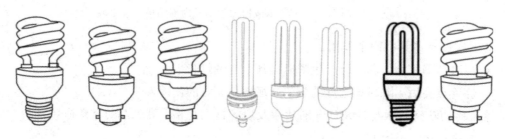

图 10-1-8　常见的节能灯外形

4. LED 灯

LED 灯是近几年高速发展起来的一种节能型照明产品，具有使用年限长、节能环保、价格低廉等优异特性，正在成为室内照明及路灯照明的主流灯具，如图 10 - 1 - 9 所示。

图 10 - 1 - 9　LED 灯

最简单的 LED 灯内部主要包含一块整流滤波电路板，将 220 V 的交流电压变为直流高压，向经过串联的多颗 LED 供电。这类 LED 灯具的价格便宜，但是受电网电压经常波动的影响，灯具内的 LED 灯珠容易过早地损坏。

高性能的 LED 灯具内部具有一块恒流电源板，可以直接向串联的 LED 灯珠提供恒定的电流输出，光照稳定无闪烁，而且容易实现光线亮度调节。

10.1.3　灯具的安装与连接

灯具的安装与连接主要在灯座及开关之间进行，除了开关与灯头的电气连接，还需要安装开关盒、面板、木台等配件。

灯具安装的基本要求如下：

• 灯具的安装及接线必须牢固，各个电气接点连接可靠并做好充分的绝缘措施，消除潜在的触电事故隐患。

• 灯线不能承受过大的拉力，因此在采用导线作灯具的吊线时，只适用于质量低于 1 公斤的小型灯具；重量超过 1 公斤的灯具需要从灯座增加辅助吊链或钢管；重量超过 3 公斤的吊灯灯具必须经较粗的吊链挂接到预埋的膨胀螺栓上。此外，安装灯具的墙面或吊顶固定件的承载力必须与灯具的重量匹配。

• 根据灯具的额定功率、安装场地、实际用途（长亮或间断使用），每个灯具的导线线芯最小截面的选择需要符合安全规范。

• 安装在易燃性吊顶内部的镶嵌式灯具需要做好隔热防火措施，留出通风散热路径。当灯具表面高温部位靠近可燃物时，必须采取严格的隔热及散热措施。

• 灯具在普通室内的安装高度不低于 1.8 m，在危险潮湿场所的安装高度不能低于 2.5 m。如果难以达到前述的高度要求时，应采取充分的保护措施或改用 36 V 低压供电。

• 同一室内或场所成排安装的灯具，其中心线偏差不应大于 5 mm。

• 日光灯的镇流器、启辉器等附件应配套使用，附件的安装位置应便于工作人员进行检查、更换和维修。

• 接线时须严格区别火线与零线，零线直接到灯头的一个接线柱，火线经过开关后再连接至灯头的另一个接线柱。灯具若采用的是螺口式灯座，火线必须接在螺口内部的中心弹簧片接线柱，零线则接入金属螺旋部分对应的接线柱。

1. 白炽灯及节能灯的安装

白炽灯及节能灯的常用安装方式包括壁挂式、吸顶式、悬垂式、镶嵌式等类型，如图 10-1-10 所示。

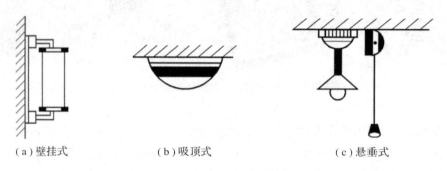

　　　（a）壁挂式　　　　　　　　（b）吸顶式　　　　　　　　（c）悬垂式

图 10-1-10　照明灯具的安装方式

悬垂式灯具的灯头距离地面的高度可调，距离地面越近，光照亮度越大。但是从安全角度考虑，悬垂式灯具距离地面的高度应该遵循以下要求：

- 潮湿、危险场所及户外应不低于 2.5 m。
- 干燥、空旷的生产车间、办公室、住宅不低于 2 m。
- 因生产生活需要，必须将灯罩/灯座放低时，须采用低于 36 V 的安全电压供电。

1）白炽灯的安装流程

安装白炽灯之前，需要完成室内的电气布线或管内穿线，另外还需要就近安装好灯具的开关。

（1）安装木台。

在准备安装挂线盒的位置用冲击钻打出深度约为 25 mm 的钻孔，预埋好如图 10-1-11 所示相同直径的塑料膨胀螺管，用来进行下一步的木台（或 PVC 台）固定。

图 10-1-11　塑料膨胀螺管

选择合适的钻头，用手枪电钻在木台上钻出 3 个不在一条直线上的小孔，孔的直径比电线的横截面积略大即可。如果灯具用的电线是带护套的明配线，在安装木台之前，还需要在木台的背面用电工刀顺着木纹刻出两条压线槽，将两根导线嵌入线槽内，再将两根电源线从先前钻出的两个小孔中分别穿出。

将自攻螺钉穿过第三个小孔并拧紧至已经敲入墙壁的塑料膨胀螺管，即可实现木台的固定，如图 10-1-12 所示。

（2）安装平灯座。

灯座可分为平灯座与吊灯座两大类，安装方法略有不同。

平灯座需要直接安装在先前已经固定妥当的木台上。平灯座中的两只接线柱需要分别与电源零线、经开关引出的火线相连。

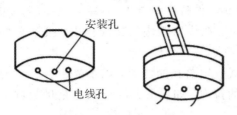

图 10 - 1 - 12　木台

卡口式平灯座上的两个接线柱可任意连接，但是螺口式平灯座则必须将火线（经开关引出）线头连接至中心弹簧片的接线柱，将电源零线连接至金属螺纹圈的接线柱。注意千万不得接反，否则在进行灯泡更换时有可能引发触电事故。

最后用两枚木螺丝经安装孔将平灯座固定到木台上，旋紧灯座罩盖即可，如图 10 - 1 - 13 所示。

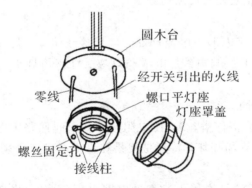

图 10 - 1 - 13　螺口式平灯座的安装

（3）安装吊灯座。

吊灯座分为线盒底座、线盒罩盖、吊线、灯头罩盖、吊灯头五部分，如图 10 - 1 - 14 所示。

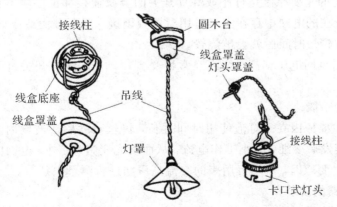

图 10 - 1 - 14　卡口式吊灯座的安装

将两根电线从吊灯座的线盒底座的孔中穿出，用两枚木螺丝从螺丝孔将线盒底座固定至木台。

根据灯具的实际安装高度要求，截取合适长度的橡皮花线或塑料双绞线作为吊线盒接线柱与灯头接线柱之间的电气连接线及承重线。

在离接线端头 30～50 mm 处打一个电工扣（结）；然后剥去电线线头约 20 mm 的绝缘表皮，将露出的芯线线头固定在线盒底座的接线孔中；接下来将线盒罩盖套入吊线，并拧紧在线盒底座。

吊线通过电工扣卡在线盒罩盖孔的位置，以承受下方灯头的重量，避免线盒底座中的接线柱受到灯头重量带来的拉力。如果下方的灯具总重量超过 1 公斤，还应该增加辅助承重的金属吊链。

将吊线的出线端穿入灯头罩盖，接着按照同样的方式打一个电工扣并剥去线头的绝缘表皮，再将线头固定到灯头的接线柱中。对于螺口式吊灯座，火线经开关的引出线和中心弹簧片对应的接线柱相连，零线与金属螺纹圈的接线柱相连。如果接反，当操作人员带电更换灯具时碰到灯头螺纹就会引起触电事故。

最后将灯头罩盖旋紧在吊灯头上，装上灯罩及灯泡即可完成安装。

2）白炽灯照明电路常见故障及原因分析

（1）灯泡不发光。

灯泡不发光的原因在于未形成电流回路，包括接线错误、灯丝已断、电灯线内部有断裂等，此时还应重点检查开关与电线、电线与灯座、灯座与灯头之间是否存在接触不良或严重氧化的现象。

（2）灯泡发光强烈刺眼。

灯泡断丝后灯丝搭接（俗称搭丝），使电阻减小，引起回路中电流增大。搭丝后的灯泡虽然可以工作，但是比较容易损坏，特别是极易在灯泡或灯座受震后开路而无法正常工作，因此一般需要尽早更换。

如果将额定电压较低的灯泡接入过高的电网电压（例如：将 220 V 的灯泡接入 380 V 的线电压），灯泡也会发出刺眼的光芒并很快损坏，严重时甚至会炸裂误装的灯泡。

（3）灯光忽明忽暗或忽亮忽灭。

造成这种情况的主要原因是灯座或灯具开关的金属连接部位接触不良、灯线内部时断时通；灯泡线路所在的电网中存在大容量用电器频繁接入或断开而造成电压波动。

（4）灯泡工作较短时间后就会被烧毁。

主要原因包括电网电压偏高、灯泡经常性受到振动、灯泡的开关过于频繁、灯泡本身的质量较差。

（5）灯泡发光暗淡。

灯泡发暗的主要原因在于灯泡使用时间过长，钨丝蒸发后在玻璃内壳形成黑膜，阻止光线射出；钨丝蒸发后变细，减小工作电流，从而发光变暗。此外，电网电压过低也是造成灯泡发光暗淡的主要原因，可用万用表的交流高压挡进行测量识别。

2. 日光灯电路的安装

日光灯的常用安装方式包括悬吊式、吸顶式两大类，如图 10-1-15 所示。近年来，嵌入式日光灯架由于便于实现与房间吊顶的平齐安装，同时提高了安装效率与美观程度，正在得到越来越多的使用。

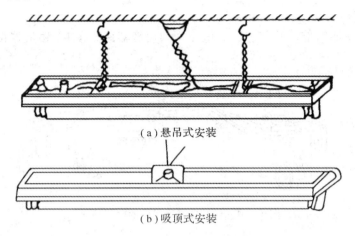

（a）悬吊式安装

（b）吸顶式安装

图 10 - 1 - 15　日光灯的安装方式

悬吊式安装方式不能使用电线作为灯具的承载线。吸顶式安装时，灯架与天花板之间建议留出 10～15 mm 的距离，便于实现有效的通风散热。嵌入式安装方式下，灯体与天花板保持平齐，外形美观，但安装、拆卸、维护相对较为麻烦。

1）安装前的准备工作

根据日光灯灯架的长度及镇流器的型号，选择合适（功率、长度）的日光灯管。检查接线柱的螺丝是否齐备、有无螺牙滑丝等故障。

考虑到日光灯整体的重量，一般采用金属吊链进行悬吊。根据日光灯灯座支架的实际距离，在墙顶固定好塑料膨胀螺管，尺寸需要尽量准确，要保证能够竖直向下而不会发生倾斜。接下来根据日光灯的计划安装高度，截取相应长度的金属吊链，两根吊链的长度应该严格相等，确保安装出的灯具能够保持水平。

2）日光灯的安装流程

日光灯的安装流程相对较为复杂，接线也容易出错，往往需要仔细检查与核对。

（1）灯具组装。

按照正确的顺序将镇流器、启辉器座、灯座和灯管组装在专用灯架上。电感式镇流器比较重，同时还具有明显的发热现象，可以借助金属灯架进行散热，灯架内部留出适当的气流通道也可以通过空气对流的方式实现镇流器的辅助散热。

对于双、多管日光灯，需要仔细检查镇流器的型号是否匹配，某些型号的"一拖二"双管镇流器必须接入两只日光灯后才能正常工作，而有些型号的双管镇流器可以单独点亮一只日光灯管，还有一些型号的双管镇流器则需要调整电气连线的方法才能正常点亮一只日光灯管。此外，电子镇流器无需使用启辉器，因此使用电子镇流器取代传统的电感式镇流器时，需要修改电路连接。

启辉器的规格也需要根据日光灯管的额定功率进行选择。启辉器座装在灯架的位置应该能够确保启辉器能够适当露出，便于随时更换启辉器。

（2）灯架固定。

日光灯的灯架固定方式包括吸顶式、悬吊式、镶嵌式三种类型，其中悬吊式的安装相对比较简单、方便，将灯架直接挂在金属吊链的末端即可。

（3）电气接线。

日光灯的电路如图10-1-7所示，电路中的启辉器座、灯座、镇流器按照图10-1-16进行电气连接。

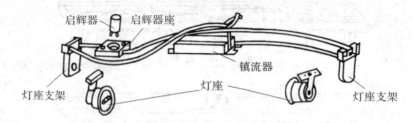

图10-1-16　日光灯线路的电气接线

启辉器座的两个接线柱分别与日光灯管两侧的各一只灯脚接线柱相连，不分极性。

镇流器同样有两个接线柱，其中一个接线柱与电源火线经过开关后的出线相连，另一个接线柱接至启辉器开关的日光灯一侧的剩余灯脚接线柱。

日光灯灯座剩余的最后一只灯脚接线柱与电源零线相连即可。

灯座内的空间有限，故所有的电气连线不宜过长，尽量用不同颜色的导线进行适当区分。

（4）灯管安装。

日光灯灯管的灯座分为插入式与旋转式两种，如图10-1-17所示。

（a）插入式灯座

（b）旋转式灯座

图10-1-17　日光灯灯座的类型

对于插入式灯座，可先将灯管一侧的两只灯脚插入灯座的两只插孔内，插孔内部有弹簧，稍微用力将日光灯管的端面紧贴插入式灯座的端面，然后用手将另外一侧的灯座向外扳动少许距离，顺势插入日光灯管的剩余两只灯脚。

对于旋转式灯座，第一步将日光灯管两端的灯脚同时卡入灯座的开缝；第二步将灯管整体上压，使灯管到达顶位；第三步用手握住灯管两端并旋转90°，使灯管的四只灯脚分别被两只旋转式灯座内部的弧形弹簧片卡紧，使电路接通，如图 10-1-18 所示。

（5）安装启辉器。

启辉器装入启辉器座的方式与灯管插入旋转式灯座基本一致：将启辉器引脚插入启辉器座弧形插孔相对较大的一侧，再按顺时针方向将启辉器旋转到头即可。开关、熔断器等按白炽灯安装方法进行接线。

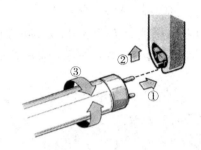

图 10-1-18　日光灯管在旋转式灯座中的安装

☞**提示**　将启辉器接线柱插入启辉器座，顺时针转动为装入、逆时针转动为卸除。

（6）检查、上电。

接线完毕后，需要对照电路图进行装配线路及各个电气连接点的仔细检查，避免出现错接、漏接的现象。检查无误后，上电试验日光灯是否正常点亮，一切正常后即可正式投入使用。

3）日光灯安装的注意事项

（1）日光灯的灯开关应该接到火线，如果接反，日光灯的灯管在熄灯后仍会继续发出一段时间的微光。

（2）日光灯的室内安装高度不能低于 2.5 m。

（3）对于多灯管灯架或灯架本身较重而造成整个日光灯重量超过 1 kg 时，必须在灯架两侧增设两根金属吊链，让电线不用承受灯重。

（4）镇流器、启辉器与日光灯管的功率要全面匹配，否则容易出现灯管无法正常启动或烧毁镇流器等故障。

（5）日光灯灯脚具有四个活动触点、启辉器灯脚具有两个活动触点，这些位置容易因接触不良导致日光灯发生故障。

4）日光灯常见故障现象及故障原因分析

由于日光灯的附件较多，其故障发生概率相对白炽灯而言要高一些。常见的日光灯故障类型及原因如下：

（1）接通电源后日光灯无法点亮。

故障原因：

• 电网供电电压过低。

• 日光灯灯脚与灯座、启辉器接线柱与启辉器座之间开路或接触不良。

• 日光灯管的灯丝已经烧断或与灯脚之间出现脱焊故障。

• 镇流器与灯管不匹配，镇流器内部线圈已断，镇流器接线柱松脱。

• 启辉器损坏。

• 如果新安装的日光灯无法点亮，可能是由于接线存在错误。

- 灯管所处安装环境的气温过低。

（2）日光灯灯管点亮后很快就熄灭。

故障原因：

- 配用的镇流器规格不合适或质量差。
- 镇流器内部的电感线圈存在匝间短路，造成灯管电压过高而烧断灯丝。
- 日光灯受到剧烈或高频振动，导致灯丝折断。
- 新安装的日光灯电路中存在严重的接线错误，启动时损坏灯管。

（3）日光灯接通电源后，启辉器氖泡一直在跳动，而灯管不能正常发光或很久才点亮。

故障原因：

- 电网电压低于日光灯管的最低启动电压（160～180 V）。
- 灯管老化，已经不太容易正常点亮。
- 镇流器与灯管的参数不匹配。
- 启辉器存在故障。
- 环境温度过低，造成日光灯管内的气体难以正常电离。

（4）通电后灯管闪烁或出现螺旋形光带（打滚）。

故障原因：

- 灯管质量较差。
- 镇流器规格不合适或接线松动。
- 镇流器的工作电流过大。
- 镇流器质量较差。
- 电气连接点之间存在接触不良。
- 启辉器接线柱接触不良。
- 启辉器的型号与日光灯管的参数不符，或者已经损坏。

如果新灯管出现这种现象，多数情况下可能是暂时的，等待一段时间后，日光灯即可恢复为正常的点亮状态。

（5）日光灯灯管两端发黑或出现黑斑。

发黑是由于灯管内的水银发生凝结所致，是长期使用之后的日光灯的正常现象，发黑部位主要位于灯管两侧端部 50～60 mm 处，出现黑斑的时间早晚、黑斑面积的大小与灯管质量密切相关。黑斑的面积越大，表明日光灯管点亮的总时间过长、灯丝中的电子发射物质即将消耗殆尽，老化严重。

如果短时间工作后的灯管两端就已经呈现严重发黑，涉及的故障原因可能包括：

- 启用不久的新灯管出现发黑，可能是启辉器损坏导致灯丝发射物质加速蒸发所致。
- 灯管内水银凝结而没挥发，是细管日光灯的一类常见故障现象。
- 电网电压过高，高于灯管额定电压 10% 左右。
- 镇流器与灯管的参数不匹配，导致灯管两端过早发黑。
- 启辉器质量差，镇流器功率不匹配等原因造成日光灯管因长时间闪烁而造成电子发射物质过早蒸发。

（6）日光灯运行时，镇流器有嗡嗡或啸叫声、镇流器过热或冒烟。

故障原因：

- 镇流器本身的质量较差。
- 镇流器内部铁芯的硅钢片未能夹紧或长期使用后发生松动。
- 镇流器过载或其内部存在匝间局部短路，造成电流大、电压高。
- 灯具内部的通风散热不良，导致镇流器发热严重。
- 启辉器质量差，启动时引发辉光杂音。
- 镇流器的安装质量较差，引起周围的物体发生共振。
- 电源电压过高；日光灯管的闪烁时间过长。

（7）日光灯的电源切断后，灯管两端仍微微发光。

这种现象说明日光灯回路没有与电源回路彻底分断，可能的故障原因如下：

- 日光灯开关的火线与零线接反。
- 灯具开关存在较为严重的漏电故障。
- 新灯管的余辉现象。
- 启辉器底座或开关触点之间积尘受潮。
- 日光灯所处安装环境中的湿度过大。

（8）灯管的使用时间远远不足 2000 小时。

故障原因：

- 电源电压不适合或电网电压波形较大。
- 启辉器质量差，开启时灯管长时间闪烁。
- 日光灯管的灯脚与灯座之间接触不良。
- 镇流器与日光灯的参数不匹配、镇流器绕组存在匝间短路，导致灯丝电压过高。
- 日光灯安装位置存在长期的高频或大幅振动，造成内部灯丝折断。
- 新灯管因接线错误而引起灯丝电压过高而烧毁灯丝。
- 日光灯管质量差，存在漏气现象。
- 日光灯长期处于频繁的启动、关断状态。

（9）日光灯通电后，灯管两侧有反应，但灯管中间无法点亮。

日光灯通电后，如果灯管两端发出类似白炽灯的红光，但中间无法点亮，灯管两侧的灯丝部分也没有出现闪烁现象，启辉器不起作用，说明灯管存在慢性漏气现象，需要及时更换灯管。

如果合上电源开关后，日光灯管两端发光，在灯丝部位能够观察到明显闪烁，但中间部位的灯管始终无法点亮，其故障原因可涉及以下方面：

- 启辉器座或连接启辉器的导线存在故障。
- 启辉器氖泡内部的动触片与静触片之间无法有效分断，电容器因击穿而发生短路。
- 灯脚在灯座内存在松动、镇流器连接处松动、灯丝接触不良或质量较差。
- 镇流器功率明显低于日光灯管的额定功率。
- 电源电压太低或线路压降过大，低于额定电压的 20%～30%。
- 灯管内部的灯丝严重老化，电子发射效率降至很低。
- 日光灯所处环境中的温度过低。

5）日光灯的故障检查及排除流程

首先用万用表的交流高压挡检查 220 V 的电网电压是否正常。

　　如果电网电压正常，而日光灯没法正常点亮，可将启辉器从启辉器座中取出，把万用表表笔插入启辉器座的两个接线柱孔中，检查有无 220 V 的市电电压，如图 10-1-19 所示。

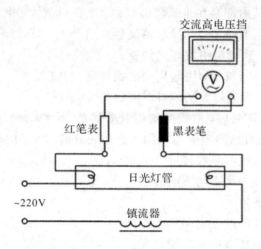

图 10-1-19　启辉器座的电压测试

　　如果万用表无法测到 220 V 的电压，很可能是因为日光灯的灯脚与灯座之间接触不良。此时可用双手捏住日光灯管两端的玻璃管，来回轻轻转动几次。如果日光灯依然无法点亮，则需要将日光灯管从灯座中卸下，用万用表检查灯管两头的灯丝阻值是否存在问题，如图 10-1-20 所示。

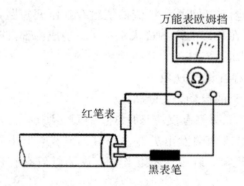

图 10-1-20　检测日光灯灯丝电阻值

　　用万用表测出灯丝的电阻值读数基本落在表 10-1 所示的数值范围内，而且两头的灯丝电阻值差异不大，才能证明日光灯管的灯丝基本完好。

表 10-1　日光灯灯管的灯丝冷态电阻参考值

日光灯灯管功率/W	6～8	15～40
冷态直流电阻/Ω	15～18	3.5～5

　　向启辉器座中重新装入一只新的启辉器，如果此时日光灯能够正常点亮，说明刚才卸下的启辉器存在故障，或者是启辉器接线柱与启辉器座之间接触不良。拆开有故障的启辉器外罩，观察启辉器的氖泡接线是否脱落、氖泡壁有无明显的发黑或烧毁现象。

如果更换启辉器后仍然无法点亮日光灯，可以用手电筒照射并观察一下启辉器座内部的弹簧簧片有无变形或严重氧化等不良状况。对于氧化的簧片可以在日光灯彻底断电的前提下，用细砂纸擦拭打磨启辉器接线柱，直至露出光亮的铜层。

如果更换启辉器后依然无法点亮日光灯，接下来应检查镇流器输出引线的连接是否正常，并用万用表测试镇流器两根输出引线之间的冷态直流电阻值是否落在表 10 - 2 所示的参考范围内。

表 10 - 2　日光灯镇流器的冷态电阻参考值

镇流器规格/W	6～8	15～20	30～40
冷态直流电阻/Ω	80～100	28～32	24～28

☞提示　如果日光灯所在的环境温度过低，也容易引起灯管无法正常点亮的故障现象，此时可以想办法适当提高环境温度来消除故障。因此，在进行日光灯的安装时，一般不建议将其安装在北方的室外。

3. 灯具开关的安装

灯具开关只能接在火线，不能安装到零线回路中，以确保开关断开时灯具不会带电。

1）开关的明装与暗装

灯具开关的安装分为明装（如拉线开关）、暗装（倒扳或按键开关）两种方式。

（1）开关明装时，应先敷设线路，接着在需要安装开关的位置固定好木枕、木台或 PVC 台，然后在木台上固定开关的底板，最后剥去两根绝缘导线（交流电源的火线、开关输出线）的线头，分别插入开关的接线孔，拧紧导线固定螺钉、装上开关盖即可。

（2）开关暗装时，需要事先将电线暗敷在墙内，再将如图 10 - 1 - 21 所示的预埋盒（俗称：暗盒，一般用铁板或 PVC 制成）按图纸要求的位置预埋到墙壁中开出的方孔内。暗盒外口面应与墙的粉刷层平面持平。埋设接线暗盒时可用水泥砂浆填充，但要填平整，不能偏斜。

图 10 - 1 - 21　预埋盒（接线暗盒）

接下来向预埋好的暗管内穿线，再根据开关板的结构将穿出导线牢固连接至接线孔，然后将开关面板用螺钉固定到接线暗盒中，最后扣好盖板即可。

暗装开关的安装分解结构如图 10 - 1 - 22 所示。

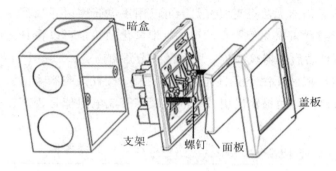

图 10-1-22 暗装灯具开关的分解图

2）灯具开关的基本安装要求

（1）安装在同一建筑物内的灯具开关，最好采用同一系列的产品（允许存在参数的差异），开关尺寸、固定孔及出线孔的尺寸及位置应尽可能一致，以提高安装效率。

（2）开关安装的位置及高度适中，便于各种身高、年龄的人员操作，开关边缘距门框、窗框至少留出 0.15～0.2 m 的空间。倒扳式开关距离地面的高度不低于 1.2～1.4 m，拉线开关距离地面在 2.2～2.8 m 之间，拉线的出口必须垂直向下，确保拉线不易被拉断。

（3）相同型号并列安装的开关距地面高度应一致，高度差不应大于 1 mm；同一室内所有安装开关的高度差不应大于 5 mm。

（4）每只开关的安装均要保证牢固可靠，不允许只使用一颗螺丝固定开关。

（5）明装开关的固定木台的厚度不低于 15 mm。

（6）暗装开关的盖板、面板、接线暗盒在进行组合安装时，螺丝应固定到位、接口应紧密，并与墙面保持平齐。

（7）开关进线和出线应该采用同一种颜色的绝缘导线。

（8）接线头子用螺丝钉压紧到接线孔，肉眼观察不到绝缘导线的裸露芯线。

（9）原则上火线才经过开关，而零线一般不进入灯具开关的接线盒。接线暗盒内的绝缘导线要留有余量，避免安装困难。

（10）向上扳动灯具开关的扳把或按下琴键板默认为接通操作，向下扳动扳把或按下琴键板视为关断操作。

3）单只开关控制单盏灯具

利用单只开关控制单盏照明灯具的电路最简单但也最常用。

早期的灯具开关一般为单联开关，只设置了一组常开触点，近年来已经逐步成为主流应用的琴键式灯具开关则基本采用了双联开关的方案，在双联开关中包含 3 只触点：公共触点（C 或 COM）、常开触点（NO）、常闭触点（NC），每只触点对应一只接线孔。

单只开关控制单盏灯具的电路非常简单，随意使用常开触点或常闭触点均可控制照明灯具的亮与灭。但是强烈推荐常开触点控制灯具，以便充分利用开关琴键上的标志点（一般为红色）进行开关状态指示，即使停电时也能明确当前开关的状态。

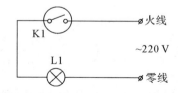

图 10-1-23 单开关控制单盏灯具

在对单开关控制单盏灯具的电路进行电气接线时，开关应接至火线，如图 10-1-23 所示。当开关 K1 断开后，灯具 L1 不会带电，确保了使用及维修时的安全。

4）两地开关控制同一盏灯

我们在日常生活中多采用一只开关控制一盏灯的亮灭，因此每次开、关灯时，都需要走到墙壁开关的位置进行操作。

为了更加便利的生活，可能需要在不同的地点实现对同一盏灯的控制，例如：楼上、楼下均能控制楼梯照明灯的亮灭；卧室门口及床边均能控制卧室照明灯的亮灭。在两地通过不同开关控制同一盏灯的电路如图 10 - 1 - 24 所示。

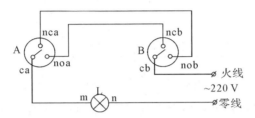

图 10 - 1 - 24　两地开关控制同一盏灯

两地控制同一盏灯的电路中，采用了两只包含复合触点的双联开关 A、B。每只双联开关均留有三只接线孔：常开(no)、常闭(nc)、公共端(c)，详细的安装流程如下：

（1）用同一种颜色的两根电线连接至灯具 L 的两只接线柱 m、n。

（2）将 L 的一根引出线 n 连接至电网的零线。

（3）找到两只双联开关的公共端 c，然后将其中一只双联开关的公共端 cb 连接至电网的火线，将灯具 L 的引出线 n 连接至另一只双联开关的公共端 ca。

（4）使用两根不同颜色的电线分别将两只双联开关 A、B 的常开触点与常闭触点进行交叉连接：nca↔nob、ncb↔noa。

5）两地控制同一盏灯的故障及排除

两地开关控制同一盏灯电路的电气连线比单开关更加复杂，常见的故障现象及产生原因如下：

（1）按下任意一只灯具开关，灯泡均不点亮。

故障原因：

• 灯泡已损坏、电网未能正常供电。

• 灯座或开关接线松动或接触不良。

• 线路中有断路故障。

• 接线错误。

（2）灯泡长亮，开关不起作用。

灯泡长亮说明开关没有起到应用的控制作用，发生这类故障的原因无一例外都是电气接线错误所致。

（3）灯泡忽亮忽灭。

故障原因：

• 灯丝已经烧断，但受振动后，灯丝的断电若接若离。

• 灯座或开关接线松动。

• 电网电压波动严重。

6）计数式节电开关的安装

节电开关的样式及种类较多。安装节电开关前，需要仔细阅读说明书并领会接线图的具体含义，并注意检查开关的进线/出线端、常开/常闭接线柱的具体位置。

【例 10 - 1】　计数式开关是一种特殊的灯具开关，只设置了一只按键，依靠按键的拨动次数去改变亮灯的位置，从而实现明、暗两种方式的调节，达到节能的目的，在客厅、厨房等需要两种照明状态的室内应用较广。计数式开关的接线电路如图 10 - 1 - 25 所示。

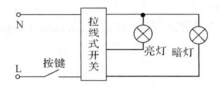

图 10 - 1 - 25　计数式开关的电路接线

计数式开关在安装前需要重点检查灯具出线端的点亮顺序、每路输出的灯泡功率是否符合开关参数的限制。一般而言，先点亮的多为较大功率的灯具，第二次点亮的为较低功率的灯具。

10.2　室内其他电器设备的安装

除了照明灯具的安装，墙壁插座、电能表、空气开关、漏电保护器以及配电箱（柜）的安装也是室内电器设备安装的重要工作内容。

10.2.1　墙壁插座

台灯、风扇、电视机、电冰箱等家用电器或用电设备均通过电源插头从 220 V 交流插座中取得电源供应。

为确保用电安全，除了电视机、手机充电器、台灯这类使用绝缘外壳的电器设备可以使用两线电源插头，其他使用金属外壳或包含可触碰金属部件的电器设备均应优先选择带保护接地插孔的三线电源插头。

插座与电源插头配套使用，一般可分为固定式墙壁插座与可移动的插线板插座两类。

1. 墙壁插座的分类

墙壁插座分为单相插座与三相插座。

单相插座的外形如图 10 - 2 - 1 所示，包括两孔（一个火线插孔、一个零线插孔）、三孔（一个火线插孔、一个零线插孔、一个保护接地专用插孔）两种基本类型。

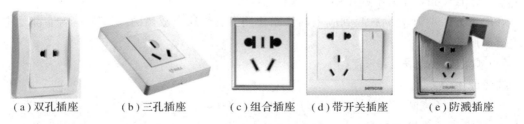

（a）双孔插座　　　（b）三孔插座　　　（c）组合插座　　　（d）带开关插座　　　（e）防溅插座

图 10 - 2 - 1　常用单相插座

（1）两孔插座适用于无需保护接地的电气设备。

（2）三孔插座上方竖直布置（或者设计有浅凹坑）的插孔是保护接地专用插孔，与下方V型排列的两只插孔不允许直接连接。

（3）组合插座将两孔单相插座、三孔单相插座组合为一体，图10-2-1(c)所示的紧凑型组合插座只能在两孔插座与三孔插座之间二选一，图10-2-1(d)、图10-2-1(e)中的两孔插座与三孔插座距离较远，可以同时插入两种电源插头，应用最为广泛。

（4）墙壁插座一般无须开关控制，因而始终处于有电状态。对于插拔频繁、安装位置较低、插接电源时存在触电风险的家用电器（如：洗衣机、电热水器、空调）所配备的墙壁插座，出于安全及方便的考虑，建议采用带开关控制的墙壁插座，如图10-2-1(d)所示。

（5）在厨房、带洗浴的卫生间等潮湿场所应该采用图10-2-1(e)所示的防溅型墙壁插座。距离地面很近的落地式墙壁插座同样建议选择这类带有保护盖板的型号。

与单相三孔插座类似，绝大多数三相插座都设置了四只插孔：三个火线插孔、一个零线插孔，如图10-2-2(a)、(b)所示。此外，也有一些三相插座还增加了一只保护地线插孔，如图10-2-2(c)所示。

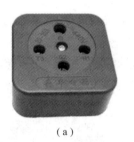  

（a） （b） （c）

图 10-2-2 三相插座

2. 墙壁插座的安装

在住宅配电系统中，洗衣机、空调、微波炉、电热水器、电冰箱、电饭锅等大多数家用电器需要配套使用三孔单相墙壁插座，手机充电器、电视机、机顶盒、电吹风等少部分家用电器可以使用两孔墙壁插座。三相插座的额定电流较大，多用于工业场合。

墙壁插座主要采取暗装的方式，与灯具开关的暗装方法及流程基本相同，主要的区别在于内部电线的颜色：

- 灯具开关内的电线颜色相同。
- 墙壁插座内的火线颜色一般选择红色、零线颜色可选蓝色或黑色、保护接地线一般选用黄绿双色线。

墙壁插座内部的各只接线孔应遵循如图10-2-3所示的排列规则：

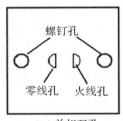 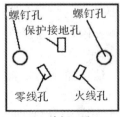 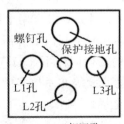

（a）单相双孔 （b）单相三孔 （c）三相四孔

图 10-2-3 墙壁插座及其排列顺序

- 单相双孔插座右侧为火线孔，左侧为零线孔。

- 单相三孔插座的上方为保护接地孔，左侧为零线孔，右侧为火线孔。

- 三相四孔插座的孔型及排列顺序较多，其中孔径较大或方向与众不同的插孔为保护接地线孔，其余三个较小的孔分别为三相火线插孔。

墙壁插座的暗装施工流程如下：

（1）为插座盒内穿出的导线留出一定的维修长度，剥削出线头，剥线过程中不要损伤芯线。

（2）将导线按顺时针方向盘绕在插座对应的接线柱或插入对应的插线孔上，然后用螺丝刀旋紧压接螺丝钉，导线芯线的裸露部分不要露出接线柱或接线孔。

（3）将插座支架推入暗盒内，对正盒眼，旋紧暗盒专用长螺丝钉。固定墙壁插座支架时，插座面板不能歪斜，面板边缘应与墙壁线保持平行。

（4）用兆欧表检测墙壁插座的绝缘电阻合格后，上电并用万用表逐个检测插孔内的交流电压值是否正常，也可以使用低压验电笔观测氖泡是否发光。对于有故障的墙壁插座应及时断电并进行检修。

（5）除了检查插座是否有电，还应重点检查插座的插孔是否存在火线与零线接反、保护接地线漏接等不太明显的故障。缺零线、缺地线等接线错误容易引发电路事故。

☞**提示**　　检验插孔接线是否正确的一种简便方法是使用图 10 - 2 - 4 所示的插座检测器，通过对比检测器表面的三只 LED 发光状态与标签中的文字提示进行快速准确的判断。

图 10 - 2 - 4　插座检测器

3. 墙壁插座的选型及安装要求

（1）家用电源插座的额定电压为 250 V，额定电流需要留出一定的裕量，建议不低于实际用电设备额定电流的 1.5 倍，常用的单相电源插座额定电流规格为 10 A、16 A、25 A 等，其中空调、电热取暖器、电水壶等大功率负载可首选 25 A。

（2）空调、微波炉等家用电器需要单独安装墙壁插座。

（3）严禁在卫生间内的淋浴区、澡盆附近等潮湿位置安装电源插座；在具有易燃、易爆气体及粉尘的场所同样不宜安装墙壁插座。

（4）在幼儿园等儿童较多的场所，墙壁插座的安装高度不宜低于 2 m，建议使用带有内部挡板的安全插座。

（5）同一室内的插座安装高度的差值不应超过 50 mm，成排安装插座的高度差不应超过 3 mm，否则将影响美观。

10.2.2　电能表

电能表也称为电度表，主要用于单相或三相交流电路的电能测量。

1. 电能表的分类及规格参数

电能表按测量的相数的不同，常常可分为单相电能表、三相电能表两类，按使用功能可分为有功电能表和无功电能表。家用配电线路中使用单相有功电能表，其计量单位为 kW·h(千瓦·小时)，即通常所说的电费计价单位——"度"。

电能表按内部结构及工作原理可分为机械式、电气机械式、数字式三大类：

- 机械式电能表因为生产成本高，目前基本濒于淘汰。
- 电气机械式电能表采用传感器、单片机、模数转换器(ADC)进行耗能检测，再将计数结果用 5 位或 6 位机械式码盘进行显示，目前应用最广。
- 数字式电能表的电路部分与电气机械式基本相同，计数结果用液晶屏显示，目前虽然暂未得到全面推广，但代表了未来电能表的主流发展趋势。

家用单相电能表的规格主要用额定工作电流表示，常用规格包括 1.5(6 A)、2.5(10 A)、5(20 A)、10(40 A)、15(60 A)、20(80 A)、30(100 A)等。以 5(20 A)规格的单相电能表为例，这种电能表的基本电流为 5 A，最大额定电流为 20 A。

☞**提示**　将电能表与电流互感器连接后，适用于电流更大的电能计量。

2. 单相电能表的电气连线

目前的住宅小区已经基本实现了一户一表。每户的电能表可以集中在较低楼层的总电表箱内，便于抄表，也可以分散安装在专用的单户电表箱内，箱内除了装有电能表之外，往往还装有空气开关或熔断器。

单相电能表的安装并不复杂，首先在电表箱内固定好单相电能表，接下来拧开表头下方接线柱盖板的螺丝，取下盖板，再将柱盒内的 4 只接线柱按照图 10-2-5(a)的连接方式进行接线。

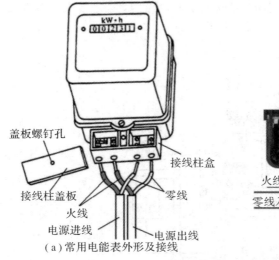

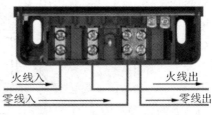

（a）常用电能表外形及接线　　　　（b）另一种电能表的接线标准

图 10-2-5　单相电能表

一些单相电能表内部将两个零线接线柱连为一个整体，对应的接线方式如图 10-2-5

（b）所示。考虑到生产电能表的企业及执行的标准有所差异，在进行具体的电能表接线时，务必以接线柱盖板中标注的示意图或文字标记进行连接。任何一只单相电能表，只有一种接线方法正确。

由国家电网、南方电网等供电部门统一安装用于核定电费收取的电能表一般须经过指定的计量部门进行验表，验表完成后将会对表头进行铅封处理，未经主管部门允许，不得随意拆开铅封进行电能表内部电路或装置的维修与调整。

3. 电能表的选择及安装要求

在进行单相电能表的规格选择时，电能表的额定电压与用电设备的额定电压必须严格相等，负载的最大实际工作电流不得超过电能表的最大额定电流（型号参数括号中的数值）。

【例 10 - 2】　某户家庭的大功率家用电器包括一台大 3P 空调（额定功率约为 2600 W），一台电磁炉（最大功率在 2100～2200 W 之间），同时考虑到家中照明电器的耗电情况，可选择 10(40 A)的单相电能表。

电能表的安装环境应做到干燥、通风、无振动，不能安装在厨房、厕所、浴室等潮湿或油烟较大的室内，环境温度尽量在 −15℃～50℃ 的范围，过冷或过热时均会影响电能表的测量准确度。为了便于抄表读数，电能表一般不要安装在过高的位置，距离地面 2～2.5 米之间比较合适。

电线在进入单相电能表时，通常采用"左进右出"的原则进行接线，因此电能表应装在配电柜或电表箱的左边靠上方位置，空气开关应装在电能表的右侧。电能表的进线、出线原则上必须使用电阻率较低的铜芯绝缘线，线芯截面不得小于 1.5 mm²。电能表的接线只能采用螺丝压紧的方式，而不能以焊接方式进行接线。对于机械式电能表，安装时不能倾斜，否则将增大测量误差，电气机械式、数字式电能表则不受安装倾斜角度的影响。

10.2.3　漏电保护器

漏电保护器是一种带有漏电保护功能的断路器（可控开关），具体的工作原理在第 1 章中进行了较为详细的介绍。

漏电保护器通常安装在低压供电线路的配电柜或电表箱内，一般安装在电能表的出线端之后、熔断器或闸刀开关之前，如图 10 - 2 - 6 所示。

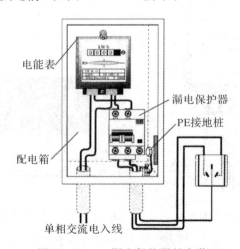

图 10 - 2 - 6　漏电保护器的安装

　　照明线路、电源插座的火线与零线均需通过漏电保护断路器，但保护接地线需要绕过漏电保护器，不允许与零线发生任何电气联系，如图 10-2-7 所示。

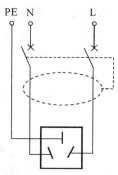

图 10-2-7　漏电保护器的接线

　　安装漏电保护器时，应严格区分供电线路中的工作零线、保护零线，只有工作零线才需要接入漏电保护器，而保护零线禁止接入漏电保护器，经过漏电保护器的工作零线也不能同时兼做保护零线，否则将失去漏电保护的功能。

　　漏电保护器的进线必须接在正上方标注有"电源"或"进线"的两个接线孔，还需要分清"零线（N）"标记，不能接反；漏电保护器的出线必须接在下方标注有"负载"或"出线"的两个接线孔，出线中零线与火线的位置排列与进线的位置必须一致。

　　☞提示　如果进线与出线被反接，漏电保护器将不能正常分断，失去保护能力。

　　进行老旧供电线路改造时，需要向原电路新增漏电保护器，但不能因为安装空间受限而撤除原线路中的闸刀开关、瓷插式熔断器以及原有线路、设备的接地或接零保护措施，保留前述低压电器的目的在于为后续的电工维修提供一个明显的电路分断点，而闸刀开关及熔断器内部的熔丝仍然可以起到短路或过载保护的功能。某些老式的漏电保护器内部缺乏过电流保护装置，可在电气线路中串联空气开关等过电流保护电器。

　　漏电保护器安装完成后，应在带有合适负载的情况下按动试验按钮，检查其分断能力正常后才能投入正常的使用。正常运行状态下的漏电保护器应至少每个月按下一次试验按钮进行测试，检查其"自动跳闸、负载断电"的基本功能是否正常。如果漏电保护器发生分断保护的动作，应主动查明漏电原因及地点并及时排除，然后按下漏电指示按钮，再合闸并重新按下试验按钮，判断漏电保护器能否正常动作。

　　如果某只漏电保护器的容量不足，只能更换为容量符合实际需求的产品型号，绝不允许将两只漏电保护器并联使用，此时根本无法产生有效的漏电保护。

　　安装完成的漏电保护器如果无法合闸上电，说明后级电路的对地漏电超过漏电保护器的额定动作电流值，此时应断开漏电保护器出线端之后的电路、按下漏电指示按钮，再次进行测试；如果仍然无法合闸，说明保护器自身存在故障，需要更换；如果漏电保护器能够正常合闸上电，说明后级的电气线路存在较为严重的漏电故障，需要仔细排查线路。漏电保护器的另一种常见故障是频繁误动作，极易损坏冰箱或空调等用电器，也需要及时更换。

10.2.4　配电箱的安装

配电箱也被称为配电柜，内部包含电能表、漏电保护器、空气开关、瓷插式熔断器等低压电器。配电箱的整体安装工作量较大、安装的难度也相对较高。

根据《建筑电气工程施工质量验收规范》(GB50303-2002)第6.2.8条第4款的规定，照明配电箱的安装高度(底板距地面)不应低于1.5 m，照明配电板则不低于1.8 m。

常见的配电箱包括照明配电箱、家用单相配电箱、三相动力配线箱等类型，如图10-2-8所示。

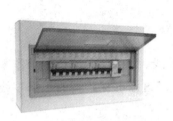

（a）照明配电箱

（b）单相配电箱

（c）三相动力配电柜

图 10-2-8　配电箱(柜)

配电箱的安装可分为悬挂式、镶嵌式、半镶嵌式、落地式，分别适用于不同的工作场合。

1.　配电箱箱体

20世纪80年代以前，配电箱还在广泛使用木质底板或箱门，近年来随着对传统住宅老旧线路的改造基本完成，配电箱全面采用了满足国家标准的金属板材。落地式配电柜采用2 mm厚的冷轧钢板，照明配电箱及普通的电气控制柜采用1.5～2 mm厚的冷轧钢板，底板基本都采用了2 mm厚的冷轧钢板。

配电箱的安装底板、安装轨道，低压电器的金属外壳均应良好接地。动力照明配电箱内，零线汇流排、地线汇流排必须预留冗余的压线位，接地螺栓须采用M10及以上的镀锌螺栓，地线汇流排必须布置在箱体内部的下方角落。

配电箱需要配锁，平时正常工作时必须上锁，钥匙由专人负责保管。

2. 低压电器组装

在进行配电箱内的低压电器及控制仪表安装时，应符合电气走线的顺序，各器件之间留出合理的间距。箱内的所有螺栓、螺帽、螺柱等紧固件均应选择防腐性较好的镀锌件。

配电箱内的低压电器可以安装在轨道上，轨道长度根据箱体的宽度进行选择。空气开关、指示灯、按钮等低压电器元件应粘贴标签进行控制区域（位置）及状态位的指示。

配电箱内所安装的各种开关与继电器处于分断状态时，活动触点最好处于不带电状态。垂直安装的低压电器一般从上方取电，下方输出至用电负荷；水平安装的低压电器一般从左侧取电、右侧输出至用电负荷。

3. 配线

配电箱内的电气配线整齐、美观、清晰，原则上均应使用横截面积符合要求的铜芯电线，每根电线建议穿入带编号的套管，以减少安装错误。多芯铜线应采用专用线鼻进行压接，避免线头出现分叉，影响布线质量。安装完成的电气配线长度适中、排列整齐，用尼龙扎带绑扎成束或敷设至专用线槽内，再固定在安装底板或柜内留出的安装架上。导线如需穿过金属底板或其他金属面板的安装孔时，应该向板孔处添加橡皮或塑料的护套（护圈）。

配电箱内的零线（N）、保护接地线（PE）需要设置汇流排，而且零线汇流排、地线汇流排的材质、尺寸必须符合安全规范要求。

截面不等的导线严禁压到一个接线端子中，任何一个接线端子上最多只能压接两根 $6mm^2$ 及以下、截面相等的导线。每个保护接地端子则只能压接单根 PE 线。

配电箱内的电源母线一般用颜色指示相序：L1→黄、L2→绿、L3→红、零线（N）→淡蓝、保护接地线（PE）→黄绿双色。所有的电源铜母线连接处需要进行搪锡处理，避免氧化及电弧烧黑。

10.3　照明线路的常见电气故障及检修

照明线路的故障种类不多，主要包括短路、开路、漏电、过载。

10.3.1　开路

开路指电气线路中存在断开或接触不良等现象，无法使电流形成回路的故障。

1. 开路故障的原因分析

（1）灯泡座的弹簧片触点失去弹性后与灯头分离，开关内部的触点簧片弹性下降，使动静触点之间无法可靠接触。

（2）熔断器内部的保险丝（熔丝）被熔断；灯泡钨丝烧断；截面过小的电线因过载被烧断；异常外力冲击致使电线发生折断；电线被老鼠咬断。

（3）接线柱的压线螺丝松动而导致线头脱落、接触电阻增大、出现拉弧或打火现象，造成接触面异常发热并烧结出不易导电的氧化黑膜或烧蚀残渣，最终导致开路或接触不良。这类故障较多发生在熔断器或闸刀开关的位置，一般可以通过肉眼观察或者低压验电笔进行测试，如图 10 - 3 - 1 所示。

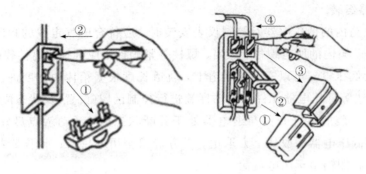

图 10-3-1　用验电笔检查熔断器、闸刀开关因熔丝熔断或线头脱落导致的开路故障

2. 开路故障的检修

如果室内的某只灯泡无法点亮而其他灯泡均能正常发光，首先检查这只灯泡的灯丝是否烧断；如果灯丝完好，则需检查灯头与灯座之间是否接触良好，此时可以取下或松开灯泡后再重新装紧；如果灯泡仍然无法点亮，则需要检查灯具开关有无开路现象。如果室内的所有灯泡均无法点亮，则应将排查重点定位在熔断器、闸刀开关等位置。

为了尽快查出故障点，推荐用验电笔测量灯座的两只接线柱是否带电：

（1）若验电笔测量两只接线柱都不亮，说明火线开路。

（2）若验电笔的两只接线柱均点亮，说明零线开路。

（3）若仅有一只接线柱能够点亮验电笔，说明故障在灯具：

- 对于白炽灯，需要检查灯丝是否完好、灯座与灯头连接是否可靠。
- 对于日光灯，需要检查启辉器与镇流器是否完好、灯座与灯管连接是否可靠。

如果某只灯泡无规律地自闪自灭，则故障原因为接触不良，此类故障应尽快维修，否则很容易因电流冲击而导致钨丝被烧断。接触不良的故障原因与灯泡不能正常点亮的类似，但排查起来更加困难一些。

找到接触不良或开路的故障点之后，故障处置比较简单，重新连接线路或重新旋紧压线螺丝、灯头即可，一般无需更换元件。

10.3.2　短路

短路常常也被称为"碰线"，此时电流将不经过用电设备而直接形成电流较大的回路。与开路故障一般不会造成严重破坏性后果不同，短路故障极易导致严重后果，甚至引发某些重大电气事故。

1. 短路故障的原因分析

（1）电线使用年限过久导致绝缘外皮破损后，因意外原因致使零线和火线裸露的金属内芯相碰，如图 10-3-2 所示。

图 10-3-2　短路（碰线）

（2）压线螺丝松动，导致线头脱出后与其他电线的线头接触而造成短路。

（3）多芯铜线在安装时未能将线头拧紧或没有使用压线鼻，导致线头的少量芯线散开后造成短路。

（4）电气设备、家用电器内部绕组的绝缘被损坏。

（5）防水单元破损，导致雨水或其他导电液体进入电气设备、家用电器后造成短路。

（6）电气设备的防尘装置被破坏而导致环境中弥漫的导电粉尘落入设备内部引发短路。

2. 短路故障的检修

发生短路故障时一般会出现短时打火的现象，同时引起熔断器或其他保护器件动作。发现短路打火、熔丝熔断等现象时，必须仔细查找短路原因，找出短路故障点并排除后，才能更换保险丝、恢复送电。

【例 10 - 3】　如果灯具线路出现短路现象，应该断开支路开关，拔去支路上的所有用电设备的插头、关断所有的灯具开关，更换相同规格的保险丝；然后用万用表的电阻挡测量火线与零线之间的电阻值是否为∞；接下来依次合上每盏灯具的开关、插上每只电源插头，检查电阻值有没有迅速切换近似的 0Ω，即可判断出短路故障点。如果没有万用表，可以向火线回路中串入一只 60 瓦以上的测试灯具后合上支路开关，然后依次合上每盏灯具的开关、插上每只电源插头，观察校验灯，当闭合某盏灯具开关后测试灯点亮，则说明该灯具线路存在短路故障。

10.3.3　漏电

漏电指部分电能未经过用电设备而被耗费掉，此时往往会引发触电伤亡事故。发生漏电故障时，耗电量会出现不同程度的增加。如果漏电较为严重，还可能引起漏电保护器频繁动作、用电设备过热等类似过载的现象。

如果发现漏电保护器频繁动作，则应仔细排查漏电点并进行相应的绝缘处理。

1. 漏电故障的原因分析

（1）电线及电气设备的绝缘层老化或破损，引起接地或搭壳漏电。

（2）线路安装未达到电气安全的规范要求，电线接头处的绝缘处理不合格。

（3）因粉尘、潮湿、高温、低温、化学腐蚀等因素导致电气线路及电气设备的绝缘性能严重下降。

2. 漏电类型及识别

漏电类型分为火线与零线之间的漏电、火线与大地之间的漏电。

漏电故障类型的识别并不复杂，首先向回路串入电流表，再切断零线、观察电流表的读数变化情况：

（1）若电流表读数基本不变，表明火线与大地之间存在漏电。

（2）若电流表读数降为 0，表明是火线与零线之间存在漏电。

（3）若电流表读数变小但不会降为 0，表明火线与零线、火线与大地之间均存在漏电。

2. 漏电故障的检修

在未带负载的线路中，当绝缘电阻低于 0.1 MΩ 时，就很容易引发漏电故障，此时可用兆欧表进行准确判断，也可以用排除法进行检查：

（1）断开总开关及所有的负载开关。

（2）合上总开关后，依次合上各个负载开关。

（3）当合上某一负载开关时，漏电保护器的开关跳闸，则表明该路负载存在漏电故障。

把漏电故障范围缩小到较小的电线范围之后，即可自己检查该段线路的绝缘表皮、线头、电线穿墙等处是否存在漏电的迹象。如果是输电线路产生的漏电，需要用绝缘胶带对电线的绝缘进行强化处理，也可以直接更换本段导线；如果是灯具或用电设备产生漏电，可以更换故障器件，也可以通过缠裹绝缘胶带、喷涂绝缘胶等方式进行维修。

用万用表检查漏电故障的流程：

（1）切换至万用表的欧姆挡。

（2）断开支路上的所有负载开关。

（3）将红、黑表笔接至火线与零线，此时万用表的读数为电能表电压线圈的电阻值或者∞。

（4）依次合上每只负载开关，通过电阻值的变化来判断哪段支路或用电器发生了漏电故障。

10.3.4　过载

过载的典型故障特征是白炽灯灯光突然变暗，风扇转速降低，用电设备达不到额定功率，保险丝熔断。发生过载时，应重点检查线路中是否接入了电烤箱、电磁炉、微波炉、电热取暖器、空调等大容量用电器具，如果没有大容量用电器具，则需要筛查用电器具或家用电器的内部是否出现绕组匝间短路、绝缘破坏等故障。

10.4　电气设备、家用电器的安装维修规范

（1）单相电器尽量选用三脚插头及配套的三孔插座，PE 插孔位不能与零线连接。

（2）使用电热器具时须专人看管，无人值守时需切断电源。

（3）拔下长期未用的家用电器电源插头；不要用湿手或湿布接触、擦拭带电电器。

（4）当家用电器出现异常温升、异响、焦味时，应及时切断电源。

（5）现场工作温度较高的家用电器及用电设备附近不能堆放任何易燃易爆品。

（6）不要空手搬动或移动处于通电状态下的家用电器或电气设备。如需移动，则必须切断电源、拔下电源插头。

（7）安装螺口式灯座时，火线只能与灯座中心铜簧片所对应的接线柱连接，不允许连接到螺纹外壳所对应的接线柱。

（8）根据负载电流大小，选择合适的电线横截面积及熔断器额定参数，熔断器不能选择额定电流过大的熔丝，更不允许用铜丝或铁丝代替熔丝。

（9）从插座取电时，用电器的最大电流必须低于插座的额定电流，否则将会导致插座损坏甚至燃烧。

（10）所有家用电器或电气设备的开关、熔断器必须安装在火线。

（11）经空气开关输出的照明电路支路的灯具和插座数量一般不超过 25 只，最大电流一般不超过 15 A；经空气开关输出的电热支路的插座数一般不超过 6 只，最大电流应不超

过 30 A；每台空调原则上建议配套安装一只空气开关及电源插座。

（12）以暗线方式敷设电线时，应先将电线穿入金属或阻燃 PVC 套管中，再埋入墙中或地下；严禁将电线直接埋设在墙中或地下。

习　题

1. 简述灯具安装的基本要求。

2. 安装开关与插座时应注意哪些共性问题？

3. 漏电保护器为什么需要每个月进行一次测试？

4. 利用两只双控开关设计两地控制同一盏电灯的其他电路方案，并比较新方案与教材中的方案存在哪些区别。

参 考 文 献

[1] 曹文. 硬件电路设计与电子工艺基础[M]. 北京：电子工业出版社，2016.

[2] 宁铎，王彬，等. 电子工艺实训教程[M]. 2版. 西安：西安电子科技大学出版社，2015.

[3] 李荣华. 跟我学电工操作[M]. 北京：中国电力出版社，2015.

[4] 曹文. MOSFET 实用检测技巧[J]. 电子报，2004(44).

[5] 王雪生. 电工[M]. 北京：中国农业科学技术出版社，2016.

[6] 秦曾煌. 电工学简明教程[M]. 北京：高等高等教育出版社，2007.

[7] 邓妹纯. 电工电子基本技能操作项目教程[M]. 北京：高等教育出版社，2013.

[8] 蔡杏山. 电气工程师自学成才手册(提高篇)[M]. 北京：电子工业出版社，2018.

[9] 王学屯. 电工技能边学边用[M]. 北京：化学工业出版社，2015.

[10] 门宏. 图解实用电工技术全能一本通[M]. 北京：人民邮电出版社，2018.

[11] 韩雪涛. 百分百全图揭秘电工技能[M]. 北京：化学工业出版社，2016.

[12] 郎永强. 图解电工基础[M]. 北京：机械工业出版社，2015.

[13] 刘丙江. 电工入门一点通[M]. 北京：中国电力出版社，2015.

[14] 君兰工作室. 电工基础：从原理到实践[M]. 北京：科学出版社，2014.

[15] 君兰工作室. 电工技能：从基础到实操[M]. 北京：科学出版社，2009.

[16] (日)桂井诚. 电工实用手册[M]. 2版. 北京：科学出版社，2007.

[17] 李敬伟，段爱莲. 电子工艺训练教程[M]. 2版. 北京：电子工业出版社，2009.

[18] 王天曦. 电子技术工艺基础[M]. 2版. 北京：清华大学出版社，2009.

[19] 王卫平. 电子产品制造技术[M]. 北京：清华大学出版社，2005.

[20] 本柏忠，曹文. 日用家电的原理与维修[M]. 成都：电子科技大学出版社，2000.

[21] 韩雪涛. 电工基础上岗应试必读(修订版)[M]. 北京：电子工业出版社，2011.

[22] 武丽，曹文. 电子技术(II)[M]. 北京：机械工业出版社，2014.